差異と平等

障害とケア／有償と無償

立岩真也

＋堀田義太郎

青土社

差異と平等——障害とケア／有償と無償

目次

差異と平等——障害とケア／有償と無償

ただ読むと、簡単なことで当たり前のことに思われ、そのまま通り過ごされてしまいそうなのだが、たぶん他には書かれていないことを、第1部第1章に記した。つまり、どれだけ（例えば）「介助」を得られるのか・提供するのかという問いに答えてみた。私が知っている人たちが思い要求してきたことを言葉にしてみるとだいたいこうなるのではないかと思って書いた。単純な話なのだが、意外に文字にはされてこなかったように思う。「政治哲学系」ではもっと面倒な話がなされているらしいのだが、こんなものではいけないないだろうかと思った。（「介助」でなく「介護」が普通の言葉になって久しい――しかし実はさほどの歴史はない――が、どうも慣れもあってこちらを使うことが多い。また、ときに「ケア」は広すぎる言葉に思えた。ただこの言葉も使っている。あえて統一する必要もないと考えた。）

第1部第2章では、そういう仕事にお金を払う／払わない、仕事でお金を得る／得ないという、じつはこの国の一部にはずっとある、しかし「今さらなんでそんな？」、という主題について論じた。このことについては、堀田義太郎が――あえて、と言うべきか――「有償派」批判の論稿を書いたので、私も、というところがあった。

そんな経緯で、当初、この二つの主題について堀田の原稿と私のをサンドイッチのようにして一冊を作ることを考えた。「どれだけ」という主題について、さらに何を「平等」とするか、またそのことに関係して「障害」をどのように捉えるかについて、私は『自由の平等』（立岩［2004a］――以下立岩単著の文献については、立岩の担当した部分について、著者名略→［2004a］のように表記）を書いたときに少し勉強しかけたにすぎないのに対して、堀田――「生命倫理学」が専門なのかもしれない（堀田［2004］［2005a］［2006a］［2006b］［2006c］［2006d］［2007a］［2007b］）――は「政治哲学系」の文献をたくさん読んでいるのを聞いていたし、また「有償／無償」については既に書いたものが何本もあったから（堀田［2006d］［2007c］［2007d］［2008］［2009］［2011］）、そう時間はかからないだろうと思ったのだ。だが、堀田の原稿はどんどんと長くなっていって、話は大きくなっていくようで、結果、いつまでも終わらないのだった。分量的にも、二人分合わせたら本一冊には収まらないことも見えてきた。そこで、この三月の九日、その企画は次にしようと思いつき、第2部第2章に対応する堀田の文章として、「ケアと市場」（堀田［2008］）の再録を一つと新たに書いてもらってきたものを一つ収録して第1部第3章・第4章とする今回のような体裁の本をまず出していただくことにした。

つまり、第1部第1章に対応する堀田の文章はその次の本（立岩・堀田［2012］）に収録されることになる。また、有償／無償に関わる堀田の考察は、私が最初に読んだもの――そしてそこから第1部第1章も書かれた――から進んでいるが、その堀田の提起にどう応えられるのか、また私はどう応えるのか、第1部第2章を読んだだけではわからないところがあるかもしれない。堀田の論に対する応答も本書に書くことはできず（まにあわず）、次の課題となった。

その代わり、ではないのだが、第2部として、二〇〇九年の『税を直す』（立岩・村上・橋口［2009］）と二〇一〇年の『ベーシックインカム』（立岩・齊藤［2010］）の二冊の本、とくに前者に関わって書いた文章を置いた。とくに前者の本は、だから何がどうなるということでもないとは思いつつ、「政権交代」の前月にわざとまにあわせたものだった。その「交代」については収録した文章の通りのことが起こって、続いていると言ったらよいのか、とにかく――そこには「報じられ方」「論じられ方」の問題もだいぶあるように私は思うのだが――うんざりするように想定内のことになっている。

ただ、税制については、実際いくらか変化に向かう部分も一時期あったので、その時期、そのことを書いた。それも――調べればその経緯もわかるのだろうが――いつのまにかこのようになり、今日に至っているようだ。私は間接税に反対の立場には立たない。それにしても、金持ちよりは金持ちでない人の方が多いのだから、「多数派」の支持を得ながら、確かに減らしたらよかろう借金をいくらかずつ減らしていくやりようはあるだろうにと思い、その頃に書いたいくつかの文章を収録することにした。

なお本書は、二〇一一年末に刊行された『家族性分業論前哨』(立岩・村上［2011］)と様々に関連している。そちらもご覧いただければと思う。またこれらは「立命館大学グローバルCOEプログラム「生存学」創成拠点――障老病異と共に暮らす世界の創造」――二〇〇七年度開始のこのプログラムは「事業仕分け」により二〇一一年度でこの制度自体が消滅し、その後は同時に発足した大学の「生存学研究センター」が残り、活動を続けていく――の成果でもあり、拠点・センターのウェブサイト(http://www.arsvi.com)に関連情報がある。この本の書名で検索すると関連する項目が出てくる。例えばこの本の文献リストに対応するファイルがあり、そこから本を注文することもできる。

また視覚障害などで活字版が不便な人にこの本のテキスト・ファイルを提供する(cf. 青木編［2009］［2010］、立岩・天田［2011b］)。立岩(TAE01303@nifty.ne.jp)まで連絡をください。

［凡例］

※　引用文中で［…］は中略を示す。「／」は原文の段落の変わり目を示す。

※　文献表示は、立岩の連載（[2005-]）の表記が変則的である――例えば立岩［2005-（52）2010-3］の（52）は連載の第52回を示し、2010-3は二〇一〇年三月号を示す。他も立岩の書きものについては、著者名を略するなど変則的な記載方法を採っている。他は、おおむね「ソシオロゴス方式」にしたがっている。本文及び註では、著者名［出版年（＝訳書の出版年）：頁］のように記され、当該の文献は巻末の文献表で知ることができる。また文献表では、当該の文献が本書のどこに出てくるかを、〈　〉内の数字（頁を示す）によって知ることができる。

第1部　差異と平等——「どれだけを」への答、そして支払う・支払わない

第1章　差異とのつきあい方

＊「はじめに」にも記したが、この主題は簡単なようで難しく、難しいようでそうでもない、と私は思う。そして、大切な主題であるとともにあまり生真面目に考えるとかえっておかしくなってしまう主題でもあると考える。技術的な議論はさまざまあるものの基本的なことを素朴に考えて言うといったことがこれまで意外なほどなされていないと考え、この章を書いた。とくに後半はまだ粗いところが多々あるが、まずは言ってみようと思った。

出典について。本文に記したように「差異とのつきあい方」［2005-(52) 2010-3］（『現代思想』連載の第52回）は『ベーシックインカム』（立岩・齊藤［2010］）の第6章「差異とのつきあい方」になった。それは「つきあい方」に関わる一つの案の批判だった（でしかなかった）。では自分はどう考えるのか。次の回「差異とのつきあい方・2」［2005-(53) 2010-4］でおおよそのことを述べた。そしてそれからだいぶ経って、その回に書いたことをいくらか繰り返しながら、「どれだけをについてのまとめ　1〜4」（［2005-(74〜77)］2012-1〜4］を書いた。第1部と異なり、第2部の立岩の文章は、もとの原稿にいくらか手を入れ、構成もすこし変更している。

1 問いの所在

1 過剰？／過小？→どれだけ？

一方で「不足」や「崩壊」といった「危機」が言われるのだが、他方では「（生―）権力」が語られ「過剰」が語られる。私は、長く介助（介護）について、そしてまったくそれに連続したことであると考えるのだが「終末期医療」（そのかなりの部分はとくに「医療」と呼ぶ必要もない）について、前者の立場で書いてきたのだが、その上で、同時に、過剰な、というよりは加害的なことも多くなされてきたのであり、過少と過剰の両者は常に存在すると言えると、それが一番簡略な答だとも述べてきた★01。するといくつかの問いが現われる。

一つはすくなくとも一見して辻褄の合わないように見えるこの「答」がどんな答であるかである。そしてそれは連続してどんな事情がそれに関係しているかに答えることにもつながることになる。そしてもう一つ、問題がもちろん「量」の問題だけではないことをわかりつつ、まずは「量」の問題として捉えた場合、どれだけが「ちょうどよい」のかを、どのような根拠で言うのかという問題がここにはあるはずだ。どれだけが供給され、利用されてよいのか。それをどう――決める必要があるのなら――決めるのか。上野千鶴子を特集した『現代思想』の臨時増刊号に書いた文章（［2011d］）にも述べたことだが、この問題は、多く既存の制度を前提としたまったく技術論的な話か、ごく大雑把な話としてしかなされ

ていない。★02

齊藤拓との共著書『ベーシックインカム——分配する最小国家の可能性』（立岩・齊藤［2010］）で、齊藤は第2部・第3部（齊藤［2010a］［2010b］）を執筆した——他に齊藤［2006］［2008］［2009a］［2009b］［2009c］［2012a］［2012b］［2012c］。第2部「政治哲学的理念（イデオロギー）としてのベーシックインカム」（齊藤［2010a］）では、ヴァン・パリースの議論の要点を提示し、さらに自説を展開している。なかでここで考える主題に関係するのは、一五節「「ニーズ」に基づいて」になる。ここで以下とりあげるその「困難」が示される。その後に、一六節「現物給付のＢＩ」一七節「最大限に分配する最小国家」が続く。ヴァン・パリースの代案としての「非優越的優先性」が取り上げられる。そして、ＢＩの最大化自体が目的であるから、ニーズの測定は必要ないことが示される。

そして私は第1部「ＢＩは行けているか？・」［2010d］を担当し、その第6章「差異とのつきあい方」で、後で（また）論じる一人ひとりの違いへの応じ方について、Van Parijs［1995＝2009］の「非優越的多様性（Undominated Diversity）」という対処の仕方がおかしなものであると述べた（英語版もある→［2010a］）。★03「非優越的多様性」という論は、人の「内的賦与」の差異の「補正」に関わる議論だが、それがうまくいかないと私は論じたのだった。では代わりにどう考えるか。以下それをいくらか繰り返しつつ、加えるべきを加え、まとめていく。★04

2　必要について言われてきたこと

必要について、それを定めることについて、どのように考えればよいのだろう。それはたいへん難しいことであるとされる。何が何よりどれほど大切であるとするのか。人によって様々である。例えば人々の満足度のようなもので測るとすると、それは様々である。様々であるというだけでなく、その間に優先順位をつけたりしなければならないとするなら、そんなことができるだろうか。後でも述べるように、このことは（まずは）一律の給付を正当化するにあたっても既に存在する問題なのだが、さらに人の違いに応じた給付をどのようにして行なうかという問題に関わる。

難しいと言われると、そのようにも思える。ただそうだろうか。そのことについて、政府その他に様々に要求し、いくらかは実現させてきた人たちがいて、私はその人たちの言うことが基本的にはもっともであり、理に叶ったものであると思ってきた。とすれば、それがどんなことを言ってきたのか、いくらか整理して示せばよいのではないかと思って、またときに間違いや誤解を招きやすいところがあればその部分を補いつつ、ものを書いてもきた。とくに介助については［1995a］（初版では［1990b］）、そしてとくに［2000b］でほぼ記すべきことは記してきたつもりだ。以下ではそこに述べたことはおおむね略し、今まではっきりとは書いてこなかった、（差異に応じて）「どれだけを」という難しいとされる主題についていくらかを述べる。

これまで言われていることは、前記した『ベーシックインカム』の齊藤の担当部分の一五節で取り上げられ、簡潔に要約され解説されてもいる（齊藤［2010a:241-243］）が、一部はそれをより短く、それとともにいくらか加えて、繰り返す。

まず「厚生主義（welfarism）」などと呼ばれる「厚生」「効用」に準拠する議論がある。その総量が大きいことがよいのか、それともその「分布」「配分」を問題にするかで立場は分かれる。前者はおおまかには「功利主義」の方に行く。他方、例えば平等主義的な志向の強い人は、人々がその満足度において同じようにすればよいのではないかと言うだろう。

特定の学問において特殊な選好しか考慮されていないといった批判が当たっているとしても、また功利主義——といっても様々なのだが、そのある部分——を受け入れないとしても、それは厚生を否定することではない。人は何かを得て使うが、それは気持ちがよいから、自分にとってよいことであるから、使う。そうでなければ意義がない。その本人にとってよりよいものは、よりよくないものに比べてよいものであり、そしてそのことは大切にされてよい。こうしたまったく素朴な意味で、厚生は大切である。より満足度の高いものが得られることは大切である。そうでなければ例えば「ＱＯＬ」――については『生存学』第二号の特集2が「ＱＯＬ――生存の質と量」――が大切だといった話も出てきようがない。

この契機をまったく放棄することはできないし、またするべきでもない。

ただ難点として示されるのは、その「主観的なもの」――としかまずは思えないもの――をどうやって示すのか、とくに他人がどうやってわかるのか、そして人がそれを示すとして、それをどうやって人と人の間で比較するのかといった問題である。

またそれと関連するが異なる問題として、その人の満足（度）をそのままに受け取ってよいのか、それをどこまで信用したらよいのかという問題がある。これも二つ以上に分かれる。

一つに「適応的選好形成（Adaptive Preference Formation）」などと呼ばれる事態がある。自らが置かれた状況のもとで自分の要求水準を低めのところにおいて、それが実現すればそれでよしとする。そんなことはいくらでもこの世にある。その全体を否定することもないだろうと思われる。ないものねだりをしても仕方がないということだ。しかしいつもそれでよいのだろうかと思われる。選択肢の形を実際に変更することができるのに、それをしないまま、わずかしかなくてもそれでよいと語る人がいるという事態をそのままに認めないのであればどうしたらよいのかといった問題である。

他方、もう一つ――これも定義の仕方によってはかなりの場合適応的選好形成の結果だと言ってもよいように思うのだが――多くを得ても満足しない人がいることが問題にされる。

そしてさらに一つ、仮に当人の申し立てによって供給が決定されるすくなくともいくらかは影響されるという場合、より多くの供給を得るために満足度が少ないと当人が申し立てる場合がありうる。どの程度確信的な行ないであるかは別としてつまりその人は嘘をついているということなのだが、その人が記したチェックリストを見るだけではその真偽は明らかにならない。

さらに以上を含めて考えた時、あるいはこれらをいったん置いたとしても、ここに集計や比較の問題はある。

まず一人ひとりの全体としての満足度の計量・比較といったものをしてみるとしてそれは、どんな場合に、どれほどの意味をもつか。例えば、全体として豊かであるが不幸な人がいて、他方に幸福ではあるが貧しい人がいる。そんなことはいくらもありそうなことだし、あってよいことのように思える。だとして、後者の人は、全体としてより幸福であるがゆえに、必要なものを受け取れないことになるだろうか。受け取るためには総合値としてより不幸でなければならないのだろうか。そんなことはないだろうと思える。ではそれをどう考えるかという問題がある。★05 どのぐらいこんな問いにまじめにつきあう必要があるのかも含め、ひとまずの立ち位置は定めておいた方がよいように思える。

そして全体としての比較という問題と別に、各項目についての比較について。戦略的にふるまう／ふるまわないといったことをさておいたとしても、例えばマークシートの五段階の同じあるいは異なる枡に各々がマークしたとしてそれは何を意味することになるのか。そして、私たちの時代はおおむね——どこまでまじめに信じているのか疑わしいと私は思うところもあるのだが——人の価値や好悪はそれぞれであり相互に比較できないという見方に与する傾向がある。それでどうするか。無理だからそこから撤退しようとする。

そこで向かう一つが「パレート最適」とか「パレート改善」である。選好そのものはわからないとして、実際になされた行為が本人にとってよりよい行ないであるとしたうえで——それに私はとくに反対しようと思わない——誰にとってもそれ以前の状態よりよい状態が実現するのであればそれでよいだろう、文句はなかろうというのである。それだけ聞くとそれでよかろうと思えてしまうのだが、残念ながらそうはならないことは（例えば［2004a］［2009c］等で）述べてきたから繰り返さない。むしろここで確認しておくとすれば、たしかに厳密な意味で比較不可能であるとして——そしてそんなことを言う時、その「厳密さ」がいったい必要な場合がどんな場合にどれほどあるかを考えてみたらよい——おおまかな比較可能性はあると考えてみてもそれほどの無理はないのではないかということである。大庭健が（大庭健も）どこかで書いていたはずだが、砂漠で一杯の水を求めている人にとっての一杯の水とたっぷりの湯に毎日遣っている人にとっての同量の水との効用が比較できないと考えることの方が奇妙なことのように思える。ではこのような「常識」から何が言えることになるのか。そのことを残して、もう一つの「主義」の方を見ておく。

「資源」（の保障あるいは平等）に着目する「資源主義」——という言葉は通常使われないようだが「基本財」（J. Rawls）や「資源の平等」（R. Dworkin）といった言葉を用いる人たちがいる——をとればよいのではないか。生活のための手段、例えば基本財などと呼ばれるものを、例えばその最低限において、あるいは「健康で文化的な」水準を維持するために供給するとするのである。

それはさきに述べた「効用」「厚生」を巡る問題を——解決するというより、その項目を取り外すことによって——回避しようとする。ただ、たんに面倒なので回避するという以上に、なにかしらのもっともさがそこにはあるようにも思われる。つまり文句ばかり言う人たち、そういう声を大きな声で言える人たちが得をするといった仕組みは、また得るものを得るためにはそういうことを言わざるを得ないようなしくみはなにか正義にもとるところがあるという思いはあり、その思いにはもっともなところがあると思えるのだ。

ただ、この世には無限の、とまでは言えないとしても、たいへんたくさんの種類の財がある。例えば「基本財」などと言われる時にはその中から「基本的」なものが選ばれている。それはそんなことを言いだした人が、人々に直接に尋ねてあげたものではないとしても、自分でしかじかであると決めてしまったものであるとしても、人々にとって必要なものであると考えたものであって、そしてそれは狭い意味での効用ではないとしても、人々にとっての意義・意味のあるものであって、ここに——少なくとも広い意味での——厚生という要素はある、むしろなければそのリストにもあげられない。それは縁を切ろうとして結局は無理だったとも捉えられるが、所詮無理である、むしろ縁を切ろうとすること自体が無理のあることだと見た方がよい。「財(goods)」とは「よいもの」のことであり、それはその時その時の瞬間の当人にとっての「よさ」に限局したものでないとしても、そこからまったく離れたものでもないだろう。そしてそうした主張をする人たちの多くは「自由」を大切にするから、すくなくとも一定の多様性もまた認めることになる。

ではその立場は、効用を結局のところことの本性上無視できないまま、それを勘定にいれると様々ややこしいあるいは好ましくないことが生ずるから、それを基準にもってこない立場ということになるか。まずはそのように言えよう。ただそれは——実際には様々に工夫が組み込まれるのだが——それだけでは「装置」として、個々人の差異には対応するものがないとは言える。そしてその「資源」を受け取ったとして、それで終わりになってしまい、同じ財があってもそれを使える人と身体の状態その他が関わり、実際にはそのまま使えない人が出てきたりすることもあるのではないか、それはやはりよくないのではないかといったことも言われる。また論者によって差異はあり、また曖昧さがあるものの、生産の「もとで」という意味での資源・機会(の平等)という方向に向かう傾向がある。その場合には——その人たちの多くは平等主義の側の人たちだというのだが——等しく与えられるのはその「もとで」の部分に限られるということにもなる。あるいは「基本財」という場合にも——その「基本」を拡張していくことはできるのではあるが、しかし、「基本」という限りにおいてはやはり「基本でないもの」はあるということになる。そこから除外されてよいものは何であるのかという問題はやはり現われることになる。

そこで、「ケイパビリティ」がもってこられる。財が与えられても実際にそれが使えなければ仕方がない。例えば人の身体能力の差があればその部分は補い、実際に可能になること、その可能性について、ある水準が達成されるべきである、あるいはその部分での平等がよしとされる。それは、資源主義の難点を改善したものであり、私も基本的にそれはよいとする。そして、社会サービスとか社会福祉サービスなどと呼ばれるものは基本的にそうした性格のものであるから、その業界・学界の人たちはこのごろ——といっても知られ語られるようになってからだいぶ経った——よく肯定的に言及する。(そんなわけでセンはよく言及される。しかしこの方向の要求と獲得とは近年に始まったことではない。ずっと以前からなされ、実現したりしなかったりしてきた。それがなにか新しいものとして紹介されたりするのは不思議だと述べたことがある。)

ただ、ここで解消される難点は資源主義にあった、給付されても使えないものがあるといった問題にまずは限られる。そしてここでも、やはり何についてのケイパビリティが確保されるのがよいのか、様々があるだろうから、そのうちどれが保障されるべきであるかという論点は残る。そして多くの人がそのことを指摘するように、センはそのリストを出していない。しかしそれは必要であるのではないか。それでヌスバウム(M. Nussbaum)のようにそのリストを作ろうとする人もいる。しかしそうすると今度は「(選択の)幅」を重視したい人たち、それがよいと思ってケイパビリティを支持する人から疑念が発せられるということになる。

おおまかにはこんな具合になっているのだが、他に、また以上の人たち自身が——というのもその人たちは民主主義者でもあるから——問題を基準・基準の中身ではなく、その基準を決める手続きの方にずらしていこうというという人たちもいる——センという人もまた一方ではそのようにことを言う人であって、その意味においても中庸な人である。みなで決める、ただ、たんに多数決をとるというのではなく、まじめに「熟議」すればよいということになる。「公共的議論」がなされるべきだとされる。実際、民主制の政体においてはそういうことになるべきであるのだろう。ただここにはではどうするかという答はまだない。討議しないとわからないということになる。そう考えるだけでよいのか。討議で決めることを認めるとしても、その討議で何を言うのか。そこで何が採用されるのかといえばたんに（議論の始まりにおいて）多数派が認めたものではなく、話し合いの末、納得できるもの、「理」があるものが採用されるべきであり——いささか楽観的な想定がここにはあるのだが——そして採用されるはずであるということになっている。ならば「理」をまず言えばよいではないかというのが私の考えである。それがものを考えて言う人の仕事だと思う。しかしそれは難しいというのだった。そうでもないと考える。次のように考えてみたらどうか。

2　決めなくてもよい

1　まず決める必要はないと言える

まず基本的な問題の立て方が間違っていると考えてしまえばよい。つまり、一番基本的には、どれだけが「最低限」あるいは「十分」な水準であるかを規定する必要はないということである。つまり、あるものを分ければよいだけのことであると考えてみよう。

私も労働――に伴う労苦、それをそのまま反映しないが一番単純には労働時間――に応じた収入の上乗せを認めるし、また人や人が置かれた境遇の差異に応じた対応、給付の増額を――これから述べるように――認めるから、それを総生産から差し引くことになるが、それらを引いて残った分を分ければよいということになる。前者の上乗せの部分をどうするかそこに客観的な基準があるわけではないし、また「インセンティブ」に対応したさらなる上乗せもいかほどになるか容易には決しないから、それがどれほどになるのかは決まらない★06――それでもまったく架空の「試算」を、これは連載では記さなかった部分だが、『ベーシックインカム』に収録された文章ではしてはみた（[2010d:16-22]）。

このように考えるなら、何が必要であるのかその項目を並べ、それぞれについて必要なものを積み上げていく必要は、基本的にはない。だから、何が生きていくために必須か必要か、何は除外してよいかという議論をすることは、基本的にはないということになる。ここは、ベーシック・インカム（BI）の「最大化」自体を目的とするヴァン・パリースと同じであり、その主張を支持する齊藤拓（齊藤[2010a]）他と同じ立場ということになる。★07

それは、巨大な格差・貧困が現実に存在し、まずなすべきこと、さしあたりの優先順位を決めざるをえないために、計算を行ない基準を設定することの意義を否定するものではない――ただその計算、優先順位の決定は、私にはさほど面倒な理屈・議論を要するものであるとは思えないのだが。

そしてこのことと別に、ただ実際にはつながって、ある人々が得られているものがあまりに少ないときに、しかじかについて最低限に達していないといったことを言うことには意義がある。そしてそうした主張の方が明らかに説得力をもっている。

しかしそれが「本義」ではないということ、そのことを忘れるべきではない。私（たち）の立場ではそうなる。そしてその立場をとるなら、これだけないとどうしてもやっていけないことを挙証すること、そのために現状の悲惨を言うこと——それはたしかに効果的であることはある——またその真偽が疑われることから逃れることができる。トマス・ポッゲの著書の日本語訳『なぜ遠くの貧しい人への義務があるのか——世界的貧困と人権』(Pogge [2008 = 2010])★08の監訳者あとがきのようなものを書いた。それもここで述べることに関わっている。★09これを前提として置くとしよう。

2 総額の使途は自由であること

さてここではまずは同じだけが分配されることになる。しかし最初に述べたように、様々な差異はあり、それをどうするかが問題なのだった。ただその前に、既にここまでの場面で、個々の人の差異の許容と制約とが織り込まれている。ときに気づかれないのだが、すこしでも考えれば当たり前のそのことをまず確認しておこう。

各自は分配されたものを使って暮らすのだが、ここで分配される財、具体的には貨幣について、その使途はとくに制約されていない。食費に金をかける人もいれば、その金を削って、他の多くの人たちには理解しがたい別のことにかける人もいる。様々な好みの人がいて、その人にとって大切なものが様々あって、中には金のかかる趣味をもっている人もいる。そしてそのこと自体はわるいことではないか、あるいはよいことである。

例えば食費については、同じだけが得られるとして、しかし、別に趣味がある人がいる。また美食が趣味である人もいる。それらもまた大切にされるべきであるとすれば、そのために必要な費用もまた得られてよく、金のかかる趣味を有する人についてはその分の増額があってしかるべきではないか。そう は思わないとすると、また制度もそうはなっていないとすると、そしてそれでよいとされているとすると、それはしかじかはそれほど大切なものではないとする優先順位をつけているということになるか。必ずしもそうは言わなくてよいはずである。

払うということは人の労働の成果を得ることである。もちろんその労働にどのような支払いがなされているかによっておおいに左右されるのだが、おおむね、とくに私（たち）が基本的にはよいとする報酬分の払い方・得方――完全に実現させることは困難だが、希少性よりも労苦に比例することが望ましいと考えている――では、多くを払うものには多くの手間がかかっている。一人ひとりが受けとるものは、その手間のかけさせ方の総量としておおむね同じぐらいでよい。だからこの場面では総額は等しくてよい。そのように考えられていると見ることができる。

つまり、人はそれぞれ好きなように生きるのがよいとして、しかしそのためには他の人の労働を引き出すことにもなるのだから、その両者の間のバランス、ここにおける公平が必要であるということになる。そして各自が受けとる総額が等しいということは――繰り返すと、現実には大きくずれているのだが、その方向に向かうことはできる――おおむね等しいだけの労働・労苦を引き出していると言える。そして、その内訳を各自が変えて使うことは基本的に認められる。そのように考えてよいと思う。

すると各自は、ときに他の人々にはよくわからない様々について消費し、その個々についてとやかく言われることはないのだが、そうしてある部分について多くを消費する人は、その分他を制約される。それでよいということになる。

しかしその上で、やはりこれではすまないだろうとは思える。仕方なく余計に生じてしまう出費について　その分を自ら拠出してしまうことなったら、その人はやっていけないことがある。あるいはそこまでのことは起こらないとしても、ある部分をずいぶんと節約せざるをえないとなったらやはりそれは不当なことであると思える。次にそのことをどう考えるのかを述べる。

その前に、先に記した、多くても満足しない人、逆に少なくともそれでよいという人のことについてどう考えるか、基本的なところを確認しておこう。

稀少であるもの、価格が高いもの自体が求められる場合がある。それについては、このような欲望があることは承知し、それ自体は否定しない――例えば他の出費を切り詰めてそれを購入することを認める――ものの、格別に尊重したりしないものとしてよい（[2004a:178]）。この意味でたしかに私たちは欲求や効用の内容を判断しているのだが、しかしそれはいくらかは必要なことであり、不当なことではないと考える。生まれや育ちで贅沢が身についてしまった人はいるのだろう。しかしそれにわざわざ対応したりはしない。その選好についてあなたに責任はないが、そんな贅沢には付き合わないと言う。そしてそれは、生まれや育ちで、さらに今置かれている状況によって、逆のことを言う人、満足だと言ってしまう人に対して、ならばけっこう、死ぬというのであればそうすればよい、とは言わないことでもある。欲求・選好は社会科学の教え通り、あるいはそんなものに教えてもらわなくとも様々に変容する。それをそのままに――周囲の者たちに都合よく――受け入れるべきであるという理由は、探してもない。私はここで支出（を要求）することを勧めることになる（cf.『良い死』[2008b]）。

3　どんな差異があるか

次に、ここでの本題である人と人との間にある差異に対する対応について考えてみることにしよう。ここで私たちは、やはり場面を分けた方がよいと思う。ものごとの全般を一度に扱おうとすることに無理が生じているように思う。対応は差異に対応するものであるとして、その差異はどんな差異か。一人ひとりについて何が違うのか。

その全体は連続しているが、大きくは二つに分けることができる。一つにその人のまわりにあるものであり、そして一つにその人自身である。

まず、その人が置かれている空間、そこに形成されている関係であり、その場にそしてその人を巡って流れてきた時間がある。そして次に、それらとともにある身体があり、その差異がある。これらに関わり、そして「この社会において」、その中の使い道について同じことをするのに余分な費用がかかることがある。

まず前者について。住む場所がありそこに存在したりしなかったりするものがある。得られるものが違うことがある。

この居住に関わる追加費用について、全面的な補塡は正当化されにくいだろう。例えば、とくに土地を追われてというわけではなく、無人島に住むことにした人がいるとして、その人は他の場所に住むこともできる。ここには選択が働いている。選べるものと選べないものとがあり、もちろんその両者の境界ははっきりしないのだが、それでもいつも同じではない。この場合にはそのうえで引き受けたのだと考えるとするなら、補うことに制約を設けてもよいと考えることもできる。多くの人は電気が使えているとして、その人はその島まで電線を引くための経費を請求できるかである。そのままでは受け入れられないだろう。それは、仕方のないことでない限りは、相応より多くを要求するべきでない、それでもしたいのであれば、より多く働くなりするべきであるということになる。

しかしそう簡単ではない。生まれた時から不便な場所に住んでいる人たちがいる。その場合でも、その境遇と関係なく同じだけの財が得られているとして、不便でもそれをよしとする人はそこにとどまり、そうでない人は自発的に他の土地に移動するだろうから、そうしない限りそれでよしとするという主張はありうる。それは自由な選択であり、わざわざ不便な場所にいるというのは、他によいことがあると思って住んでいるのだからそれでよいというのである。それにも一定の妥当性はあるだろう。

だが場所は、たんに物理的な空間であるだけではなく、自然の環境・条件があり人々はそれを受け取って暮らしている。またそこで形成され維持されている言語、文化、様々のものがあって、それがその人に付着したり浸透したりしているのでもある。人々はそこに既に生まれて住んできた。他に行けば言葉も文化も異なるかもしれない。場所に関わっていると同時に身体に浸透してしまったものであって、たんに場所を変えればよいといったことではすまない。

その地にいる時存在する固有の習俗・慣習の維持そのものについては、それらはその地でこれまで引き継がれてきた。それは、それがその地において可能であったということだ。ならば環境の特段の変化がない限り、たいがいのことは一定の範囲内の資源があれば保持できるということになるから大きな問題は生じなさそうである。

そして種々の物理的な制限についても、実際にはそれほど困難ではないこと、また困難でなくすることができることも多いはずだ。例えば電気にしても、大きなものを作ってそれで広域の利用に供するという形態を想定するなら、隅々にというのはなかなかに難しそうだが、そうと決まったものでもない。そしてそれでも、例えば交通の不便について、結局差異がなくなることはないだろうが、そのいくらかは仕方のないこととして、あるいは時には騒々しさや破壊を持ち込まないこととして肯定的に受け入れられる。そしてこれらのあるものは、個々の人への給付でなく（普通に用いられている意味での）公共事業としてなされてきたし、その合理性はあった。ただこの国のように狭い国では、そこそこのことは――たしかにその維持・修繕の費用はかかるにせよ――いったんは既になされたことを人々は知っている。ただ、人口の減少によって市場の維持が困難になり、その悪循環が起こっているところはある。その代わりになされてきた政策もなされなくなっている部分がある。ただ、ここでも、今それに対する策として効果的であるのはむしろ「対人援助」の類に含むこともできるようなことであるだろう。例えば買い物がしにくいといった困難は、住む場所と身体の状態との相関によって規定されている。なされるべきことが適切な人の配置であるとすれば――人は必然的に恒常的に余っているというのが、これもまた幾度も記してきたことであり――実現の困難は実際には存在しない。

ある場で完結した世界が作られている場合にむしろ問題は簡単であるように思える。大きな問題は移動や交流に関わって存在する。複数の言語が交錯する場面に関わる不便については、やはり後に述べる障害の場合と、いくらか違う事情もあるものの、ほぼ同様に考えることができるはずのこともあるはずである。

いちおう多様性は大切であるとされ、それは認められるべきであるとされる。もちろん一体性だとか共和主義だとかの旗印のもとにそれに制約を設けようという主張もあるが、同時に、手間がかかるという単純ではあるが大きな要因もある。そして両者がないまぜになって――表明されている理由と「本音」とは、ときに当人においても見分けがつかなくなっている――現実を動かしている。多文化主義・多言語主義の理念については既に相当に語られているとして、資源・費用という別の面から考えていくという道がある。これは考えておくべき主題であるが、意外なほど検討がなされていないように思う。★10

3　身体の差異に関わる追加分について

1　攻防があったこと

どれだけ得られるのがよいのかという議論があることを述べた。それは、一つにこの社会において権力の行使は過剰なのか過小なのかといった問いにどう答えるのかにも関係するが、もっと具体的な「制度設計」に関わるものでもある。介助（介護）にせよ医療にせよ、実際に一人ひとりにどれだけを供給するのかという現実的な問題がある。私は、できるだけしかじかの人にはこれだけといったことを言わないですませられたらよいと思う。ただ、そう思っても、世間には判定して限定することは当然のことだと考える人の方が多い。考えてもいないのかもしれない。ともかく、とくに関連の業界・学界では、査定し認定することを少しも疑わない人たちの方がずっと多い。それ以外の可能性を考えない。そしてそれを考えてみようと言われても、そんなことは無理だと言うだろう。そこで止まり、議論は技術論に移っていく。それでそれ以外についてはそれほど考えられてこなかった。だから、考える必要、言う必要があることになってしまう。

二〇〇〇年——その年は介護保険が始まった年でもあった——に『現代思想』に四回続けて掲載され『弱くある自由へ』（[2000c]）に収録されている「遠離・遭遇——介助について」（[2000b]）で気になって書いたことの一つもそのことだった。決めざるをえないから決めるとするなら、それは、ある生活を基準とし、それ以上は認めないという線引きをすることになり、結局生活自体を査定し、生活のあり方に介入することにならないか。一人ひとりの必要が個別的なものでありその自由が認められるべきなら、それを一定の基準によって測り、供給量を査定することをそのまま認めることがためらわれても当然である。

それ以前（もその時も）、十分といった水準にまったく遠い時期、制度を利用する当人たちはひたすら増やすことを求めてきた。足りないことは明白であり、ただそれを言うしかなかったのだし、それでもどうにもならないことがあった。だから言い続けることになった。ただ、そんな努力の結果ある程度のことが実現するようになり、依然として全体の中ではごく限られたものであったとしても、予算が増え全国に広がっていくと、「基準」を決めようという圧力は強いものになる。そして、そんな時期に構想され実施されるようになった公的介護保険の中には、どんな基準がよいかというところで医療側と福祉の側の間にいくらか綱引きのようなものはあったとされるが、認定自体は最初から組み込まれていた。その制度に、あるいはそのような制度に高齢者でない障害者も組み込もうとする力とそれに抗する力の間に葛藤があってきた。それはまったく具体的な争いであり、なにか緻密な議論がなされたというわけではない。ただ一方の側から、財政を考えれば、そして／あるいは「公平」の観点から、「客観的な」仕組みが必要であり、「青天井」はなしだと言われ、他方の側はそんなことはないと訴えた。例えば二〇〇四年当時、厚生労働省の社会保障審議会の障害者部会——そこで示された（あるいは予めそういうことになっていた）路線が「障害者自立支援法」につながっていく——の委員を務め、少数派の意見を言い続けねばならなかった福島智は、そこに提出した文章で、このことを述べている（福島［2004］、その提出のかなり前のことであったか、この種のことについて電話がかかってきて、すこし話をしたような記憶がある）。以下はその中の「給付は「青天井」なのか」の一部（この文書の全文は当方のＨＰに掲載されており、立岩・小林編［2005］にも収録されている。）

応益負担導入の議論の根底には、障害者のニーズに十分に応えようとすればきりがなく、社会的コストが果てしなく増えていくのではないか、という不安が暗黙裡に存在するように思われる。しかし、果たしてそうか。

障害者のニーズ、とりわけ人的支援のニーズには自ずから限度があり、同時に、支援を求める障害者の人数にも限りがあるため、一定の水準内には必ず収まる。今利用が伸びているのは、これまでニーズが隠されていた、つまり本人や周囲が犠牲になっていたからであり、利用の伸びは本来望ましいことであり、やがて一定の水準で概ね固定されるはずだ。

ところが、それなのに、制度利用の拡大が何か悪いことのように、とんでもなく不適切な状況でもあるかのように語られるのはおかしいのではないか。（福島［2004］）★11

この時期、サービスに「上限」を設定しようという政策側の動きがあり、その後様々があった。（その動きは二〇〇三年の正月に知られることになった→立岩・小林編［2005］はそれ以降に起こったことを記録したものである。）その様々に何もせずにもいかず、対応に追われ、疲れながら、制度を利用する側の当人たちは国の審議会といった場ではともかく――まずそんなところに出られなかったのだが――「青天井」でよいではないか、とぶつぶつとつぶやきながら、多く相当に消耗する争いを続けてきた（cf.［2010g］）。

そしてこうした争いが起こることは、この時に初めて感じられたわけではない。絶対的な不足の時期の不足の絶対性がいくらかやわらぎ、微々たる予算規模であったその水準を少し超えるならこんな話が出てくることは予感されていたし、それにどのように対するかは、いくらか事情がわかっている人にとっては気にかかることだった。「対人援助」などと呼ばれるこの領域について、「判定」「マネジメント」は不要だと、少なくとも極小でよいと言えないか、本人の申告に応じて支給する、あるいは実際の利用に対して支給すること（出来高払い）はほんとうに不可能か。

このことについてどんなことを私の知る人たちが言ってきたか、言おうとしてきたかについては――私もいくらか関わらされてしまったこともあって――また別途紹介することがあるかもしれない。例えばこうした――まず「ケア」といった主題を社会科学的に論じるのであれば検討されるべき――論点、論点を巡ってあってきた社会的事実がその著書で扱われていないではないかと述べた（［2011d］）。上野千鶴子との共著・共編の本（中西・上野［2003］、上野・中西編［2008］）のある中西正司が言ってきたこと

——そのたいがいは既に皆が言ってきたことで、運動家としての中西はそれを何千回でも繰り返して語るのが仕事であってきた（それはまったく当然のことだ）——の中で、私が——たしかに一つの側面（だけ）を捉えたものであることは認めながら——おもしろい、重要だと思ってきたのは、これから記すこと、つまり、人は（介助）サービス自体を欲しくて使っているわけではないのだから、他人が自分の傍に常にいるなどということはうっとうしいことであるのだから、放っておいてもそうむやみに増えることにはならないだという指摘・主張である。

だから以下に記すこともまったく新しいことであるわけではない。ただ、「学」の領域ではまったく論じられないか、そうでなければ妙に面倒なふうに扱われてきたのではないかと私は思う。また、前段に紹介した主張についてもいくらか加え、あまり揚げ足を取られないようにしておく必要があると考える。そこで、まず前節を短く振り返り、そして差異と必要を巡って生ずる場面をすこし広めにとって、その幾つかを分け、そこからまず、介助・介護を典型とする部分について考えていくという順序で進むことにする。そして、むしろ問題は利用側というより供給側にあることを指摘し、どんな手があるかを考えてみる。

2　基準が不要なことがあることとその次

達成される生活の最低限とかを考える必要は、基本的にはないと述べた。

ただとくに貨幣経済下のもとで貨幣が得られるということになれば、まず普通に考えて、それに制限を設けないのは難しくはある。市場では自らが受け取るものに応じて自らが支払わねばならず、結果として受け取りは一定以下に抑制される。この対応関係を否定するところから社会的分配は始まるのだが、受け取る側としては多い方がよいと思い、たくさん受けとろうとする。また働かずにすませられるなら働きたくはない。そこでとりたいだけとってもらうという方法を断念し、まずは（Ⅰ）同じだけというところから出発する。

その上で一つ、（Ⅱ）人や人が置かれた状況の差を勘案した加配があるべきである。もう一つ、（Ⅲ）積極的には労働は苦労・労苦でもあるから、消極的には現実に報酬が誘因として作用することを否定できないとすれば、労働に応じた加配をするべきである、また仕方がない。要するにそのことを言ってきた。

そして前節で確認したのは、こうして考えていくなら、（Ⅰ）について、どれだけかという——最低限でも十分なでもなんでもかまわない——その基準を設定する必要は論理的になくなるということだった。これだけなら全体を人数で割ればよいだけのことだから、人はどれだけが必要なのか、受け取るべきなのか、あるいはどこまでで制限されるべきなのかといったことを考える必要はないのだ。実際には、（Ⅱ）（Ⅲ）が加わるから、それですまず、具体的には様々な値を想定しうる。（非常に大雑把な試算は［2010d:16-21］にある。）不思議なのは、たったこの程度のことが非常に極端な主張であるとされてしまうということだ。理念としてはその程度のことは当然であって、理想としては、ほしいだけを、というのが別の極にある筈であったはずだ。その可能性を最初から否定する必要はない。実際、これからいくつかの場面で私はそれが可能で妥当であることを主張しようとするのだが、すくなくともあってよい地点として、現実を評価するその基準点として、置くことができる。

以下では（Ⅱ）について考えることになる。必要は個人によって異なり、必要な資源は一律でない。ある状態の生活をある量の資源で維持できる人もいるけれども、例えば病気によって、あるいは障害があって、より多くの資源が必要な人もいる。この追加的な給付についてはどうか、その配分をどのようにするのか。

その前に、追加的な費用を与えるということ自体の性格を確認しておく必要がある。これと基本的な所得給付とを内容として違うものと考える必要はない。本来は分ける必要はなく、同じであることを確認しておいた方がよい。理由は明らかである。同じ人が暮らすためのものを必要としまた実際に使用しているということだけが起こっているのであり、その意味では変わりはないということである（[2009e:101-102][2010d:103-105]）。幾度も言われてきたように、おおむねこの世は多数派用に作られている。その場合に同じものを得ようとすれば追加的な費用が発生するのは当然のことであって、その追加分が発生しないようにこの世が作ってあれば、それは（その都度）顕在化することはない。そのことを理解せず、この世における追加的な給付をその個人がいるために仕方なく必要とされるものであると認識させてしまうことになる。それはよくない。このように思われるし、言われる。そんなことで――それだけが理由ではないが――「ユニバーサル・デザイン」といったことも言われる。最初から万人が使えるようにしておけばよいというのである。その主張にまったく反対ではない。そうしておけば、ある人々用のことが今なされていると特別に意識されることもなくなる。そしてそれは多くの場合、個別にいちいち対応するよりもかえって面倒でなく手間がかからないといったこともあるだろう。

これらはよいことである。ただ、仮にしかじかの範疇の人たちがいなかったら、しかじかの条件を満たしたその設備（とそれにかかる費用）は不要であるといったことはやはりこの場合にも言えることはあるだろう。また個々に対応した方が安くあがることもある。より大切なことは、同じ程度――それを正確に規定することなどできないしそれはそれでかまわないことは既に述べた――に暮らすために個々の差異に対する対応はやはり必要であると言うよりないことだ。基本的には、「スティグマ」を回避するために個別に差異化された給付は（できるだけ）控えるべきだといった話に乗る必要はないし、乗るべきでないということである（[2010d:109-111]）。★12 たしかに実際そんなことを気にする人たち、あるいは気になるとことさらに言いたがる人たちはいるし、そんな人たちが消え去るとも思えないから、目立たせることはない。そしてそれはおおむね技術的な問題であり、多くの場合そんなに難しいことではない。例えば生活保護の中にも各種の加算があり、その加算を含めていっしょに当人の口座に送金するといったことは可能である。可能であることはした方がよい。

そのことの確認の上で、私たちは――分けることによって両者が連続しているものであることを忘れないようにしながら――（Ⅰ）（Ⅱ）を分けて考えていくことになる。たしかに差異はある。となれば、どれだけを供給するのか。ここに「判定」「認定」の問題が現われる。必要なものを拾ってきて集めて合算して、それに基づいて支給するものとされる。それをどうやって測るか。しかし、測る必要がはたしてあるのか、どんな場面で、なぜそれが必要とされるのかを考えることである。そしてその前に、どんな差異があり、それにいったい対応なるものができるのか、できないのか。

3　身体に関わる差異について

以上を確認したうえで、次にここでの本題である人と人との間にある差異への対応について考える。一つに年齢があり、それとともにかかる費用が違ってくる部分がある。それにも文化に関わる部分があり、身体の形状や機能に関わる部分がある。両方は多く連関しているのだが、おおまかには分けられる。例えば年をとった人は年下の人にはおごることになっているといった場合は前者である。そうしたことも考慮した加算があってよいかもしれない。そうした事情はすべての人にあてはまるものではないが、もともと「正確に」は不可能であり、またそれを求めない方がかえってよいと私（たち）は考えているのだから、おおざっぱにいくらかの加算をしてもよいだろう。ここではその程度にしておく。そして後者については、次に見る身体に関わる不便のこととして考えてよいはずである。

また、老いの前の前には子どもの時期がある。手間がかかるという点では次に述べるものと共通するが——そして「ケア倫理（学）」等と呼ばれる時、その「ケア」とはたいがい子育てのことを指している、すくなくとも指していたのだが——かなり多くの人が子を育て、その当人にとっては皆が同じく子どもである時期があり、そして手間のかかる度合いも、同じ年代であれば、あるいはその時期を通算すれば、一人ひとりにそう大きな違いはない（はずだ）というところは、他の手間・世話の要し方と異なるところでもある。これもこれで考えるべきことである。「育児の社会化」についてはいくらも言われてきたが、やはり意外にも、理論的な考察はさほどないのではないか。それはこの連載の当初の主題（題）にも関係し、そのうちにと思うが、これもここでは措く。ただ子から見た場合に育つ費用を寄こせという主張はもっともなものだが、子をもち育てることが趣味であり、そして／あるいは、経済的な利得につながる場合、そして「子育て支援」を人口政策によって正当化しようとすることがある——そして例えば、すくなくとも私はその方向の正当化を支持しない。それでも子をもたない人たちもその負担を担うことになり、そして徴収や配分の仕方におおいによるのではあるが——やはり述べてきたように、もちろん、あらゆる分配策がより少なく有する人たちを利するわけでなく、むしろ逆の効果をもたらすこともありうるし、実際にある。（費用負担の）「社会化」の正当性は、少なくとも優先性はさほど自明ではない。そして、実際にはこの仕事におおいに手間も金もかける人もおり、そうでない人たちもいる。そしてその仕事（の幾分か）は、これから考えていくことになる「世話」の仕事であるとも言えるのだが、その場合に、以下に記すように出来高払いになるのか。言えそうな結論だけを言えば私はそれを支持しない。支払いがなされるとすれば——障害・病に関わる追加費用の支払いは年齢に関わりなくなされるべきであることは当然とした上で——働き・支出の少ない方に合わせてよいだろうと考える。ただそれは格差の世代間の継承・再生産につながることになるはずだと社会学者なら言うだろうし、実際それはあるだろう。となるとこのことも含めて考えねばならないことになる。けれどこうしたことについてどれだけのことが考えられてきただろうか。たいして考えられていない。ずっと以前に書いた[1994a]等を収録して本(立岩・村上[2011])にしたのも、これまでどれほど考えられてこなかったか、ためしに少し考えてみるとどうなるのかを示すことに意味があると考えたからでもある。

こうして以上をいったんさておくと、それ以外は(直接に)身体の状態・状態の差異に関わるものであり、そしてそれらと社会の対応関係のあり方に関わって生ずることがあり、それらは様々なかたちで人の生活に関わる。起こるできごとは様々である。それらにどこまで応ずるのかという問題がある。それらのなかで通常、負のものとされるものは大きく病・障害と括られるのだが、その各々には複数の要素があり、入り混じったり、互いに作用もしていいて、混乱もある。そこでまずはそこにある契機を分けてみることから始める必要があることを述べてきた([2008-2010]——[2012b]として刊行予定——[2011a]、英語になったものに[2011c])。

身体——ただそれを、知能とか精神と呼ばれる広い範囲を含むものと考えよう——とその差異に関わって起こることはどんなことだろうか。一つに、(1)できること/できないことがある。一つに、(2)姿・形や生きる様式の異なりがある。障害は英語にふつうに訳せばdisabilityで、「できないこと」ということになる。だから(1)、つまりできる/できない(のうちのできない方)を指す。ただ、実際には、(2)、つまり姿や形の違いを人はずいぶん気にもしている。障害(者)と呼ばれているもののなかのかなりの部分はそんなことにも関わっている。

他に、身体を巡って、あるだろうか。(3)身体に痛み・苦しみが生じたり、そして/あるいは(4)死に至ることがある——これらと対応させて別に括れば、快楽があり、そして生まれること・産むことがある。ただ苦痛や死を起こすものはふつう病と呼ばれる。障害と病とはどのように違い、どのように関係するのか。言葉の使い方次第ということになるが、普通の使い方をすれば、もちろん重なる。例えば、痛みとともにどこかが動かないといったことがある。ただおおいに重なり、同時に生じることを認めた上で、分けることはできる。

他になにかあるだろうか。人は暴力を振るい、人を害することがある。そして相当部分は誤解・偏見によって、しかしまったくの完全な間違いというわけでなく、（5）加害が障害・病に結びつけられることがある。（[2011a:220-221]）

これらを別々に見ていった方がよい。例えばベーシックインカムだけでよいという主張がかえって不公平を生じさせることは誰にでもわかるのだが、それでもそれを無視しようという乱暴な議論もある中で、そのようには考えてない人たちも当然おり、その主唱者の一人の著作でもそのことは述べられているる（Van Parijs［1995=2009］）。だがその扱い方はおかしなものである。詳しくは［2010d:147-188］（第6章「差異とのつきあい方」）で述べたが、そこではすくなくとも（1）と（2）がひとまとめにされ、例示されるのは、容姿のよい「ラブリー」とよくない「ロンリー」という女性——その著書で代名詞は she で通されているから他意はないのだろうが——である。しかしこれはひどくないか。自分が醜いと人々に思われていることは、人々がしかじかの金を積んでもごめんだと思われているほどであって、それでもこれだけ積んでもらえるならその人に成り代わってもよいという人が出たら——しかもそんなことは実際になされえないのだし、なされるわけではない——その額を支給するというのだ。それはたんに（1）と（2）とをいっしょに論じているというだけのことではないのだが、そんな案を思いつくこと自体が信じ難いと思う人もいるかもしれない。代わりにどんなことを言うか。（たいしたことは言えそうにない。それでもこうしたことに関わることを［2011-］ですこし考えてみている。）

大きいもの――が単純であるもの、単純であるが大きなもの――は、いま五つあげたうちの（1）、身体、身体の作動――もちろんここには知的能力の行使も含まれる――に関わる「不便」である。それはまず様々な事情・状況が関係しつつ、労働とそしてこの社会においては収入に影響するのだが、この部分については既に対応はなされたということになっている――先述の（Ⅰ）。するとそれ以外ということになる。今の社会で不便な人たちはその部分を「補う」こと、そのことに関わる不便な部分に対応することを求めてきた。私には、その要求は当然のものであり、実際には供給が足りないことはあっても、根本的に答がでないような問題が存在しているとは思われない。しかし難しい問題があると言われる。どのような具合になっているのだろう。

補うことの全体を否定する人はあまりいないはずである。ただ、そうした「総論」の支持者の多寡にかかわらず、問題はどの程度それを補うのかである。要求してきた人たちは「普通」「人並み」を求めてきた。他の人々と同じことを行なう場合によけいにかかる部分については分配されてよいということである。ではここで「人並み」とは何か。どれだけについてどれだけを払うか。

この問題を取り上げたのはもちろん最初のことではない。というか、補われることを必要とする当の人たちにとってはその水準を上げることこそが最大の問題なのであり、この数十年はそのことに費やされてきたのだとも言える（cf.［1990a］、その後に刊行された運動してきた当人たちの本として三井［2006］、新田編［2009］等々）。結果、いくらかの成果は得られ、その成果ゆえに「どれだけ」という問題が浮上してしまう――一九九〇年代に入って、「ものとり主義」の運動を最も強力に率いてきた故・高橋修と、そのことを幾度か話したことがある（［2001b］）。それで何か言わざるをえないことになる。そのことを冒頭に述べた。

私自身がまとまった形でこのことについて述べたのは、まず［2000b］（『弱くある自由へ』［2000c］に収録された）においてだった。加えて、前節までのことを書いた。妥当な生活水準が設定されるなら、その総額をどのように使うかは基本的に各人の自由であるとした後、その使用に際して付加的に必要な部分について、その費用が支給されるようにすればよいとした。ほぼそれでいけるはずである。すこし詳しく説明し、付随して存在する幾つかの論点を考えておく。

さきに見た所謂所得保障（Ⅰ）の場面に戻ろう。そこには制約がたしかにあった。その人の生活は分けるものを分けた（具体的には貨幣として手元に渡った）――現実は現実的に決まっているのだが、私（たち）はその水準を引き上げることを求めた――その水準によって制約される。その総額の範囲内で何に使うかを決定することになる。誰もがいくらでもしたいことを行なうことができるわけではない。その上で、あるものに多く使うこと、その総額をどのように使うかは各自に委ねられた。そしてそれは正当なことであるとされた。例えば、そう頻繁に金のかかる旅行に行くことはできない。ある程度の制約はあるのだった。

基本的にはその延長上で考えればよい。（Ⅰ）の総額をどのように使うかは一般に自由だった。その中で何について消費するかを各自は決める。そこで例にあげたのは海外旅行だった。総額の制約内でやりくりして、年に二度海外旅行に行く人もいるし、一度の人もいるし、行かない人もいる。それと同じことをここでも認める。すると、二度行く人にはそのことに関わる追加分の費用、一度の人には一度分の費用が払われるようにすればよいとした。

このようにして、同じことをするのに、今ある社会のもとでは、費用が余計にかかることがあり、そこでその部分を補塡するということである。するとその追加費用を得ていない人と同じ結果、結果というよりは結果のための手段が得られることになる。ここで他の人々に認められている以上のことはなされていない。とすれば、普通の、望ましい水準に設定された収入によって人々が行なう範囲について、そのために――多数派用にしつらえられたこの社会において――余計にかかる部分が支出されればよいということになる。こんなところでよいのではないか。

もちろん現実には、人々はここで想定している水準のものを得ていない。しかし仮想することはできる。おおまかに考えて、得たとして、そのために追加する部分がいかほどになるのかを考える。下回っていることは確実に言える。だから要求を続け、獲得しようとする。その程度でかまわない。

以上は、格別に贅沢な生活をしたいわけではない、機能・能力の差異によって生活に大きな差がつけられることはおかしい、自由な生活とそのための――各自の事情に応じた――手段が提供されてよいという平凡でもっともな――と私には思える――主張をいくらか具体的にしてみただけのことだ。他方で、（日本ではあまりなされていないが）学問の世界では「どれだけ」を巡って幾多の議論がなされてきており、前節で簡単に紹介したような具合で、堂々巡りのようにも思える議論はなされてきたのだが、以上のようなことを述べた人を具体的には知らない。（前節では齊藤の簡潔な要約を紹介したが、次の本では、堀田が障害が「政治哲学的に」あるいは「生命倫理学的に」どのように把握されてきたのかを含めより詳しく紹介・検討してくれるだろう。）今述べてきたのでよいなら、難問はそれほどの難問ではないということになる。だからまずは記しておいてよいと思った。

そして使われてよい手段は、直接に人を使うこと、そしてその人あるいはその人に仕事を依頼する人への個別の費用の支払いに限られない。例えば車椅子や人工呼吸器等々を使う人でも飛行機に乗れるようにすることを航空会社に義務づけ、その費用を負担させるといった方法もある。全体に義務づけるのであれば（さらに企業の規模に大きな差がないといった条件があれば）企業の競争力に差は出ず、実効的なものとすることはできる。そしてそれは結局、利用者全体がその自らの利用に応じて費用を支払うことにもなる。あるいは直接に税を使ってその環境を整える場合もある。いずれがどの程度どんな理由で望ましいかといった論点はあるが、ここではそれは略してよいだろう。ともかく、個別の費用がかからないように交通その他の設備を整えることもありうるし、その方が合理的で、さらに費用がかからないこともあるだろうということだ。

他方に個人に出すのが適切な場合もある。どちらの方がよいかは場合による。私自身はむしろ政府による供給・規制に否定的な見解を述べたことがある。基本的に政府は集金と個人に対する配布に徹することにし、その個々人が持ち寄って「公共的」なものを作ってもよいかのではないかと述べたのである。個人への支給は一つには生活、その生活における好き嫌いのあり様は相当に自由であってよいだろうという価値から支持される。また少なくともこのような視点で過去から現在に至る金の使われ方を見直してみることである。実際の税金の使われ方を見た時、この視点をとることに一定の意義はあるはずである。例えば何かが作られたとしてそれが誰によって使われることになるかである。それがもっぱら生活水準において中以上の人たちのために使われるといったことはよくある。[★13] ただ、すくなくとも以上は、現物を用意することを全面的に否定することではないということである。このことは先にも述べた。

すると次に、実現可能かと問う人はいるだろう。それに対しては可能であると答えることになる。その説明はここではしない（上野他編［2008］収録の［2008a］、前掲した上野・中西編［2008］収録の［2008c］等で同じ話を幾度もしている）。それは実現可能性の問題についての——それ自体はもっともな——疑義だが、それ以外に今述べた限りのことについて疑義があるだろうか。私には思いつかない。

4　残される問題

ただ、これですべてが終わるわけではない。幾つか確認しておくべきこと、加えて考えておくべきことがある。

一つには、分配可能なあるいは分配するべき財として支給できないもの、そして／あるいはすべきでないものがあるということだ。人が必要とするもの、必要とするがときに得られないもの、得がたいもののすべてが政府を介して支給されるものであると考えている人はいないはずだ。このことについても幾度か述べてきた。『現代思想』連載では、「労働の義務について・再度」［2005-(12) 1006-9］の「離せないもの」で、人の労働（の成果の提供）を求めてならないものがあることを述べた。その結果得られず、不条理であるが、それは仕方がないとされることがある。移動・分配できる／できない、すべき／すべきでないものの境界という問題についてはかつて簡単に論じた（［1997:chap.4］）――というかそれがその本の一つの大きな主題だった――から、ここでは主題的に扱わない。（ただささきに五つあげたものを見ていくなら、むしろ、すくなくとも容易には、その人に内属し、移動させられないものの方が多いことがわかる。だから、すべてについて考えていこうとすれば、結局この問題に戻ってしまうことになる。）

他にも問題は残る。二つはある。

一つ、いわゆる所得保障（Ⅰ）において妥当と設定される水準を超えて何かを購入する場合に必要になる付加的な費用についてはどうするかという問題がある。それが個別の支払いとしてなされる場合については全額自己負担でよいという立場をとることもできる。また、その水準の額だけを得ている人にとってはそもそも追加的な消費はできないのだから、現実に不可能なことでもある。ただ多くの人は労働によって追加的な収入（Ⅲ）を得ている。その追加的な収入を同じだけ得ていても、ある人はそれをたんに何かを購入するだけに使うことができるが、別の人はその購入に伴う追加的な経費も払わねばならずそれは公平でないという指摘にももっともなところはある。だからこうした場合の追加的な費用についても（いくらか）公的に支出されてよいという立場はある。私（たち）にとっては（Ⅲ）が得られない人がまずどうやって生きていくかが関心事であるから、すぐに答を出さねばならない問いであるとは考えないが、このような問題があることは押さえておく。

一つ、これは既に金銭を使った消費としてなされる部分のことだった。だが実際に私たちはただで様々なことを行ない、様々を享受している。例えば散歩する。風呂に入る。これらは通常「自力」で行なうので費用がかからない。また、これまで、そして今も、人にただで行なってもらっている部分がある。あるいは公費で賄われている部分がある。例えば教育のかなりの部分はそうなっている。

後者、つまり他人にやってもらっている部分、費用が支出されている部分についての方が原則的な答は簡単だろう。追加分も払ってよいことになるだろう。支出が新たになされてよい場合もあるだろう。ただ、その手前で、これも誰もが知っていることなのに、考えられてこなかったことが幾つかあることは指摘しておこう——それは「不払い労働」が言われたには言われたものの、実はさほどまともに払うことの可能性や困難について、そのことがもたらすかもしれない危険についてたいして考えられもしてこなかったということだ。例えば、そうした仕事のいくらかの部分が「ながら」の仕事としてなされていることをどう算定するかといった問題がある。また、実際に存在する差にどう対応するのかという問題がある。例えば、夕食の支度に三時間かけている人もいるだろうし、十分ですませている人もいるだろうということである。

こうしたことを整理したうえでないと言えない部分はある。ただ、それでも基本的なことは言えるはずである。次節はそこから始める。そして過大な使用そして（利用のない場合も含めた）請求はむしろ供給側の利害による部分の大きいことを述べ、ではそれにどう対処することになるのか、そのことを考えてみる。

4　決める必要が（あまり）ないこと

1　追加費用[14]について決めないことはあまり難しくはない

　ある人がどれだけを必要とするのかを査定することは避けられないように思われている。利用者の希望に応じてとしたら、その人が必要を超えて請求する事態を防ぐことができないのではないか。このことが懸念される。その可能性を考慮しないのはたしかに非現実的かもしれない。すると「ニーズ」を算定し、評価・査定し、「要介護認定」等々を行なうことは避けられないように思われる。実際それが行なわれるようになり、その計算の仕方の不合理は様々に言われるものの、当然のこととされている。

　しかし、それでは困ると思う人たちがいる。その困る感じは、まずは厳しく査定・決定されて足りないという単純な現実・現実感から来ている。それでそのことを言うのだが、しかし前段のようなことを言われる。だから、その人たちにとって、この問いにどう応じるかは、あまり知られていないが、ずっと課題であってきた[15]。そこでこのことを『弱くある自由へ』[2000c]に収録された「遠離・遭遇――介助について」[2000b]の「判定から逃れようとすること」で述べた。ここで書いているのはその続きということでもある。

　それと別に「学問」の側で――私自身も知らなかったのだが、そしてこの国で不平を言っていたその当人たちも、彼の地で「学問」的な言説を積み上げてきた人たちも、当然に双方に、知られていなかったのだが――一定の議論がなされてきた。その人の求めのままに応じたらまずいことが起こられないかという懸念が語られる。例えば、過大申告、過大な利用の問題があるとされる。つまり好きなだけ使ってよいとなればその利用は多くなりすぎてしまうことが心配される。そんなことがあるなら、供給量を決めて、規制する必要があるということになる。他方で、過小申告という問題がある。すぐにこれで十分だと言う（聞かれれば言う）人がいる。それをそのまま受け取ってよいか。いずれも難しい問題のように思われる。このような「厚生主義」の問題があるとされる。ならば、「客観的」な基準を採用すればよいのか。けれど人は何のために消費するのか。なにかよいことがある（と思う）からではないか。とすると、効用・厚生・功利を排除するのも、基本的・根本的におかしなことであると思える。それで、なにか難しい問題に当たったような気がする。

たしかにいつも具体的な解を与えられる解法を求めようとすると難しい。しかし、基本的には、そして実際多くの場合には、そんなに難しくはないはずだと『自由の平等』［2004a］で述べた。基本的に、人々の意向・選好を大切にしながらも、選好として表明されるものをそのまま認める必要は常にはない。それには理があると考えられ、そのことを言えればよいのだとした。

つまり、求めてよいとされる幅は常に本人に先だって「社会」から与えられるしかないのだし、（どれだけ）求めてよいこともやはりまずは知らされるものとしてある。この時、私たちは、たしかに実現可能性に制約されつつも、これぐらいはだいじょうぶだと、そのことを言い、示すことになる。そして、人々の財の取得が多く人々の労苦を経て生産されたものの取得である時、いくらでもどうぞと言うわけにはいかない。また、そうした労苦や知恵の成果をより多く有することによって（その差異によって）満足を得、自らを顕示しようとする欲望の存在を認めるけれども、その欲望にそのまま応ずることはしない。だいたいこんなところだ。

他方、過小な（と思われる）要求をする人、要求を（してもよいと思われるのに）しない人がいるとして、まず基本的な所得部分については、まずいちいち聞かないで支給してしまう。そんなものだということにしてしまう。そしてさらに時には、受け取ってかまわないのだと言う。それでも慎ましいことを好むあるいはよしとする仙人あるいは善人は、他にまわすか、返納するか、好きなようにすればよいだろう。ただ多くの場合には、人々の過小な欲望は、人々がそうあると都合のよいと思う人々によって作られている、とまでは言えないとしても維持されている。それは不正であるとする。

次に、ここまで述べてきた追加分の費用については、その使用（のための行動）は基本は本人に委ねられることになる。その結果、ためらう人は出てくるだろう。それに対して、やはりここでも、個々にためらう必要はないと言うことはあってよいだろう。そしてそれ以前に、使ってかまわないことを公然と知らせることがなされるべきことになる。さらに、人が気にしなくてもよくても気にするものだとすれば、こうした障壁を本人も周囲を気にせずにすむように、物理的・設備的な環境の整備ですませられる場合には――一般にそのようにして、つまり「公共事業」として、道路やその他は整備されてきたのでもあるから、（その原理的な正当化は意外にやっかいなのだが）その追加分については――同様にするのがよいだろう。

次に過大な要求について。二つに分けられる。一つに多くを望む場合、使うことを増やそうとする場合である。一つに使ってないのに使ったと言うことである。まず、一つめについて。

身体の差異に対応する追加的な給付がなされ、それに制約はあるが、それを直接に規制する必要はない。つまり、「補う」部分については、妥当な生活水準が設定されるなら――具体的には労働の労苦に対する対価分を別としておおむね等しく貨幣が分配されるなら――その総額をどのように使うかは基本的に各人の自由であるとした後、その使用に際して付加的に必要な部分について、その費用が支給されるようにすればよいと述べた。例にあげたのは海外旅行だった。それを総額の中でやりくりして年に二回行なうのであれば、それに対する付加的な費用を、一回の人にはその分を支給すればよいとした。つまり使った（使う）分だけの費用（あるいは財そのものを）を支給することにする。

基本的な所得水準よりも多くを有する場合、その水準を超える場合の付加的な費用についてはどうするかといった問題はある。つまり、現実にであれ、妥当な計算の末であれ、より多くの収入を有する人がいて、その追加分を使ってさらに多く消費しようといった場合の追加費用をどう考えるかである。これについては、そのより多くを有することについてその正当性を認められない場合には全額自己負担でよいという立場をとることもできる。ただ、増額分が妥当である限りにおいては、その支出に関わる追加的な費用についてもさきと同じく全額が支出されてよいと考えてよいだろう。（環境の整備によって、その度の追加費用がかからないようにすることができる部分についてそれを行なうなら、すべての人・利用についてその都度の費用を支払う必要はなくなる。）★16

2　多くの人が自分でしていることについて

ただもう一つ、多くの人は自分でしていることがあり、そしてそれについては自分自身では払っていない。例えばその人は散歩したりする。読書したりする。この部分についてはどうなるのか。するとまた私たちは平均値といったものを考えたくなる。たしかに「人並みに」と思う時にはそんな契機は含まれているだろう。だが、他の人は（他を削ってでも、その制約下で好きなだけ）好きなことができるのであれば、それもよくないかもしれない。どう考えたらよいか。

一日の時間は二四時間であり、これ以上はどうしても増えることはない。そしてその中のある時間、その人は何かをしているのだろう。生命の維持ということになれば死ぬまでずっとしていることになる。ただ、通常、その中で人手を必要とする部分は多くはない。他方、通常は——それは市場社会においては商品の購入としてなされるのだが——人々の労働（の成果）を受け取って消費する部分がある。先述したように、その総枠は制約されているのだったが、それでもそれは相当の部分を占め、それについての対応については既に述べた通りだから、その分は考慮しなくてよい。この消費に関わる部分を全体の時間から差し引き、残った時間の中で、追加的な費用、例えば人手が必要な部分はそう多くない。さらに人手の場合、時には一人に二人以上の人が就く必要のあることもあるが、多くは一人に対して必要なのは一人である。そこには絶対的と言ってよい上限がある。

たしかにその資源がない、人手がいないというのであれば、無理なものは無理である。そうした条件下ではその使途に優先順位をつけねばならないことがあることは認めざるをえない。絶対的な制約というのではなく、人為的な制約、例えば現在の制度下においてもそれを変更できないというのであれば、優先順位を付けざるをえないことにある。実際、庭の草取りの仕事はヘルパーがするのはどうなのかといった議論、というより困惑がしばしば「現場」で語られる。他を優先せざるをえないことは現実の社会にはある。ただ、原則的にはそれは妨げられるべきことではない。現にどうにもならない制約下では後回しにせざるをえないということでしかなく、人手がいる限りはそれに対応すればよいというのが基本的な答になる。そして人はいる。このこともまた繰り返し述べてきた。

3 測ること

こうして消費は無際限に許容されるわけではなく、その総枠を設定せざるをえない場合を認める。ただ、その制約のもとで、それに関わる追加費用については無条件に補塡・支給するのがよいと主張した。少なくとも多くの場合には、自己申告あるいは実績に応じてでよいというのが、私たち――どれだけいるかわからないが、また現今の状況下では困難ではあり、だからこそ確認しておきたいとも思うのだが――の主張ということになる。基本的には本人が使うとする分、あるいは実際に使った分をほぼそのまま認めてよいということになる。

加えて、そうした部分の膨張を懸念する必要がない要因がさらにある。このことを〔2000b〕で述べた。つまり、こうした財はあればあるほどその当人にとって好ましいというわけではない。人がすぐ傍にいるのは——人にもより状況にもよるのだが——相当にうっとうしいことでもある。[★17]

実際、医療では、基本的に、これまでだが、出来高払いでやってきた。医療を提供するに当たっての審査があるわけではない。あらかじめ決めないととんでもないことになるのではないかと言われるのだが、そのとんでもないかもしれないことが——後述するように、実際に問題は生じ、その代案も示され、それにもまた問題があるのだが——その場ではこれまで実際に行なわれてきた。それが可能であった一つの大きな理由は、それがより多くほしいと望まれているものではないことにある。医療費が給付されるからといって病気になりたいと思う人はまずいないし、医療を使えば使うほど気持ちがよいという人もそう多くはない。

もちろん医療とそれ以外の「対人サービス」と異なったところはあるが、共通点がないでもない。さらに介助等の直接的な対人サービスについてはむしろ問題が少ないとも言える。医療の場合には、サービスに対する支払いは単純にかかった時間に比例するのではなく、例えば薬を何種類・何錠、注射を何本打ったか等々により、それらを増やすことによって時間当たりの稼ぎを多くすることができる。それに比べた時、介助の場合には仕事（に対する対価）はかなり単純に時間に比例する。一日は二四時間しかなく、一年は三六五日しかない。その使用には絶対的といってよい限界がある。そしてそうしたサービスの場合は注射を打たれて痛いといった身体的負荷は少ないかもしれないが、人が関わる時間はたいがいより長い。その部分の負荷はより多い。[★18]

にもかかわらず多く受け取ろうとし、多く必要とされるなら、その理由を考えるべきであり、対処法を考えるべきである。

4　実際より多くを取ろうとする場合

私がより多くをとろうとする人であるとする。その私は、さしあたっての負担がないなら、あるいは受け取りに関係なく負担しているのであれば、より多く受け取ろうとするのではないか。この問いにそうではないだろうと答えた。

ただ、現金だったら何にでも使えるから、あればあっただけほしい、と私は思う。このことは、現金として受け取れるなら事情が変わってきうるということでもある。現金が得られるなら、それを実際には別の用途に使うことも可能ではある。

この事情は、より大きく供給側に関わってくる。その対価は最終的に供給側に渡ることになっているのだから、まず直接的な誘因は供給者にあるということである。ただ、仕組みによっては利用する側にもこの事情が影響することはある。利用者にとって益があるのは、一つに利用者に対してその費用として現金が支給される場合、虚偽を申し立て、支給されたものを自分で着服する場合、あるいはそうした仕組みではない場合でも、示し合わせて、あるいは暗黙の了解のうちに、例えば一定あるいは大部分を本来受け取るべき人に渡しながら、自分の側にいくらかを残すといった場合である。

これはその財をより多く得ようとするという誘因とは異なる。それに対する支払いの一部を受け取ろうという要因である。ただ実際にはそうはっきりとした境界はない。時間当たりで決まっているとして、受け取りを増やそうとすれば、時間を増やすかあるいは時間を水増しするということになるが、まったくその場に人がいない・来ないというわけではなく、たしかに人は来ているが、しかし実際にはあまり働いていない、働かなくてもよいということはある。

そこで、一つの誰もが考え付く単純な方法は、利用者側に一定の自己負担を求めることである。自己負担ならその分控えることがある。利用を増やすことが利用者本人の損失になるようにすることによって、供給者側の過剰供給を抑制しようとする策がありうるし、実際に採用されることがある。

けれどもこの方法に限界があり、また合理的でないことも明らかである。まず、その自己負担は全額の負担ではないなら、今述べたような使用をまったくなくすることにはならず、他の機構が作用しないなら、むしろそれを膨張させる可能性もある。そして、本来この負担は、これまで考えてきたところでは、その本人によってなされるべきものではない。その主張が受け入れられるのであれば、その額の全部が本人に支給されることになり、つまり「自己負担」ではなくなる。また後述するように、この誘因は利用者よりむしろ提供者の方に強く作用するのだが、そこに生ずる問題を減らすために、利用者に負担を求めるのはよくない。そして現実の社会には、多くを有する人とそうでない人とかがいる。前者にとって自己負担は抑制の意味を持たず、後者にとっては荷重な負担となる。そうした事態を回避しようとして、所得別に負担の割合を変更するといったことがなされたりもするのだが、そうした作業も面倒なことであり、そして結局根本的な問題を解消するものではない。

もう一つ転用を回避する方法は、現物(もちろんサービスを含む)の直接給付にすることである。利用者に対する直接的な現金支給よりも、選んだサービスについてその提供者に支給する方がよいかもしれないということである。あるいは用途を限定したクーポン券のようなものを提供するという手もある(実際日本でも、生活保護の「他人介護加算」はそのような仕組みで運用されてきた)。

その転売の可能性はある。ただ他で既に十分な供給がなされているなら、それを別途購入する必要はないのだから、余った(余らせた)人がそれを売却して現金化することもまた困難になり、その可能性を気にすることはないということになる。他方、現実に供給が不足しているのであれば、その行ない自体はほめられたことでないとして、全体としてはよい結果がもたらされる、さほど気にすることではないとも言える。

　これは、主張され出してからもうだいぶ経つ「直接支払い（Direct Payment）」の主張に反する主張のようでもある。この主張は、利用者本人が直接政府から費用を受け取り、その費用を使って人を雇用し、その人に支払うという仕組みにしようというもので、英国等で一部の障害者に対して実際に使われており、本人たちの運動はそれを支持・拡大しようとしてきた。その利点がいくつもあることを私も認める。ただ、いくつか考えておくべきことが残っている（［2010k］、主題的に扱った書籍に小川［2005］岡部［2006］）。例えば単価の設定は利用者個人に委ねてよいのか（委ねるのがよいのか）、等。そして、誰の手を借りるかという決定権やそれを使う使い方は本人が決めることを基本にするというあり方は認められるべきだとして、それは必ずしも利用者から直接の提供者に現金を直接渡す方法を採るべきことを意味しない。この方法を支持するのに際して、自らが払い主になることによって――優位になる、とはまでは言わないとしても――対等になるといったことが言われるのだが、この主張は基本的な水準では――そのもとの出所は本人ではないのだから、それは「見かけ」のことであり――採るべきではないとも考える。とすれば、利用者の権利・権限を確保しつつ、利用者と提供者の双方を登録し調整する事業所が直接には費用を受け取るという日本の多くで取られている方法も、やりようにはよってはそうわるくない。中には自分一人のための自分で作った組織もあって、そんな場合には実質「直接支払い」の方式と基本的な発想は変わらないとしても、「公金」を使って組織・事業を行なう際の要件を満たすことが求められることになる。とすると、つまり複数あるものを相互に比較するなら、ごく小さな、そして手続き・仕組みも簡便な（一人が使いその本人が経営するといった）事業体を認めた上で、一定の報告義務と監査を受けることは認めてよいだろう。（別言すれば、こうした制約を受け入れる限りにおいて、ダイレクト・ペイメントに問題はない、よい方法であるということになる。）

そして繰り返しになるが、方法はそれに限らない。施設・設備あるいはそれに付随してあるものについては、その部分について無償で提供される方がよい場合がある。（経済学的に正しい意味の、ではないが）「公共財」として供給される方が合理的な場合があるだろう。また本人に渡す際にも、現物による支給の方がよい場合があるだろう。問題なのは「選択の自由」が阻害されるといった場合だが、そもそも決まっている場合には、その必要はないということになる。基本はそのように考えるのがよい。

5　不安

以上以外に多くを求める事情として何があるだろうか。一つは、制度のあり方に関わる。供給の切り下げへの恐れから、またいったん減らした後に増やすことが難しいことから、多めに申請することがありうる。これに対してはむしろ希望・実際の利用に応じた供給の保障が有効になる。

他に不安がある。それは一つに、実際に助けが必要な時にいないならば、痰がつまった時に呼吸ができなくなるとかそんな現実的な不安である。その現実の可能性がある場合には、それに対応すればよい。それ以外にその人にはすることがないかもしれない。頻回の必要があり、あるいは緊張を強いられ、より大変なこともあるだろうし、そうでない場合もあるだろう。そんな時には、注意を怠らないようにして、別のことをしていてもよいかもしれない。あるいは、十分に間に合う場所にいるのならその場からかけつけてもよいだろう。そうした仕事は他の仕事よりきついこともあり楽なこともある。他を兼ねられることもある。すると待遇条件を変えることもあってよいだろう。

私たちは時々間違えてしまうのだが、こうした場合に――公的介護保険において標準的な方法として使われている――巡回という手は使えない。言うまでもなく、急ぎの、いつ起こるか予想できない時の対応が求められているからである。次に、方々を短時間ずつ回って決められたことを決められた時間に行なうこと自体がよいことであるかどうかは別として――多くの場合、よいことであると思われない――これは思われるほど効率的な方法ではない。実際に働く時間よりも移動の時間の方が長いことがしばしばであり、複雑な巡回の方を調整する手間がかかり、事務コストがかかる。ときにいかにも悠長な営みであると見えたとしても、時に訪れる必要に応えるために待っている、そうしたやり方の方がよいことも多い。

そしてまた「集住」という方法も――たしかにそこでは移動の手間はかなり省けるのではあるが――思うほどには効率的でないことがある。そう多くない人が集まって住む形は、当人たちにとってもよいこともあって、それはそれで、様々な集住・集合住宅の形態があるように、考えられるように、あってよい。ただ、二人（以上）に同時に緊急の事態が起こる可能性はある。あまり心配しすぎないことにしても、それでも、一人が担当できる人の数はそう多くない。そして重い人なら、特別に緊急というのでなくても、するべき仕事はたくさんある。★19 同じ状態が得られるのであれば、規模の経済の効果を否定する必要はないが、必要の充足という条件を満たした上でなお経済的であるという場合はそう多くない。

そして不安の中には、息が止まって死ぬかもしれないといった不安とともに、誰かいてくれないと不安だという不安がある。この場合には、それが――それは自分の身体ではやっかいなことを他人に依頼するといった場合と異なり、後でいくらかふれることになる、「苦痛」の一部・一つの形態といった方がよいのだろうが――「主訴」なのであって、その不安に付き添うこと自体が、なされるべき正当な仕事であることになる。それはすればよい。そして、それがどんな場であればよいか。それは、むしろ自分が暮らす場所でなくてもよいことがあるし、その方がよい方があるし、一時しのぎの場でよい。本人が不安から脱したいと思っており、一人でやっていけるなら一人でいたい時間があるとしよう。とすると、それに応じられる体制があれば、常にそこに人が付き添うという必要はなくなる。いざという時の態勢が作られてあれば、常時の人はいらないことはある。本人にとってもその方がうまくいくことがある。自殺したい日・夜だけいられる場所があればよい。（しかし、よく知られているように、現に存在する（精神）病院はそうした機能を果たせるものとして存在せず、長期に滞在し滞留する人たちだけでいっぱいになっていて、そうして経営されている。）

6　供給側に主要因がある

利用者の側の「モラルハザード」がよく語られる。だが、実際に過不足のない供給を困難にするそう大きな誘因は本人にはない。そのことを述べた。むしろ供給側の利害によるところが大きい。多く本人の意志が不在なあるいは聞かれない中で、過剰な、さらにむしろ加害的な、供給がなされる可能性がある。

その利害・出方は一様ではない。その仕事から得られるものが少ないのであれば、手を出さない――「近代医療」はできることはなんでもしようとする、などというのはもちろん単純な誤解・誇張である。しかし利益をもたらすのであれば、あるいは経営の維持のためにやむなしとなれば――もちろん両者は連続する――それを請け負おうとする――最も単純にはこのことが過小／過大（の併在）をもたらす。経営を維持するためにはせざるをえないというのであれば、あるいはさらに経営に積極的であれば、引き受ける。そして例えば時間に比例したり、供給する量や回数に比例するとすれば、それを多くしようとする。時にはやっていないのにやっていることにする。あるいはしなくてよいこと、しない方がよいことをする。

そしてそのことは実際の歴史が示していることでもある。とくに高齢者と精神障害者がその対象になった。両者には共通性がある。発言しない、できない、あるいはしても、聞かれない、受け止められない。そんな場合に過剰な加害的な行ないは起こりやすいし実際に起こった。本人の意向や利害を無視できることがある。実際に精神病院において、そして老人病院において起こったことはそういうことだった。前者については本連載のここ数回で述べた。「悪徳老人病院」(とそれに対する批判)については『良い死』[2008b]の第3章「有限でもあるから控えることについて——その時代に起こったこと」(の2「一九八〇年代」の1「老人病院批判」等)に記した。

これはもっぱら営利・経営のためにということもあるし、当人たちにおいてそのことが十分に自覚されている場合もあるが、それだけでない。実際には公安・治安のためであるのだが、本人のためとして供給されることもあるように、ことが曖昧にそして自然にいつも通り処理されている中では、普通のことがただなされているだけだと観念され、あるいは何も思われず、処理される。

加えて、何がどれだけの結果をもたらすか、はっきりとわからない。なさないようになした方がよい、かもしれない、ことは多くの場合に否定できない。こうした事態は、医療においてより頻繁に起こる。供給量に応じて収入を増やせる供給側が、その供給に関わる決定の実質を握っている。仕事をたくさんして、あるいはたくさんしたことにして多く受け取る。供給外枠を課すのは、供給側の利害に発する過剰供給を抑制するためであり、量の設定の必要性、設定すべき枠の性格はそれに応じたものになる。不正支出・収入がなされているなら、処分・処罰の対象にはなる。仕事自体を続けていけないことになる。しかし例えば医療保険の支払いに関わる審査は同業者によってなされている。有効に機能していない。

過剰が常によくないというわけではない。無害である限り、そして人は余っていて、そこで働いて人が受け取るものがあることになるなら——もちろんまったく無益であるならそんなことをせずにただ受け取る方がよいのではあるが——それはそうわるいことではない。特定の人物が多く利益を得るといったことがない限り、めくじらを立てるようなことではないとは言える。

検査や審査の類いがまったく不要だと主張するのではない。実際に働いたかを確認することは必要とされよう。ただどんな方法をとっても無駄はいくらかは生じる。どこにでもごまかそうとする輩はおり、不正を完全になくすことはできないだろう。それを探すための手間・コストもかかる。コストだけでなく「公平」——やこんな場合に特別に気にする人々がいること——が関わっているとしても、どの程度の無駄と何を引き換えにするかである。

ただ、無益であるというより有害なことがなされるとなれば話は別だ。それに比べればだが、「補う」仕事で、そうした過剰の問題が起こることは少ない。多くの場合、述べたように利用側において、やってほしいことがわかっている。それが与えられるサービス以外の利得をもたらすことでもなければ、それは「ちょうど」で収まる。例えば、利用者あるいは利用者の代理人が申告し、それらについて必要な時間を積算し、それだけの時間分を支給することとし、その際、供給側において過剰な受け取りの生ずる可能性がないかを検討すればよい。

7　利用者と供給側とのつながりがある場合

利用者と供給側とのつながりがある場合、いくらか問題は生じやすくなる。

一つは家族である。後でとりあげる「家事」全般にも関係することだが、家族がこの仕事をしそこから支給を得る時にやっかいさがいくらか増える。私（たち）の立場は——義務を認めないという立場ではなく——家族と家族外の人たちの間に義務における差異を基本的には認めないというものだ（[1992]）。だから原則的には、他の人に払うのであれば家族にも支払われてよいという立場をとることになる。

このことを巡る議論は公的介護保険導入の時にもあった。働き支払われる対象として家族を含めてよいという論とそれに反対する論があった。後者は、その時には、家族を（有償で）介助する人に含めるなら、結局いくらかの金が家族に入るだけで、これまでと同じ人たちがそれに関わらざるをえない状態が継続してしまう、家族の負担は結局変わらないことになってしまうと反対した。家族に対する支給はなされないことになった。他方、ドイツでは――支払い方法は家族外の介助者への仕組みと違うようだが――支払う制度になっていると言う。

ただ、やっかいなことは介助する側にだけ起こるわけではない。ものをはっきり言え、そして断わりたいことを断わることのできる人であれば問題は少ないが、そんな人ばかりでもない。介護保険導入の際の議論ではあまり言われなかったのだが、逆に、本人が希望しないにもかかわらず家族に依拠することになることが続く可能性もある。一方では、介助する人がその仕事に結局しばられる（しばられ続ける）ことが問題にされたのだが、他方には、される側がその関係から逃れられないことも起こってしまうということである。他の人の方がよいのに家族がその仕事につき続けることがある。

こうして、どちらかがあるいはどちらも困ってしまうことが起こりうるのだが、同時に、ときに困るのと同時に、利用者と供給者の人的なつながりがあるために、述べてきた過剰な受け取りが起こりうる。そこで実際になされていることは外からは見えにくい――そしてそのこと自体は護られるべきことであるともされている。

どうするか。まず、他の人に代わってもらえず、固定されたままになってしまうという懸念について。他の人が参入するという条件が整わない限り、たしかにその可能性はある。だから他の選択肢を現に存在させる必要がある。そして、有償の仕事とする場合、そこでの選択と使用・利用について当人以外の人（たち）の一定の介在が必要になる。例えば、利用者も（家族であるところの）介助者も他の人たちが関わる組織に登録するといった形態がありうる。

もう一つ、利用者と供給者との関係が近い形態がある。そして私自身が、そうした組織についていくらかのことを紹介し、そして支持しもしてきた。「自立生活センター」と呼ばれる組織のことである（[1995b]、その組織について詳しく記述した文献として村田［2009］、そうした組織も使いながら暮らす人たちについて田中恵美子［2009］）。代表とそして決定機構の成員の過半数を「本人」が占めることを決めて運営される組織であり、おもに二〇〇〇年代に入って、介助（介護）派遣の事業を行なえるようになってきたことを受けて、多くの組織が各地でこのような組織形態をとりながら、派遣の仕事をし、そして拡大させてきた。そうして組織に残るいくらかを使って別の活動にあててきた（派遣事業に専ら力が割かれてしまい、本来行なおうとする事業になかなか手が回らない現状については白杉［2010］［2012］）。今さら繰り返さないが、そうした組織の意義は否定されない。その利点は明らかである。

ただその上で、ここでの利用者と供給者の関係が近いとは言える。両者が同じ属性を有するがゆえに自らの存在理由があるとする。そして利用者の視点で経営がなされること自体は明らかな利点でもある。自分（たち）の利用がそのまま自分の利益にもなるといったことがあり、それが弱点ともされうる。

ただこれもどれだけ起こるのかということではある。まったくないわけではない。ここまで述べてきた可能性を完全に排除することはできない。けれどもまず、公的介護保険についての実情は把握していないが、ここで使われている障害者自立支援法――というなくなるはずだったがまだ存続している法律――は、経済的な利益が追求できるような仕組みになっていない。そして、たしかに供給側と利用者とのつながりは強くはあるが、規模がいくらかでも――というのは十人とかそれよりいくらか多いといった数であることが多いのだが――大きくなれば、利用者個人と組織の運営者との関係は通常の利用者と運営者との関係となる。そしてそこに理念はともかくも掲げられている。そこに普通に起こりうること以上のことは起こりにくい。

5　一律にがよいこともある

1　自らのためのこと

「ケア」について書かれた文献は夥しくあるのだが、そして不足について書かれているものも多く、それよりは少なく「過剰」について言われることもあるのだが、「どれだけ」について普通に考えられたものは意外にあまりない。「不払い」を言う人たちもいたが、では何に対してどれだけ払うのか、そうまじめに考えてこなかったようでもある。そこでいくらか考えておいてよいと思った。妥当な所得が得られそれを消費して暮らしている場合に、現在の状況下において身体に関わって追加的な費用が生じる場合、かかっただけを得られるようにするのがよいといったことを述べた。他方、以下では、子に対する労働、配偶者に対する労働の全部に対応して払う必要はないことを主張することになる。

自ら行ないその一部は他者（たち）に向けられる仕事・無償労働をどう考えるのか。すこし考えてもその算定はやっかいなことのように思える。自分の分と他人たちの分をいっしょに食事を作るといったことは普通のことだ。「ながら」の仕事であることもある。そして同じことにも手間をかける人たちもいればそうでない人たちもいる。そしてその現場でいちいち計算がなされているわけではない。そしてそれはなされた方がよいのだろうか。計算し申告するといったことになれば、それらにまつわる様々が起こることになるだろう。ニーズや実際を客観的に把握しようということになれば、自己申告ではいけないとされ、介入がなされることにもなる。それはよいのか。そんなことも気にしつつここで主張したいのは、もちろん手間をかけたい人はいるのだが、その趣味に応ずることはしなくてもよい、それに応じて払うことは不要であるということである。

生きること、生きていることにおいて、なんらかの活動がなされている。例えば排泄をしている。それは生きていることそのものでもあるとも言えるし、生きるためのことであるとも言える。それを生産と言うことも、再生産労働と言うことも、消費と言うことも、言葉の用い方によっては、あるいはものごとのどの部分を捉えるかによるが、できる。[★20]

そんなことのいくらかは、自分の身体に一番近いのは自分でもあり、多くの場合には自分で行なう。自分のために、自分のこととして、人が行なっていることがある。例えば食べる。そしていちいち払うことはしていない。そして支払われるといったことを普通はあまり考えつかないだろう。しかしこのことは支払われるべきでないことをそのまま意味しない。どのようであったらよいかは考えておいてよい。

まず自分のために必要な仕事は多くの人の場合にだいたい同じようなものだ。もちろん人々には趣味・好みの違いといったものがあって、こだわりのあることにひどく時間をかける人もいればまったくその反対の人もいるが、そうした差異を無視することは妥当とされるだろう。述べてきたように身体に関わって手間や人手がかかる場合を別にし、手段としての側面だけをとれば、おおむね同じだけの仕事で同じだけを得られる。支払うということは人の労働を供出するということでもあるが、趣味に応じて供出させるその度合いを変える積極的な根拠は見当たらない。私（たち）は、人々の選好のあり方についてまったく優先順位をつけないという立場を採らないのだった。かなり広い幅の自由を認める――例えば個人の（税引き後・再分配後の）総所得をどう使うかは基本的に自由だとした――とともに、そのためにも公平・平等を考慮しようという立場に立つことにした。この立場からもこのことが支持される。

他方、中には同じことをするのにより大きな苦労をしている人もいるだろう。さほどでない人もいるが、かなりがんばっている人もいる。生きているだけで相当苦労しているのだから、元気に、なにごともなく働けている者たちに、たんにそんなことでいばるなと言うことはできるし言った方がよいだろうし、実際言った人もいる。ただ他方にそんなことをできない人もいる。薄明のような中にいる人、ほぼ寝ついていると言ってよい人たち、そんな意味では苦労のしようのない人もいる。

そして苦闘し苦労していることについて、たいへんであることは認めるとして、それを計算し、その分の金を渡すということになるかである。通常市場で取り引きされる労働は、ときに生命の活動の上澄みのようなものでしかないのだと気づかせることはよいことかもしれない。ただ、自ら身体を動かして働いて苦労してそれがいくらか報われることはあってよいとして、否応なく自らの生に付随する労苦についてその対価を与えるということは、それで解消されることのないものを贈ることであり、むしろ礼を失しているように思われる。また、他人に委ねられる部分については他人に委ねた方がよく、自分のためにかかる超過的な費用は同様に支出されてよいという立場をとることは既に述べた。

次に、（多く）家族の中で他人のためにそうした仕事をしていることがある。そしてその仕事は多く無償の仕事としてなされてきた。それをどう考えるのか。この連載もそもそもはそんなことを（そんなことも）考える連載のはずだった。

まず、一つに自分ができることを、そして実際やっている人がいることを、他人がやっている場合がある。例えば（「健常」な）配偶者（多くは夫）に対する仕事がある。その人はたしかに自分の配偶者のために仕事をしている。しかし独り身の者にしても、その自分のために、自分で行なうのか、あるいは近所の店で買ってきて、あるいは店で食べてすませるのか、その生活のためのことを行なっている。そのことについても支払うというのであれば——そして同じだけの生産がそのことによって可能になっているのであれば、同じだけ——その場合はその人自身に対してもなされるべきであることになる。（ひどく忙しく、そのような役割を専業にする人を家庭に置くことによってはじめて成立するような仕事もあるかもしれない。それに就く者については、その人が暮らせる分は支払い側が支払わないとその仕事に就く人もいなくなることになる。そうした人の使い方・金の払い方が合理的であるか否かは場合によるが、効率的でないことも多いはずである。）

他人のための仕事と自分のための仕事とは違うと言われる。もちろん違いはあり、そのことは認めている。そのことを言う際に一つあったのは貢献のための貢献という論だった。しかしこのことによって不払いを非難し支払いを正当化しようとする場合、その妻による生産のための生産は夫による労働の生産物の一部を構成するのであり、その総量を増やすのではない。妻に支払うとして、支払いの宛先が二つになることはあるから、その意義があるとすれば同じものの分け方が変わるということだ。それには配偶者らの成員の独立性を担保する効果はあるにはある。ただ仮に（分けて）払うことにしたとしてその額はさほどにならない（［1994b］）。

加えてここでも仕事に幅がある。そのある部分は、というよりずいぶんな時間を家事にかけるというできごとは、専業主婦という存在の現われとともに形成されてきたものだと考えた方がよい（［1994a］［2003］）。そんな仕事をする人もいるし、そんな気のない人もいるし、それ以前に忙しくてそんな仕事に時間をかける余裕などない人がいる。それに応じて支払うなら、他にする仕事がなく、よりそのために時間を費やすことができ実際に費やしているのだろう、それらの人々により多く支払うことになる。さらに家庭内での贈与の自由を否定しないとしよう。すると、他の場で仕事をしている人が得ている、あるいはそうして得ている人から贈与される——とは通常意識されておらず「家計」に繰り入れられるということになるのだろうが——部分をそのままに認める限り、こうして既に得られるものに対する追加分として払われるものとなる。そして現在その家庭はその稼ぎ手一人で暮らせているのだから、そうでない人より収入は一般に多いだろう。

こうして時間を費やすこと自体は自由であるとは言えよう。しかしそうした人々により多くを支払うことは認められないだろう。理由は先に述べた。他方で、(多くの場合は)妻は独立した収入を得ることができるようになることによって離れやすくはなると言われるかもしれない。ただ、この分を独立して受けとるぐらいのことでは、受け取れる額は——繰り返すが配偶者への貢献分だけについては——たいした額にならない。単身者が受け取っているそのごく一部にしかならないだろう。そして離れてしまえば、それ以降の受け取りはなくなる。★21

2 子について

子どもの場合にはどうか。まず、私(たち)は、傍から見たときに愚かであるような場合も含めて(育ての)親の優先を認めはした。それは、子が現にそこにいてその子に対してしまってきたこと、そして対していることを、なにかの育児や教育の理念より重く見ようということだった(このことについては[1997:435-436])。しかしこのことと、親が子に対する独占的な権利を有することとは当然に別のことである。

さてその既に生まれてしまっている子において、その自らが育つ権利は、親がいようといまいと、どんな親であろうと、等しくあるとは言えよう。他方で、子をもつことは親の側にとってはたいがいは選択的なものでもある。人間の数を増やそう、減少を止めようというお話がこの国ではまったく優勢であり、そこで唯一、この部分(に対する支出)については、政策側は、そして人々は積極的である。ただ、そのように考えない人はいる。私もその一人であり、その立場からは育児支援は好ましくない効果を生むということにもなる。しかし、貧乏人には子を産ませないという方法で人が増えないことを目指すというのはたしかに乱暴で不正なことであるから——優生学——それはかつてまったく非難されるような突飛な語ではまったくなかった——においてはそんなことがずいぶん平気で語られた。まず言えることは、社会的支出は認めるが人口を目的・理由にするなと言うぐらいになる。

その費用は、その子が小さい間はさしあたり子ども本人が受け取ることにはならない。多くは世話する親が受け取ることになる。それをどのように勘定するのか。たしかにそれを計算するのはやっかいなことである。まず、つねにその仕事だけがなされるわけではない。場合によるところが大きいのだが、その仕事はときには「ついで」になされている、「ながら」の仕事である。とくに育児の類は多くそのようにしてなされてきた。そして子育ての場合、二人なら二倍かかるということでもない。多様であり、そしてそのことはわるいことではないようにも思える。こうした手間のかけ方の違いをどのように考えるかということがある。

ただこれは、ざっと人数に応じてということにするか、二人目からいくらか逓減させていくか（人間が増えてほしい人たちは逆の主張をするのだろうが）、適当なところで割り切るしかないのだろう。むしろここで見ておきたいのは、さきほどの配偶者に対する労働と同じく、同じことに手間をかける人たちもいればそうでない人たちもいるということである。他人に対する手のかけ方が違う。まずそれを細かに算入するのはときになかなかにやっかいなことである。計算し申告するといったことになれば、様々が起こることになる。特に私的な関係において、それを客観的に把握しようということにまつわる自己申告ではいけないとされ、介入がなされることになる。しない方がよいという考え方にももっともなところがある。

夫に対する家事労働と同様、手間をかけたい人はいるのだが、やはり、その趣味に応ずることはしなくてもよいと考える。それに応じて与えることは実際に難しいというだけでなく、なすべきことでもないように思える。多くのことをすること、手間をかけることは、自由であるとしても、格別に評価されるべきことではないと考える。そこで、人々がかけている手間や費用には現実にはおおいに差があるのだが、これは基本的に一律になされてよい。二人の子において差異が与えられる理由が見当たらないからであり、それは個々の親の手間のかけ方がおおいに異なったとしてもそう言える。

するとについては定額の支給が支持される。子どもであれ高齢者であれ、たんに年齢が問題なのでない。賃労働による収入や資産のあるなし、そして「世話」を必要とするかどうかによる。すると子どもの多くについてはおおむね一律でよいと考える。

もちろん、勝手にさらに余計に手間をかける人はいるだろう。そしてその（単純に経済的というだけでない）差異が社会的な格差を維持・助長するという論はある。社会学者はもっぱらそんなことを言うことに精を出してきた（こうした論については［2010j］でも——ごく簡単に——紹介している）。それは事実としてはその通りである。けれども、階層再生産的な消費・「再生産」部分について追加的な給付を行なわない。その上で、基本的な方向としては、その親たちの間の格差を是正することであり、世代間移転のあり方を変更することになる。格差を減少させる方向のことがなされるべきであるとし、そのことによってこの可能性と現実への対応がなされるべきであるとする。

そしてさしあたりできることは、以上に述べたのと別途かかっている「教育」に関わる費用のことだ。そもそも教育の位置は微妙である。教育と称されるものにずいぶんの金が、それ以前に時間がかけられている。そのことがよいのかどうか、ここでは留保する。しかし実際には——「中」以上の階層に有利なかけ方で——かけられている。そしてその費用のかかり方は多様である。さしあたりそれを前提するとしよう。そしてその時にはその本人もそこそこの年にはなっており、進路を選ぶことはできる。そのための費用を支弁するということでよいだろう。費用の免除という方法、あるいは——高度の教育を受けた人が利得を得られるのが現実であり、さらにそれを所与とするというのであれば——貸与という方法がとられることになる。

ただその全体を、世代間移転であるとか、前もって受け取れる（後払いの）保険のようなものだと考えることはない。前もって同じ額を支払いそして同じ額を受け取るのではあれば、何もしないのと同じであるのは言うまでもないのに対して、自分では金がない（親もないか出してくれない）時に前借りできることは、返せるのであれば、わるくはない。ただ、社会的分配のあり方について、基本的に大人と子どもの間に差があるはずはない。ただ、福祉政策が再分配の装置であるように思われているが実際にはそうでないことはしばしばある。実際のところを私は知らないが、子ども関係についてはとくにそうなっている可能性はある。例えば定率の徴収（消費税の普通の形態のもの等）によって財源を得て、それをまんべんなく子の親たちに支給することが仮に許容されるとして、それは、まずなされるべき財の移転に優先されるべきことではけっしてない。[★22] 徴税のあり方を変えないままの「子ども手当」といったものに対してはまったく賛成しない。

なおここでも繰り返すが、子のために働いて親が得るとして、得られるものはそう多くはない。かかる労働は――実際にはなんの手間もかけないでおくこともできる夫に比べれば――一時的には非常に長いものになる。それでも直接的な世話の部分は限られた期間の間のことである。多くの場合に子が絶対的に依存せねばならない期間はそれほど長いとは考えられない。何十年にも渡って子を産み続けるというのでなければ、そう長くない時間の間に終わってしまう。

3　他の仕事のこと

（多くは）夫に対する家事労働はまた別のものだが、以上は「補う」場合の必要についてだった。つまり、「障害」、介助・介護によくあてはまる。以上には高齢者が出てこなかったのだが、それは当然のことで、年をとっていることがそのまま人手を要することに結ばれるわけではなく、既に述べたことの中に含まれている。高齢者の「ケア」がときにとても長い時間を要するものになるのはその通りであり、以上ではそれを組み込んでこなかったが、基本的な対応は前回に既に述べた。

身体と社会とを巡ってあるのはそれだけではない。ものごとの全般を一度に扱おうとすると無理が生じる。病・障害と括られるものに限っても、すくなくとも五つはあるとさきにも述べた（[2011a]、英語版だがより詳しいものとして[2011c]）。つまり、不便であり、苦痛であり、死の到来であり、身体や動作の作動・様式の異なりであり、さらに加害性が問題にされた。各々についてなされるべきことが違う。またしたくてもできないこともある。ここで各々について論じることはしない。それはまた別の場で行なう。

病には苦痛があり、場合によっては死にいたる可能性がある。その状態からの回復を求め、苦痛を和らげようとして、また苦と死を避けようとして、なされることがある。それは大切なことであり、ときにはずいぶんの費用がかかる。そのための費用も、基本的な立場からは、個々の状態に応じて支払うべきことになる。

たしかに多くの障害の場合と同様、その到来は不測なできごとでもある。多くの人たち、ほとんどの人たちが関わるが、個別の差異が大きい。それは偶然の災難である。そこで保険ということになっている——実際には介護保険や年金保険と同じく税金も使われているのだが。しかしここでも、くどく繰り返せば、この費用にあたる部分の徴収は一律であったり所得比例である必要はない。（目指すことがかなわない場合はありながらも）同じ状態を得るために世の中にある財が、多くあってしまっているところからは多くもってきて、使われていっこうにかまわないのだし、そうあるべきである。

そして、その結果得られるものは——実際には残念ながらなかなかそうはならないのだが——せいぜいがもとの状態である。なにか特別に得をすることはない。たくさんほしいものではないという仮定が成立する限り本人の側から過剰な要求が発生することはない。そしてそれはかなり実際に当てはまる。追加的な費用であるから、それが選好に影響を与えることは考えられない。

ただここでの執着は強い。この世にはもちろん様々な不幸があり、多くの場合にはよい状態を得るためのものを購入できない。ときには購入されるべきものでもないとされる。ここで購入され支出されるものは手段であり、その手段を得た結果、うまくいくこともある。ただ、残念なことにうまくいかないことも多くある。もちろん補うことについても、補いようのないこともあるのだが、補うという場合にはそれが可能であることが予め想定されていることが多い。それに対して病（に伴う苦痛・死）は常に回避できるわけではない。その違いはある。そのうえに効果の不確定性という要因が加わる。だめな可能性も高いが、もしかしたらうまくいくかもしれない。それで続けられる。だから、前回述べたように、介助を得るより余計に費用がかかることはある。ただそれにも、多く残念ながら、効果には限界がある。そして、ここで無益であったとしても無害である場合はそう悪いことではないという視点をもっておく必要がある。問題なのはたんに無益であることではなく加害的である場合——である——そして医療行為の多くが襲侵的な行ないであるからそんな場合は多くありうるし、ある。[23] 利用者の側に過剰利用の誘因は少ないこと、むしろ供給側にその誘因と現実があること、ゆえにそれに応じた手立ては基本的には供給側に対する規制としてなされるべきこと等を前節に述べた。

ここでなされる行ないの費用は人手の場合に比べてたしかにかかることが多い。ただ一つ、その中には値段が高すぎると思われるものが（たくさん）ある。ＨＩＶ／エイズの薬については事情が知られ、値段を下げるための運動もなされいくらかの成果もあった（新山［2011］、cf. Pogge［2008 = 2010］）。ただ高すぎると思われるものは薬だけではない。人手のある部分についてもかかりすぎている。これもたんに——言葉のまったく普通の意味での——政治経済の問題である。そして、もう一つ、一方に非常に高価な機器が開発されそれなりに使われる一方で、実際にはそうかかっていない——というか、かけようのないところのある——行ないにかかる費用が心配されてしまったりする。「終末期」にかかっているとされる費用が過度に高く見積もられたりする。そうした部分の分析も、二木［2009:159ff.］他を別とすれば、きちんとなされているように思われない。

さらになおす仕事と補う・手伝う仕事とは分かれるが、その境界にはたしかに不分明なところがある。そして不分明であること自体がわるいことであるわけでもなく、ときに同じ人が両方の仕事をすることがあってもかまわないし、その方がうまくいく場合もある。ただ、その境界は、とても政治経済的に決定され動いており、その様を見るのは気持ちのよいものではないが、実際そんな奪い合いや押し付け合いが頻繁に人の生き死を左右する。ただ、その様が調べられ書かれることは少ない——たいがい各業界の人が各業界の範囲（だと思っていること）を書くのだから、その人たちによってそうした争いが描かれることはまずない（cf.『ALS』［2004b:312-323］）。

形や動きの差異のあるものはこの世界・社会における不便に関わり、またそのあるものは苦痛や死に関わるのだが、それだけでなく、人々の好悪に関わることがあり、それがこの世における得失に結びついている。このことをどう考えるのか。第3節で紹介したように、Van Parijs［1995=2009］で示されている、例えばある容姿の人について、ある人がこれだけ金を積まれたらその人に代わってよいという人が一人現われた時に——しかもそんなことは実際になされえないのだし、なされるわけではない——その額を支給するという方法がおかしな方法であることを述べた。それがよい答であるとはとうてい思えない。ではどうするか。一つに、そうした好悪を根絶することができないとして、またすべきでない部分があるとして、そのことと生活とを切り離すことであり、その生活への影響をまったくなくすることはできないとしても、小さくすることである。★24

4　人手について

省力化のための技術をさまざまに開発しても、結局人々は、よりめんどうな、高度な、よけいであるかもしれないものを作ってしまい、仕事を減らそうとしない。ではあるが、それでも、すくなくとも同等のものを作るための仕事量は多くの場面で減っている。ただ、なかなかそうはならない、あるいはそうなってほしくないとされる仕事もある。つまり、人がすること、人がすることとされていること、しかもたんに人に対するというのでなく――一度に数億人を相手にできる仕事もある――一度に一人か少数の人にしか対することのできない仕事がある。それにも様々があるが、たくさんの数必要そうなのは、「対人援助」とか「ケア」とか「介護」とか「介助」の仕事などと言われる仕事である。

今にまして人手がいる仕事など他には考えつかず、このことが多く問題にされるのはたしかにもっともなことである。その仕事を必要とする人は増えているし、これからも増えるだろう。そのことも認めよう。とすると、人が生きていくための世話を人がする、その仕事がどのぐらいいるのかということだ。それでは社会をやっていけないとまでは言わないとしても、人手不足になってしまう、金がかかってしまう、だからその仕事を増やさないようにするために、世話を必要とする人の増加（の割合）を減らそうとか、このような心配を私たちはしている。様々な将来予測がなされ、それとともに不安が語られ、（これから）人の数を増やそうとか、「要介護状態」にならないために体操をする（させる）とか、ただたんにそんな仕事（の増加）を減らし費用の増大を止めるとか、そんなことが言われたり、実際になされたりはしている。

もちろんそれはただ考えてわかることではない。架空の話はいくらでもできるが、問題は現実がどうなるかである。一人の人の世話を始終する人が一人について一人必要であるとして、その程度の世話を要する人が人口の半分ほどになるなら、これはたしかに足りない。他に食べものその他を生産しなければならないのだが、それができなくなる。その結果、誰も生きていくことができなくなる。そんなことがあるだろうか。それはないだろうと思う。むろん、不安を語る人たちもそこまでのことは思っていないと言うだろう。しかし、例えば一桁ほど減らしたらどうか。人自体が足りないなどということはない。人が長生きできてしまうということは、よしあしは別として、長く働けてしまうということでもある。

しかし、既に人手がいない、だから仕方なく他に――例えば海外に――探しに行くようになるのだと言う。また、これまでの仕事の量なら人は足りているが、これからは仕事が増えるだろう。そのための人がいない。やはり一対一は無理だろう、ある程度は集まってもらって、と思えたりする。そして――これは思うほど節約にはならないのだが――時間を短くして「巡回」がなされる。[★25] 私はずっと以前から、全体として（働く）人は足りて余っていると考え述べてきており、それを取り下げる必要はまったくないと思っている（『良い死』［2008b］他）。しかし局所的に足りないことは認める。それはなぜか。その要因を網羅することはここでの目的ではないが、単純にまとめれば、条件がよくないからだ。人がいないからではなく、その仕事をする人が少ないというだけのことである。さらにその理由は基本的には簡単である。この社会がその部分に対する供出・支出を拒んでいるからである。

なぜ世話の仕事は無償の仕事なのか。そして有償のものとされている場合に安いのか。（もちろん両者は――関係するが――別の問いである。）

女の仕事だからただとされる、あるいは安くなるという話がある。私はその要因が働くことがありうることを認める。例えば女性労働者の条件が相対的に低いことは男性労働者にとっては有利である（［1994b］）。しかしすくなくともこの場合にはそれだけでは説明がつかないことも明らかである。[★26] 需要の増加は人手不足に関係はするだろう。しかしならば労働条件が上がってもよい。また、その仕事の質（についてのイメージ）がよくないからという説明はあり、それも間違ってはいないのかもしれない。しかしこれもならばかえって多くが払われることになる場合もある。

一つには、それが基本的には贈与の行ないであることによる。まずそれを要する人たちは多く、返すものを（すくなくともその時に）例えば貨幣といったかたちではもっていない。先払い・後払いという方法はあるし、実際それがあてにされている場合もあるが、そうでない場合もある。不可能そして／あるいは不当である。

ただ、対価が払われなくても、行なう人がいるのであれば、あるいはそうせざるをえないのであれば、それは無償で行なわれる。そんな仕事はたくさんある。それは簡単に言ってしまえば、強制されるか、贈与としてなされる。なされるべきであるとしてなされる。現実にも双方の面がある。

自発的になされているならそれでよいという論もある。だが一つに、これはすこしも自発的な行ないではない。義務が偏って課せられている。そして特別の義務を課す理由を見つけられないと――そしてそのことをあまり自覚していないのではないかと――述べた（［1992］）。また、強制がなく、実際的に自発的になされているとして、ならばよいのか。私はそのようには考えない。義務を公平に割り振るのがよいとした。その一つの有効な方法として、税を徴収し、その仕事に就く人に支払う方法がある。

だから、とは言えないのだが（cf. 天田［2010a］［2010b］［2011］）、その負担はいくらか「社会化」され、有償の仕事とされてきた。その実際の価格はどう決まっているのか。それは市場での労賃に影響されつつ、市場でだけ決定される価格ではない。払うことによって労働を得るしかない場合には、その範囲――その範囲を設定するのは市場ではない――内で市場での価格決定機構が作用する。ただ、その場合であっても交渉力、労使の力関係が作用する場合がある★27。例えば看護師の賃金は、高いとは言えないが、それでもある程度の水準のものではある。ただ総じて介助の分野での働き手の側の交渉力は小さい（ので、そこから脱却しようという動きもある（cf. 渡邉［2011］）。

そして、これらに実際には影響されつつ、ここまで考えてきたところでは、この支払いは「公費」によってなされる（べきである）。大枠は政治・政府によって決めることができ、変えることができる。だからそれを変えればよい。そしてこのことを考える際、私たちは拠出のあり方を考えるべきである。一方は「高齢者ケア」の話であり一方は所得保障の話であって、それをいっしょにするのはおかしいと言われるかもしれない。しかしこれはおかしい。市場において多く得た者、多く得てしまったもの、そうでない者がいる、に応じて分配する――それでうまいぐあいに作動するかは気にせざるをえないのではあるが――というだけのことである。そうなっていない理由についてはこれまで様々述べてきたし、これからも述べることがあるだろうからここでは略す。

★註

01 『現代思想』の多田富雄を追悼する号に［2010h］を書いた。多田は自ら脳梗塞で倒れた後、二〇〇六年以降リハビリテーションの「上限」の設定に対する批判の先頭に立った（別書で論じるので、多田［2007］［2010］のみ挙げ、文献紹介は別途行なう）。それはつまりは（本人の立場から）「過小」を批判するものだった。だが他方に「過剰」を問題にしてきた本人たちの運動が――おそらく多田は知らなかっただろうが――ある。そして、そうした本人たちの（後者の）主張を（も）医療者ら供給側が――「自己決定」や「自立生活運動」の是認とともに――取り入れるといったことが起こってきたことがさらに事態を複雑に見せている。そんなこともあり、同じ号の連載で私は「過剰／過小・1」［2005-(56) 2010-7］を書いた（2はない）。

過剰そして／あるいは過剰という事実そして／あるいは了解をどのように考えるのか。「もちろん」それは

「量」の問題だけではない――ことを承知した上で本章は書かれている。その回の註では、『生存学』創刊号における座談会（天田他［2009］）、安部・堀田編［2010］に収録された鼎談（小泉他［2010］）における小泉義之（cf. 小泉［2009］［2010］）の発言を引いて、この問題にどう対するのか、考えどころだと記した。また同僚でもある天田城介・後藤玲子を招いての福祉社会学会の大会シンポジウムでもそんなことを述べたことがある（［2010c］、この後天田が寄せたのが天田［2010b］、後藤が寄せたのが後藤［2010］）。そして二〇一二年には天田・村上・山本編［2012］が刊行されている。

それを受けて、社会がすべきをしていないから自分たちは困っているのだという主張でもあり、また自分たちが「なおす」対象とされることに抵抗も示してきた――というで過小と過剰の両方を言ってきたとも言える――障害者運動／障害学の「社会モデル」の主張の検討に移った――「社会モデル」序・1・2［2005-(57～59) 2010-8～10］。そこで一つに述べたのは、病気・障害と大雑把に捉えても話を混乱させるだけであって、分けるべきは分けて考えていかないと意味のある議論はできないということだった（英語版として［2011c］）。本章は、基本的に、そうして分けていった中の「補う」ことに限って考えるものであり、過剰／過剰という主題の一部を扱うものでしかないことを予め述べておく。

こうして、当然といえばあまりに当然のことだが、一つに、結局、誰が何をすることが問題とされたのか、よしとされたのか、その推移をそれなりに追っておくことをやはりしておかねばならないということになる。そしてそこには、日本の医療とくに精神医療における「左翼」内での争いが関わってもいる。こうして「社会派の行き先」という題の回が十四回に渡って続いてしまい、次第に話は私が何も知らない精神医療の話に入ってしまった［2005-(60～73) 2010-9～2011-12］。（それはそれとしてまとめるつもりであり、その関係では『生存学』第3号収録の立岩・天田［2011a］ですこし話している。また同号掲載の関連する論文として阿部［2011］（他に阿部［2010］等）、樋澤［2011］がある。とにかく残っている資料が少ないことを感じる。ただそのことを言いまわっていることもあって、ここのところ今は故人となってしまった方が集められたものを含めかなり希少な――人によってはなんの価値もないだろう――ものの寄贈を受けるといった話がいくつかある――引き続き提供を求めています。）

　そしてこれは、どこからどこまでに対して（どこまでのことを）するのかという「線引き」の問題でもあり、私はそれをおもに安楽死だとか尊厳死だと呼ばれる事態について考えてきた。例えば人間と（高等な）動物の間には線を引かない（が別のところに引く）という議論をどう考えるのか。シンガーやクーゼの議論を検討したものとして［2010i］。これは加筆されて、『良い死』［2008b］の続篇『唯の生』［2009b］の第1章「人命の特別を言わず／言う」になった。
★02　それ以前に「家事労働」や「ケア」に払う（払わない）ことについてあまり立ち入った議論が意外なほどない。そこで、私が過去に書いた文章と、村上潔がこの間出された書籍九〇冊を紹介する部分からなる立岩・村上［2011］『家族性分業論前哨』を出してもらった。
★03　二〇一〇年一月に立命館大学でヴァン・パリースを招いたワークショップがあった。そのおり、質問に答えて、ヴァン・パリースは今はこの案を撤回していると語ったという。ただ当日私は不在で、質問書（［2005b］）は参加者に託したものの、記録が残っていないので、その内容を知らず、よって検討できていない。
★04　註3に記したワークショップの開催にも関わったグローバルCOE「生存学」創成拠点の雑誌『生存学』の第2号が二〇一〇年三月に刊行された（発売は生活書院）。そこには、天田城介・小林勇人・齊藤拓・橋口昌治・村上潔・山本崇記による座談会の記録（天田他［2010］）が掲載されており、そこでもBIに関わる議論がなされている。
★05　以下のようなことは述べたことがある。しかしそれは言うべきことのごく一部でしかない。
「社会はある人の幸福の全体に関わることはできない。いくつかの項目の総合点が高い方がよかろうと述べたこととそれは矛盾しない。いくつかの項目とはすべてではないからだ。」（［2004a:191］『自由の平等』第4章2節3「総合評価について」）
★06　齊藤の文章では次のように言われる。
「アウトプットの部分、つまり「国家の標準的機能」なるものは既定であるとされている。そこには政府の保障すべき社会的ミニマムやベーシックニーズの内容および水準も与件として与えられるとの想定が含まれているだろう。この想定は最小国家を提唱するリバタリアンにはとくに顕著に見られるが、彼らはこの想定の妥当性を証明できるのだろうか？　財産権を保護するための国防や警察は「どの程度」供給されるべきなのか？　財産権の侵害があった場合の矯正的正義を執行する司法サービスは「どの程度」であるべきだろうか？　国家の果たすべき機能に極端な限定を加える最小国家論者といえどもその国家機能の最適規模に関する論争、つまり程度問題を避けることはできない。また、日本のリバタリアンたちは微温的であるから再分配的配慮に寛容であるが、その際にあまりに安易に「最低限の保証」であるとか、「絶対的な最低水準の保証」と言う。しかし、もはやわれらの多様な社会においては、そのような客観的なミニマムやベーシックに関する合意はおよそ成立しないと想定すべきだろう。それゆえ、形式的諸自由の保護と非優越的多様性基準（明らかな不平等の解消）を優先的な制約条件としつつも、それらに厳格な優先性を与えることはせず、それらと並行的に最不遇者の機会集合としての予算集合（ベーシックインカム）を最大化してゆくことが正解だとされたのである。これは「ニーズ中心の」議論をする人々とも明らかに違う点だろう。ニーズ中心の議論をする人たちもまた、国家が各人に保証する機能は所与としてあると考える点は最小国家論者たちと同じであり、その水準が違うだけで、「必要」の水準が——非常に高いものであるとはいえ——満たされさえすればそれでよいと考えるだろう。筆者は、それらとは根本的に異なる発想に立つものとして、ヴァン・パリースの政治哲学の理念を「最大限に分配する最小国家」と呼ぶこととしたいと思う。ＢＩを基軸として含む彼の諸制度提案はこの「最大限に分配する最小国家」という政治哲学的理念を具体化して推奨するものと理解すべきなのである。」（齊藤［2010a:250-251］）

　その前は以下のようになっている。

「国家による介入や規制を極力避けるという意味で最小国家論者ではあるものの、「税金はできるだけ取れ、そして、できるだけ個人に再分配せよ」と主張するのだ（ただし、あくまでも「持続的な」税収の最大化であり、個人のインセンティブに配慮した課税スケデュールが採用される）。これは「分配する最小国家」（立岩［1998c］）をさらに超えた、「最大限に分配する最小国家」と呼ぶべきものである。」（齊藤［2010a:250］）

★07　齊藤は次のように述べる。
「「最大限に分配する最小国家」という理念をうち出したところで、それがどのような制度的詳細を帰結するかはまったく答えが出ない。一般的に言って、「平等な自由」や「レキシミンな実質的自由」といった抽象的な概念や規範的諸原理から具体的な「政策」が一意に導かれることなどありえない。しかし、それによってこの「最大限に分配する最小国家」という理念が無意味なものとなるわけでもない。」（齊藤［2010a:252］）
［「福祉国家と福祉社会」を特集した『社会学評論』に「分配する最小国家の可能性について」［1998c］という文章を書かせてもらったことがある。広告の文句としては悪くないように思った。またこの題に矛盾があると思う人はどこにどのような矛盾があるのかを考えてもらいたいものだと思った。］
★08　日本語の題は大学院にいる訳者たちが考えた。『現代思想』二〇一〇年三月号（特集：医療現場への問い　医療・福祉の転換点で）に）その第9章の一部「新薬開発――貧しい人々を除外すべきか？」が掲載されている。またこの章を受けて書かれ同号に掲載された斎藤龍一郎の「南の国々から広がる地球規模疾病負荷（GBD）との闘い」が『世界を動かしたアフリカのHIV陽性者運動――生存の視座から』（新山［2011］）に再録されている（斎藤［2010→2011］）。稲場・立岩［2008］も参照のこと。
★09　以下長く引用する。型通りの著作の紹介等の後、私が考えたことは次のように始まっている。
「どこまで戦略的・戦術的に本書が書かれているのか私にはわからないところもあるのだが、著者によって自覚的に採られているのは、「豊かな国々」の人々の価値観に違背しない、それらの人々が――本来であれば、説明すれば――理解可能で、受け入れ可能な、穏当で現実主義的な――しかしこの世界の現状においては「ラディカル」な――提案をしよう、そのことによって実際にこの世界に変化をもたらそうという姿勢である。その案は、思いの他安くすむものでもあり、結局自分たちにとっても益があるという主張としてもなされるが、より基本的には、他人に悪いことをしない、害を与えないというのは誰もが受け入れている規範であり、その悪いことをしているのは自分たちなのだから、自分たちは今の事態に対する責任があり、その改善のための義務があるというところにある。ごく簡単にすると、「積極的義務」がよいことをする義務であるのに対し、「消極的義務」は害を加えない、悪いことをしない義務であるという。その消極的義務の履行として今なされるべきことが主張される。では第一に、そのよいことをする／わるいことをしないというその境界はどのように引かれているのだろう。」（[2010b]）

私はこのような理路を一方で認めつつ、基本的には――本文で述べているような――違う言い方をした方がよいだろうと考え、そのことを書いた。（なお、註8で紹介した新山の著書に寄せた短文（立岩［2011e］）にも記したことだが、訳書が出た後にこちらで企画した小さなシンポジウムの後の居酒屋で通訳者を介してうかがったところでは、著者は、基本的に私の意見に同意するとしたうえで、この本は基本的に米国で米国（人のような）人たち向けに書かれ出版されたものなので、そういう人たちにも受け入れられるようなものとしてこんな具合の本になったのだといった応答であったように思う。）

「その私の立場はごく簡単なものだ。

（1）平等は追求され達成されてよいことの一つである。それはきわめて強い要請というほどではなく、まず実現されるべきこととしては「基本線」の確保が優先されるべきであることには同意する。しかし考えてみると、生産者による生産物の取得を正当とし、そこに生じる差異を是認するロック的な図式に原理的な正当性はない（[1997]等）。そして、人々の労働の労苦には応分に報いることはよしとして、人の生活における可能で妥当な範囲において、「人並み」に暮らせるための、人の心身の状況にも応じた生活のための手段・財が得られることを否定する理由もない（[2004a][2010d]等）。[…]

そして、（2）それに際して、国家という単位別に考える理由はない。[…]国家単位で分配策がなされることによって、むしろ適切な分配（1）が阻害されることもある。税の安いところに逃れること、分配がなされるところに流入すること、これらを恐れて――それは杞憂のような部分もあるのだが、かといってまったく非現実的なことでもない――分配が困難になる（[2009b] etc.）。ゆえに、より積極的に、分配は一国主義的でなくなされる必要がある。ただそのために単一の政治体が必ずしも要されるわけではない。こうしたことを考える上で、本書第7章では興味深い考察がなされている。）」（[2010b:395-396]）

「日本語版序文でも明言されているように、本書の主題は不平等ではなく貧困である。だからその主題と違う方角を向いたことを言うことに意味はないか。そうでもないと私は考える。

①基本的な「構え」について。著者の場合には、生産者による取得という立場を維持しつながら、現状を批判する。それはかなりの程度可能である。実際、その種の議論は、この図式を「逆手に取る」もの（Van Parijs [1995 = 2009]、cf. [2010d:chap.1]）等、様々に存在している。[…]

それに比して私の案は、たしかに広く信じられているものを信じている人からは理解を得られにくいかもしれないし、この社会で得をしている人には受け入れがたいものではある。ただ [...]

②「最低限」について。この世界には悲惨があり、そのことに対して私たちには罪がある。それは説得的ではある。しかしそれは、そのことに対する不信を呼びおこすこともある。本書が対象にしているような事象についてはそんなことはないだろうし、ないとよいと思う。しかし他ではしばしば、悲惨を過度に強調しているといったことが言われてしまう。言われる側もそのことを気にしてしまう。そして他方、実際にその生の全体としては、人々は悲惨ではなかったりもする。もちろん飢えや寒さが生の全体を覆い十分に暗くすることもあるのだが、そんなことばかりではない。貧しい人を美化する必要もないが、全面的に暗く描く必要もない。

そこそこに幸福であったとしても、必要なものは得られるのがよいとした方がよい。するとその訴求力は、たしかに悲惨なものに感応してしまう私たちに対していくらか弱くなってしまうのではある。だが、悲惨を見出したり、悲惨を演じたり、演じていると疑われたりすることはいくらか減る。その方が、基本的には、好ましい。私たちに悲惨に対する感性があるのは事実であり、とすればそれを「利用」するのも、望ましい結果につながるのであれば、いたしかたないのかもしれない。しかしそれでも、同時にそれは、あまり望ましいことではないこともわかっていた方がよいということである。」（[2010b:397-398]）

「まず、一つ示されるのは、その最低限以下がいかにひどい状態であるのかである。これが達成されないのは「罪」であるという「最低限」を設定し、それを達成しないことは悪であり、達成を妨げることは加害であるという主張はできるし、またするべきであるとも言える。それが既に達成されているのであれば、次の話をすればよいとしても、現実には幾度も本書に記されているように、すこしもそうはなっていないのだから、この主張の意味はある。もともとは独立した論文を収録して本にしたという事情もあるのだろうが、各章で、世界の貧困の実態が、幾度も、具体的な数字をあげて、記述される。私は著者はそのことを言えていると思う。悲惨を示すことは必要であり、有効である。

ただその上で、この種の議論は、何が「最低限」であり「基底線」であるかを示さねばならないことになり、それを巡って議論がなされ、同時にそれ以下がいかに「悲惨」であるかを言わねばならないということでもある。このことを確認しておこう。また、その最低限を上回る状態についてはどう考えたらよいのかという問いも残されることも確認しておこう。」(［2010b:390］)

同様のことは幾度も述べているが、インタビューに応えたものとして、いつのまにか出たという印象のある日本国憲法二五条、生存権についての本『生存権』(立岩・岡本厚・尾藤［2009］)に収録された「「目指すは最低限度」じゃないでしょう?」［2009a］。謝罪を求めることと生活を維持することの葛藤に関わって［2008d］、また雑誌での連載の一回(［2010f］)他、そのことばかり書いている。

★10　複数言語がある状況での「不便」についてどう考えるかについては［2007a］でいくらか考えてみた。そして片山知哉が聾者や「発達障害」の人や同性愛者たちに起こっていることに即して、ずっと考えている(片山［2010a］［2010b］［2011a］［2011b］)。

★11　福島の近刊として福島［2010］［2011］。この発言の前の数年についての拙文に［2010g］、前後については本文に記した立岩・小林編［2005］。なお、「障害者自立支援法」は政権交代時にその廃止が明言され、二〇一三年十二月に「障がい者制度改革推進本部」「障がい者制度改革推進会議」が発足し、二〇一一年八月には「骨格提言」がまとめられたが(註17に一部を引用)、それを受けた新しい法への変更はいまだ実現されていない。この間の動向について有松［2012］他。

★12　選別主義に普遍主義を対比する流れがあり、後者が肯定され、その時にスティグマの問題が持ちだされるのだが、その理路を検証し批判するべきだと述べた。同様のことは野崎［2007］［2011:107-113］でも主張されている。HPにこのことに関わる引用集がある（→当方のHP内を「選別主義」か「普遍主義」で検索→http://www.arsvi.com/d/su.htm）。

★13　ただそれは政府による支出に限らず、民間の寄付の使い道についても言える（Reich［1991 = 1991:380-381］等にそのことについての言及がある）。とくに格差がそのままにされ、そして寄付への税的な優遇がなされる中でそうした金の使われ方がされることがある。だからこうしたことは慎重に考えるべきだ。

言うまでもないことだが、どのように分けるものを集めるのかを見ていく必要がある。分配という観点から見た場合には、逆の効果をもたらす場合がありうるし、実際いくらもある。例えば誰もが行なうことについて、同じだけ徴収して同じだけ支払うということはまったく何もしないのと同じであり、そんな手間をかけるだけ無駄な場合がある。さらに分配という観点から見た場合には、逆の効果をもたらす場合がありうる。消費税の逆進性のことは誰もが知っているが、他にも様々ある。低所得の人が使わないものについて予算を使い、そして低所得の人からも税を徴収するならやはり同じことである。

★14　そもそも有償とすること自体が考えるべき対象としてある。それで本書もある。ただ、ここで「追加費用」と述べたことがすなわち有償でなされる場合にのみ妥当するわけではない。

★15　「利用者側が社会サービスの一歩一歩の前進をようやく認めさせてきた間は、そもそも社会サービスの供給量の上限が必要量に達していないから、どれだけが供給の上限であるべきなのかは問題にならなかったということもある。しかし供給水準が上がってくると、これは現実的な問題になりうる。詰められていないが、ヒューマンケア協会地域福祉計画策定委員会［1994:16,38-39］、ヒューマンケア協会ケアマネジメント研究委員会［1998:90-91］で検討されている。そして、障害者運動の側は、註57に記す動きの中でこのことを考える必要に迫られたのだが、ケアマネジメントが供給量の決定から切り離されたものとなることが明らかになった時点で、これはいったん現実的な検討課題から遠のくことになる。しかし、介護保険的なものとどう対峙するかという問いはもちろん残っているのであり、今後数年の間に実際にどうするか、現実における対応が迫られることになるだろう。」（［2000b→2000c:346-347］）

二つ目にあげた報告書にここでも述べることを記している（→註３）。

★16　医療についての自己負担については、健康に留意するようになるといった理屈がつけられることがある。他方に逆の主張、初期に医療にかかりにくくなることによって、かえってよくない効果を与えるという説もある。ここではいずれが妥当なのかを判断することはしないが、事情を知る人たちは後者がおおいにあることを言う。

★17　中西正司と私は次のように記している。

「量を判定することは必須であるのか。まず、当事者主体を唱うのであれば、サービスを利用する目的そのものについては極力口を出すべきではない。問題とすべきは目的外に使用されることである。無駄に、用途外のことに使われるならそれは問題だろう。とすればやはり判定や監査は必須だろうか。けれども介助サービスはあればあるほどよいというような性格のものではない。したがって、サービスの利用量について利用者による申告制にしても、余計な給付が行なわれる可能性は実はそう大きくないかもしれない。だから、申告制でどれだけの問題がでるかを考える必要がある。ただし、現金給付でなおかつ使途の捕捉が十分にできない場合には、使途以外の利用の可能性を否定できず、過剰な給付の可能性がでてくる。ゆえに、この場合には申告制の採用はより難しい。だから、現金給付を手段として用いる場合にはこのことを考慮する必要がある。これらのことが慎重に検討されねばならない。」（中西・立岩［1998］）

「たとえば介助サービスはあればあるほどよいというような性格のものではない。福祉機器にしても不要な機器は場所をとるだけのものである。問題が生じうるとすれば、現金給付でなおかつ使途の捕捉が十分にできない場合に、使途以外の利用、つまり過剰な給付の可能性がでてくることである。ゆえに、この場合には申告制の採用はより難しい。だから、現金給付を手段として用いる場合にはこのことについて検討する必要がある。ただ、例えば介助サービスについて各地に広がりつつある「登録ヘルパー制度」など、利用者の選択を認めた上での現物給付のシステムを採用すれば、余計な給付が行なわれる可能性は少なくなる。これらを検討することによって、資源の効率的な配分と個々人の生活に対する自律性の確保の両立を可能にしたシステムの構築をめざす。」（中西・立岩［1998］）

それから十三年経って、「障がい者制度改革推進会議総合福祉部会」が二〇一一年八月末に示した「骨格提言」はより穏当なものになっている（がその案が通る見通しが今のところない）。

「I―3 選択と決定（支給決定）

【表題】支給決定の在り方

【結論】新たな支給決定にあたっての基本的な在り方は、以下のとおりとする。

1．支援を必要とする障害者本人（及び家族）の意向やその人が望む暮らし方を最大限尊重することを基本とすること。

2．他の者との平等を基礎として、当該個人の個別事情に即した必要十分な支給量が保障されること。

3．支援ガイドラインは一定程度の標準化が図られ、透明性があること。

4．申請から決定まで分かりやすく、スムーズなものであること

［…］

【表題】支給決定のしくみ

【結論】支給決定のプロセスは、原則として、以下のとおりとする。

1．障害者総合福祉法上の支援を求める者（法定代理人も含む）は、本人が求める支援に関するサービス利用計画を策定し、市町村に申請を行う。

2．市町村は、支援を求める者に「障害」があることを確認する。

3．市町村は、本人が策定したサービス利用計画について、市町村の支援ガイドラインに基づき、ニーズアセスメントを行う。

4．本人又は市町村により、申請の内容が支援ガイドラインの水準に適合しないと判断した場合には、市町村が本人（支援者を含む）と協議調整を行い、その内容にしたがって、支給決定をする。

5．4の協議調整が整わない場合、市町村（または圏域）に設置された第三者機関としての合議機関において検討し、市町村は、その結果を受けて支給決定を行う。

6．市町村の支給決定に不服がある場合、申請をした者は都道府県等に不服申立てができるものとする。」（障がい者制度改革推進会議総合福祉部会［2011］）

★18　香取照幸（当時厚生省大臣官房政策課企画官）と上野千鶴子との対談の中にこのことに関わる言及があり、「物差しが合理的で客観的で、みんなが納得するものなのか」と言い、上野は医療保険は自己申告だがと返すが、香取はそれは医師のプロフェッション（専門家としての診断、行為）に対する信頼の上に成り立っている」と返し、上野は「それに病気に対しての共通の認識がきちんとできているから」と加える。香取はそうだと返し、「同じことが介護によっても成立するならば、供給者側に必要なニーズを判定するということを任せることは可能になりますが、おそらく、そういうことが可能な領域は非常に少なくて、むしろ医療が例外だと思います。過剰医療の問題だとかを考えると、あるいは医療だって本当はやってはいけなかったんじゃあないでしょうか。制度を作る側の論理といわれればそれまでですが。」（上野・香取［1997:7］）と応じている。（該当箇所の全文は拙著の他、ＨＰにもある。）

［2000a→2000b:347-348］に引用したことがある。香取は

★19　他方、大きな施設で世話する仕事の人が少ないのは、簡単にいえばたんに仕事の量を減らしているからである。実際、そうして、施設化は進められた。では、「脱施設化」の方はどういう事情で起こったのか。もちろん権利が主張されたからでもある。ただ、施設には長であったり事務長であったり、その他もろもろ、とくにそれが制度化されていけば、金がかかる。そしていくらか長く務める人の条件もいくらかよくなったりすることはある。そんなことで、当初、安くあげるつもりで作った施設が意外に経費がかかるということに次第になっていった。そして建物は建てるには土地もいるのだが、それがそうそう簡単に見つからないとなれば、今度は「在宅」へ、ということになる。さらに大きな要因は、そこにあてになる人たちが、つまり家族がいるということだ。（もう一つ加えれば、そこでは「濃厚」な治療・ケアはなされないということになっているから、早目の「在宅死」がもたらされるということも、すくなくとも結果的に、ある。）起こったことは簡単にはそういうことだ。

ただ事態はそう大きくは変わらない。戻れないか、戻ってくるのは困るし、絶対数は増える。今のまま、人に対する直接の費用、というより仕事を抑制しつつ、かかってしまうようになっている他の費用はそう変わらない

まま、施設は、そう増やしたくもないだろうがそうも減りもしない。省力化の工夫と思えて、さほどでないこと、ときに期待に反する効果を生じさせることを行なうより、一人ひとりに必要なことがどれだけかという当たり前のところから考えていった方がよい。(cf. 所謂「医療的ケア」を巡る推移について杉本・立岩［2010］。)

★20　言葉の使い方によるが、そう言ってわるくはないだろう。ただ曖昧であり、議論にとって不要でもある。このことについては［1994a］他。

(1) 例えば人の生活のすべてを──たしかになにごとか生きるためのこと・生きることはなされているのだから──生産とし、そのための行ない(あるいはその生きていること自体も)再生産労働と規定することは不可能ではない。

(2) そこまで広く採らなくとも、例えば──普通は賃労働としてなされる、普通の意味での──労働をしている人がいて、寝ることも何もしないことも、その生活のすべてがそのためになされているとは言える。ただ、それ以外のことは何もないのだから、すべてを包括する言葉をここにもってきてそれで何を言おうとするのかということになる。

既に職業生活を終えた高齢者やまだそんな仕事をしていない子どもについてはどうなるのか。(1) のような意味で使われているのかもしれないし、子については将来労働者になることを見越して (2) の意味で使われているのかもしれない。そもそもが reproduction の訳語であるということもある。

さらに社会が一定の状態──例えばやたらに死人が出ない状態──が維持されるべきものだとしてその状態を維持するための労働という意味合いが含まれていることもある。その場合には、自らは所謂生産労働をしないだろう人の生活を維持するための労働も含まれることになる。

どのように言葉を使うか、示して使う分にはかまわない。だが何を指しているのかがわからないのは困る。そして最も素朴な誤解は、(2) について、その──たしかにこれまで「不払い」であった──労働のための労働について、最終的な生産物の一部を──仕事をした人Aが、何らかのかたちでその生産者Bと按分して分け合うのはかまわないとして、ある場合にはなされるべきであるとして──それは新たに受け取ることにはならないはずであり（今までBが独占していた）全体をAとBで分けるということに、普通に考えればなるはずだということである（［1994a］）。そして以前に書いた文章で述べ、本文で述べるのは、それらについても誰がどんな理由で払うことになるのかをいちいち示さないと意味のない言明になるということである。例えば夫の労働に関わる「再生産労働」を今述べたような意味で、夫が妻に払うことはありうるだろう。ただ子はどうか。親が育てるものだと考えるなら、経済的負担と金銭に換算されていない部分も含めて等分といったあたりが一つの答になるかもしれない。そしてその手間のかかりようはずいぶんと親によって異なる。それはどう考えるのか。そうしたこまごまとした議論がなされてきたように思えない。立岩・村上［2011］『家族性分業論前哨』を公刊してもらったのはだからでもある。

★21　［1994a］で検討している。加算しても——もちろんおおいに場合によるのだが——そのものの対価は大きくはならないだろう。では妻はそれだけの権利しかないということになるか。この関係は、当初から——こうして割り振りを計算などしてしまえば不均衡になってしまうことは承知で（あるいはそんなことを考えず）一方が職場へ他方が家庭でという分業の取り決めであり、そこから得られたものの半分は配偶者に属するという関係であると（合意されたと）予め想定するといった考え方はある。

★22　高額所得者（である夫）がその所得の相当の部分を家族に渡しているという現実はある。そうした場合、妻であれ子であれ個人に対する所得保障は実質的に追加分になる。これは公平でないという考え方はもっともだ。ただ、それに相応する部分を高額所得者から徴収するのであれば、これにも問題はないということになる。結果として、例えば夫の払った税がそのまま妻に渡るといったことがある。総額としては同じであり、各自が使う分も同じになることがあるかもしれないが、独立性を高める点ではこの方がよいということになる。ただその前提条件が満たされていないということである。

こうした問題について言われるべきはやはり公平の問題だと考える。例えば一律のあるいは所得・消費比例的な税によって、実質的に配偶者の所得から消費しつつ、加えてベーシックインカム（BI）にあたるものを受けとる人と、そうでなく、諸般の事情によって収入を得ることができず、他の人からも期待することができない人が同じだけを得られるというのは、公平・平等の原則に反している。だからやはり、私はこの問題は避けることができないし、避けるべきではないと考える。ＢＩを特集した『現代思想』二〇一〇年での山森亮との対談でもこのことは述べた（立岩・山森［2010:90］）。山森［2009］は、世界各地での様々な「要求者」の運動を示し、それがＢＩの運動につながっていくものであることを述べている。例えば米国でのＢＩの主張につながる福祉権要求の運動は黒人シングル・マザーから発するものであったという（小林［2010a:184］）。母親と子の世帯が狙われ、日本で言う「世帯」を実質的に構成していると判断される場合、私的扶養がなされているとして公的扶助を打ち切ることがなされた。ここから無条件、そして個人へという主張が出てくる経緯は理解できる。（この種のことは日本でも起こってきた。「世帯単位」呼ばれる原則があって、同一世帯とみなされる場合、その成員の収入が合算される。そこで家族（多くは親）から独立して暮らそうとする人たちは、世帯を分離して暮らすことを選んだ。そうしたせめぎあいがあってきた。）しかしただそれでよいのかである。個人単位を私は基本的に支持する。ただ徴収のあり方と支給額にまったく依存するが、無条件給付は（相対的に豊かな）専業主婦に対する小遣いのようなものになってしまう可能性はある。それで（そんな部分を含んで）よいかである。

★23　医療経済学という分野はあり、そんな学にも関わりあるいは関わらず、医薬分離といった政策が論議され実現され、一部定額払い制の導入が検討され実施されるといったことが起こってきた。さらに具体的にこまごまとなされるべきことは多い。例えば人工腎臓・人工透析はかつて（今でも）高額の費用がかかり、その負担が自己負担であった時期に、多くの人は金を払えずに死んでいったのだが、一九七〇年代に公費による負担になり、基本的にその体制は維持されている（有吉［2008］［2009］［2012］）。ただ一定の年齢以上の人については公費負担を認めないとする国もある。

★24　他にないか。このことを河出書房新社のＨＰ上での連載で考えてようとしてみている（［2011-］）。「顔の異形」についての調査研究として西倉［2009］。西倉はそれを「障害」に組み込むべきであると主張する（西倉［2011］）。

もう一つ、加害について。加害はよくないことであり、できないとか苦しいといったことを補ったりすることが、本人たちから請求されたりし、いくらか実現されてきたのに対して、それは基本的には罰されるべきものとされる。ただ、一つに、それが不如意のできごとであったことによって一般の犯罪とは区別され、そして、医療や福祉の枠組みの中で処理され、そしてそれが本人のためのことであるともされる。

★25　時間を減らすという単純な発想があり、実際になされる。例えば（公的）介護保険での在宅サービスは巡回型の短時間のものである。ただ、そうした細切れの時間の調整や移動の時間を含めると実際には随分なコストがかかり、実際に――個々の働き手に渡る分は多くないが――時間あたりの単価は高くせざるをえない。しかし、自己負担もあるその制度は、それよりは長時間の滞在が可能な（なくなるはずでなくならない）障害者自立支援法による介助に優先されて使われねばならないとされる。そして、そのようなきまりがないについては厚生労働省が文書を出しているのだが、そのことを知らねばならない行政他の場にいる人たちはほとんどそのことを知らない（cf. 長谷川［2010］［2012］）。

★26　二〇一一年末、上野千鶴子の講演があり、議論がなされた。その収穫は講演のあとのシンポジウム――残念ながらその講演（上野［2012］）が収録された『生存学』第5号には収録されていないが次号には収録されるかもしれない――で、上野がケア労働が無償であったり安くされてきたのはそれが女性の仕事であるから「だけではない」ことを述べたことだったと思う。

★27　業界が供給を自己規制して価格他を維持しようとする場合がある――そしてそれはときに品質保証のための所作と見分けがつきにくい（［1999］）。さらに自らの位置を高めようとして「専門性」が言われてきた。希少性のある部分、そうした部分を取り出せる場合はあり、その場合にその戦略が有効である場合があることは認めよう。そして実際、そうした性格の仕事であることによって、一部については、価格が上がることもあるだろう。しかしそんな仕事ばかりというわけではない。言いたい気持ちはわかり、言い分にもっともなところがあることも認めるが、専門性はこの仕事「全体」の待遇を改善求める論理としては有効でない、むしろ前面に出すべきでないことを私は述べてきた（［2006c］他）。

第2章　無償／有償

＊この章は、第3章（堀田［2008］を再録）・第4章を執筆している堀田義太郎が、あえて、と言うべきか、「有償化」（としての「社会化」――両者は同じではない）を批判的に検証していく仕事を続けてきたこともあって書かれた。その際私が読んだのは堀田［2007c］（他二〇〇七年になされた報告）と、ほぼ本章になった文章を書いた後で読んだ堀田［2008］で、本書の「はじめに」に記したように、第4章でなされている提起に応える文章を用意することはできなかった。だから、迷惑なことであるのかもしれないが、この話はまだ終わっていないということになる。ただ、払う／払わないという主題からいったん離れても、制度と個人（個人の意識・心性・選好）との関係をどう考えるかは大切なことであり、そして実は、（新しい）政治哲学で「制度主義」が吟味・批判の対象になる以前から、この国でも考えられてきたことだと思うし、私自身がそうしたところから考えることを始めた（と私は思っている）。そんなことも含めて、もう一度、やりとりできればと考えている。

　構成について。「無償／有償」「無償／有償・続」「働いて得ること」［2005-(25～27) 2007-10～12］と「無償／有償・結」［2005-(36) 2008-9］を再構成して本章とした。その中間に書かれた「働いて得ることについて・案」［2005-(28) 2008-1］は独立させて第2部第3章とした。

1　義務の履行の手段としての

1　夢想について

『現代思想』誌で性分業や家事労働について書き始めたのだが（［2005-］）、その手前のところから考えることになってしまった。労働を巡って、新たに調べたり知ったりすることは何もしていないのに、長々と書いている。まず、その部分だけ順序を変え整理して、一つにまとめることにしようと思うのだが、まだ果たされていない。

そこに大きく二つの線がある。というか、基本は一つで、もう一つはそれを見る見方である。一つめは、全体を見て、その中にある労働をその中に位置づけようとする。原料となるものがあり、技術を含む生産財があり、技術を有したり働く動機があったりなかったりして働いたり働かない人がいて、生産があり、消費する人がいて、消費がある。その全体を見ようということだ。そのように考えないと、どれほど人を労働・生産の方に向かわせねばならないのかもわからないからだ。そしてそれはいちおう後半までは行ったのだった。「労働を得る必要と方法について」［2005-(18) 2007-3］で人の動機について、そして「技術について」［2005-(19) 2007-4］、「人の数について」［2005-(20) 2007-5］、「人の数と生産の嵩について」［2005-(21) 2007-6］、「生産・消費について」［2005-(21) 2007-7］。生産・消費（を増やそうとしたりすること）をどう考えたらよいのかを考えるという話が途中までになっている。

そしてもう一つが、その可能性を見るときの見方だ。基本的には自明のことを積み上げていく。自明であるにもかかわらず、その自明なことがあまり確認されてこなかったと思うからだ。同時に、かつて、そしていくらか考えれば今も、常に存在する夢想をあまりむげにしないで考えたいとも思う。★01 第23回が「夢想について」〔2005-(23) 2007-8〕、第24回が「人々の意識の位置」〔2005-(24) 2007-9〕だった。その夢想と、それよりずっと貧相な私の落としどころと、その間の距離について考えるという作業を続けていく。

一つに分業についての不平があり、その解体という夢があった。固定された仕事にしばられるのはよくないというのだ。そんなことは言うだけ無駄のような気がする。けれど、例えば、家事・育児を皆がするようにする、そして／あるいは「外部化」「社会化」するというのも分業の話ではある。考えておいてよい。第23回・第24回ですこし述べた。まだ終わってはいないのだが、本章ではそれと関係するもう一つのことについて。

手段としての仕事があってならないといったことが言われる。金のために仕事をするというのは嘆かわしいと言われる。するとやはり、もちろん、そんなことを言われても、と思う。職がなくて金がないとか、賃金が低いのをどうしようかといった話をしているのに、そんな悠長な話をしてどうするのだと思う。また、無償性の擁護などいまさらしたら、無償で当然とされてきた仕事を担ってきて損をしてきた側としては、敵を利することでしかないように思われる。しかしそれでも、考えておいてもよい。

そして、そんな話は今はもうないのかといえばそうではない。金はいらないとは言わないにせよ、それ自体が自分にとって価値のある仕事がよいと言われる。人に仕事をさせたい側からこのことが言われると、怪しくまた疑わしくはあるが、それでも、まずは、甲斐があり意義のある仕事がよいというのはその通りではあるだろう。ただ、その通りであるという以外に何を言うか。

そして——連載もそれを検討しようと始められたのだが、そこから離れてしまって久しい——家事労働、性分業についていえば、知られているように「不払い」を指摘してきた人たちがいる。その労働が「愛という名のもとで」収奪されていると言われた(cf.［1996］)。それがいけないということであれば、「払え」ということになるだろう、と普通は思う。しかしそうではない、そんなことを言いたいのではないと返す人もいる。ならばそれはいったいどんなことを言っているのか、よくはわからない。それでも無償であることは批判的に捉えられている。そう指摘するのであれば、それは本来は払うべきだということではないか。そうでないなら、不払いという指摘はいったい何を指摘していることになるのか。(そんな思いがずっとあって書いてきた文章他をまとめて本にしてもらった(『家族性分業論前哨』立岩・村上［2011］)。)

そして他方に、そうした仕事が貨幣換算されることへの反感もまた表明される。無償の行ないの肯定・賛美がある。そんな呑気な話をするなといま言われたばかりなのだが、それでも、なにか捨て難いところがあるようにも思われる。とすると両者はどう関係しているのか。いったいどうなっているのか。ここもまだよくはわからない。

それは、労働についての夢想の一部について考えることでもある。つまり、金のために働くのでないようになりたいものだと思われたことがある。そしてそれは、昨今の厳しい状況下では堂々と言われることは少ないとしても、今も思われていることである。それは労働自体が楽しいことになったらよいという願いでもあるが、また、人が自分のためでなく私利私欲のためでなく、人々のために皆のために働くようになったらよいという希望でもある。

こうして、労働が手段としてあってしまっていることが問題だと言うのだが、それは何を言っているのか、よくわからない。ここでも「ケア」といった言葉がもってこられる。贈与であるとか義務であるとか、そんな言葉もいっしょにもってこられる。そこで何が言われているのか。これはとても単純なことのようでもあり、そうでもないような気もする。

そしてこのことを考えるとき、一つ、行為・財の特質の方からみていくことができる。人が人から得るもののなかに、交換によって、対価を与えることによって得ることのできないもの、得るべきでないものがあるように思われる。与えられるとすれば贈与としてなされるべきこと、自発的な行ないとしてなされるべきものがあるように思われる。それは何か、またなぜか、と考えていくのである。

ただ他方では、そのように見ていくのがよいのだろうかとも思う。食料を生産することも、流通させることも、調理することも、食物を口に運ぶことも、同じく、生きて暮らしていくために必要なことではある。最後の一つ、あるいは二つに「ケア」といった言葉を付して特別に扱うべき理由は、まずはないのではないか。あるなら、どこにあるのか。

こうして私たちが思っていることは、とても単純そうでもありながら、事態の整理の仕方、並べ方によっては、複雑でよくわからないようにも見える。金のために仕事をするのではない、などと言われる。それはまったく通俗的な、同時にまったく現実的でない言い草であるように思われるのだが、それでも、それはなにか大切なことではあるように思う。それは何を言っているのか。

2　手段であること／人を使うこと

まず、仕事が手段となってしまっていることが問題だと言う。しかしそれはどういうことだろう。生産とは生活のために手段として必要なものであり、労働は生産の一部である。手段としての財を生産することは、生きていくのに必要なことである。そして、その目的が肯定されるなら、それに貢献することはよいことである。それはまったく否定しようがないことだし、否定されるべきことでもないではないか。

もちろん人は、そんなことはわかった上で、もっと仕事が楽しい方がよい、そうであることができるはずだと言っているのだろう。そしてそうであれば、それはもっともなことだ。仕事が喜びであることはよいことだ。ただそれは、労働が手段でもあることを否定しない。遊びでもあってもよいのだが、手段として必要なものがありそれを働き出さねばならないという現実の存在は否定されえない。それは、その仕事が手段であると意識されることがないといったこととは別に、必ず残る。

つまり、当たり前のことだ。生きていくのに必要なものがあり、それにどの程度か人は関わらざるをえない。普通はそれを労働と呼ぶ。それが楽しいか楽しくないかは決まっていない。

自分にとってあるいは他人にとって必要なことをすること自体が楽しいということもないではない。それ以外に、体を動かすとか、人に指図するとか、そんなことが楽しいこともある。その他様々な余得があったりもする。そこで、ベーシックインカムを主張する人の中にも、仕事を得ている人は既に得しているのだから、仕事をしない人が所得を得てよいのだと、また仕事をする人はその仕事から離れないだろうからその仕組みは維持できるのだと言う人がいる。

そして、楽しくないより楽しい方がよいのではあるから、その方向に向けてなにがしかのことができるなら、した方がよいということにもなる。生産・消費が飽和している状態でさらにそれを増やそうとする時の労働は、むろん人がどの位置にいるかによるが、多くの人にとって楽しくはない。また手段としての意義も薄れてしまうことになる。このことも労働について考えるなら言うべきことである。ただ他方で、どんなことになっても、楽しげな仕事ばかりではない。するとそれをどうするのかという問題はある。連載の第23・24回にとりあげてきた分業の話もこれに関わる。楽しい仕事と辛い仕事が偏って人々に配分されるのはよくないとしよう。するとできることの一つとして、それを皆に割り振るという策がある。これが他に比べてどのぐらいよいのかよくないのかを考えることになる。

こうして、労働は楽しい方がよいし、そのためにできそうなこともある。ただ、そのことは同時に、労働が人が暮らしていくための手段であることを打ち消すものではないし、その性格がそこからなくなったら、それはふつう労働とは呼ばれない。

もう一つは、すこし別のことである。つまり誰かを誰かのために使うこと、人を手段として使うことが問題にされる。まず自分のために自分が行なうことがある。それがよくないのか。しかし自分が生きるためには何かが行なわれねばならない。とすれば他人が行なうことになる。自分が自分のためのことを行なうことは否定され、他人にさせることは肯定されるということになるか。そんなことはないだろう。自分が自分のために働くことはよい。それは当たり前だとされる。しかし常にそうか。自らのために自らの身体を使うこと、使って稼ぐことのすべてがよしとされるのでもない。ここに既にやっかいな問題が現われている。ただそれでも、自分が自分のために行なうことの大部分は認められるだろう。

では、自分のために他人を働かせることがよくないのだろうか。行為を利用することがたくさんある。他人の生活のためのことを自分が行なうことがある。これらが問題なのだろうか。あるいは、自分が、他人のためのこと（他人にとって必要なこと）を、自分のために行なうことが問題なのだろうか。つまり、私は私と別の人が暮らすためのものを提供するのだが、そしてその別の人はそれを生活のための手段として利用するのだが、他方、それを提供する私は、そのことによって金を受け取り――もちろん物々交換であってもかまわない――それによって生活する。このことが問題なのだろうか。しかし、自分の生活のために自分が働くことは認めながら（あるいはそのことの是非は意識されることはなく）、他人を使うことはよろしくないと言うのだとしたら、それはなぜか。

必要なものを他人から得る。それを得ることは、相手の行為を自らの手段とすることである。この場合にその相手を自らの手段としていると言えるか。普通に考えるならしていると言ってよいはずだ。そうしたこと全般と、他人を自らの手段としていると非難して言う場合にそこに起こっていくことと、同じではないだろう。その全般の方について、いけないということにはならないだろう。

まず、経済学の初歩の教科書のようだが、自分で自分に必要なすべてを生産するより、人の生産物自分の生産物とを交換した方が、少ない働きで多くを得ることができて、よい。そこで交換する。とき、たしかに私は交換の相手を利用している。それは相手にとっても同じだ。自分の暮らしのために自分が働くのはよいとしよう。次に、交換は自分で生産してその分を消費するよりさらによいことである。とすれば交換もよい、もっとよいことが起こっているということになる。だからそれに問題はないとされる。

ただここには、他人の労働（の成果）の使用の制約がある。つまり、自分が受け取れるものは、自分の側の手持ちから相手が受け取って、その代わりに相手が提供するその分に限られる。それが権利の範囲であり、権利の限界であると考えるかどうかである。そう考えるなら、その限定された範囲でしか人の労働を手段として使えないことになる。これがリバタリアンが言ってきたことである。人の労働とその生産物はその人自身の所有物であり、その人の同意があってはじめて引き出すことができる。そうでなければそれは強制労働であると、不正な行ないであるとされる。

それを認めるか。認めると、自分が得られるものが自分が生きるのに必要な分を下回るなら、その人は生きていけないことになる。生きてはいけるとしても、人と人の間に生きやすさについて大きな差が生まれる。そのことを認めないとしよう。するとむしろ、人の労働、労働の成果を使うことは積極的に肯定されねばならないことになる。そしてそれを強くとって、実際に強制するとしよう。それが強制労働であると指摘されれば――実際には、特定の労働を、あるいは労働そのものを強いるわけではないか

ら、普通の意味での強制労働とは異なるのではあるが――そうだと認める、ただしそれを不正なことと
は考えないのだと答えることになる。

3 贈与

以上から、まず一つ、労働が手段であることは否定されえない。次に一つ、他人の労働を手段として使用することも否定されないことになる。むしろ、より強く肯定されることになる。自分が生きるために他人の行為・財の提供を必要とするから、それを得る。それでよいとする。必要なだけについては得られるべきだし、供給されるべきだ。このことは譲らないことにする。

だから、以上のようにみてくるなら、手段であることの否定とはこれらではないことになる。別のものが残る。つまり、もう一つ、自分のためにならなくとも、自らの生活の手段とはならないことがあっても、行なうべきであることがあるということだ。その部分については、それと引き換えに得られる別の財はないという意味で、無償で供出するべきであるということになる。贈与であること、贈与であるべきこと、贈与を請求できることを認めている。

自分が生きる分を自分の働きによってだけ得られるべきであると考える必要はないし、考えるべきではない。そのことを認めるとしよう。とすると必然的に、人は、すくなくともその超過分について、手段として他人を利用してもよい、ということになる。だからここではむしろ、市場主義者よりも、他人の行ないを自分のために使うことを広く、強く、認めているということになる。

なお、ここで贈与という語を使うなら、すこし説明がいる。通常は既にその人のもの（その人に所有が認められているもの）を、その人の意思、自発性によって、そして引き換えに別の財を求めずに、ある人に移動させることを贈与というだろう。ただ、ここでの言葉の使用法では、所有権は予め前提され

ていない。この贈与は、すでにその人であるものを、その人の意思・恣意によって、渡すことではない。ただ、事実、その人が働くのではある。そしてその行為、その行為の成果をただ渡す。そのことを述べている。また、その人は、事実、働いたり働かなかったりできる。その部分に、事実、その人の意思が関わってくる。この水準に「動機」の問題が関わっている。ここに同意・合意の調達の問題がある。また、これを政治的な決定機構を通して規則とするなら、そこにも合意を巡る問題が現われる。

4 方法

次に、幾度も述べたことであり、そして言うまでもない――そう私は思うが、残念ながら必ずしもそうでない――ことだが、贈与であることと支払いがなされることとは矛盾しない。★02 むしろ、私はこの両方が並存しているあり方が適していると考えている。このことを説明する。

贈与を実現する方法は大きくは二つである。具体的であり実質的な権利・義務とし、人を強制する規則・法によってその権利・義務の実現が図られるべきであると、あるいは図られるしかないと考えるか、そうでないか。ここでまず分かれる。

そして前者は二つに分かれる。一つには、Ⅰ①：人々にその特定の行為・財を供出させることである。一つには、Ⅰ②：その仕事を行なう人に対して支払いを行なうというやり方である。それに対して後者は、Ⅱ：制裁を背景にするのではなく、また対価を払うのでなく、あくまで自発的な行為であるべきであるとする。なお、Ⅰの①、行為の義務を課されて行なうことも、そこに支払いがないという意味では、無償の行ないではある。ただ、具体的な財・行為であるにせよ、貨幣であるにせよ供出させられることは同じである。Ⅰの②では働く人は対価を得るのだが、Ⅰの①では働かない人は例えば罰金を払わせられる。Ⅱとは区別される。

私は、ⅠかⅡかという選択について、Ⅰでよいだろうとし、次にⅠの①か②かという選択について、常にではないが②がよいだろうとしてきた。★03 つまり、現実に履行すべき義務としてあるのがよいと述べ、そして有償の仕事であるべきだとしてきた。その仕事を引き受けようとする人がそれを行なう。そしてそれに対して人々が払う。払うことにおいて人々は義務を果たす。

他方に、無償で行なうべきこと、手段として行なうべきでないとする主張を支持する人たちがいて、Ⅱの立場をとる。実現可能性の問題はまずおいても、人々の自発的な義務の引き受けが重視される。その人が生きられることは権利であり、すなわち他の人々にとっては義務であるが、それが外在的な誘因・制約によって果たされることは望ましくないと言うのである。

それはなにか不思議な立場であるように思える。しかしまじめに表出される。受け取るべきものがあるようにも思える。

行為の強制にしても、あるいは納税の強制にしても、それは政治的な決定として実現されるのだろうから、そこにはすくなくともいくらかの人々のある程度の同意を必要とするだろう。同意が存在して、実現が可能になるだろう。しかし他方、もし人々が同意するのであれば、わざわざ強制する必要もないのではないか。強制のためには同意がいるが、同意が可能なら強制はいらないということになっている、これはおかしい、不思議である、ように見える。

たとえばこの問いにどう答えるか。私もそこに近いだろうⅠの立場の人々はⅡを簡単に切って捨てようとするのだが、それではいけないのかもしれない。強制と自発性の関係については、いちおうのことを考えて記したことはある。この論点については第2節で再確認することにしよう。ここでは労働の場面に即して、Ⅰ（の②）をよしとする人たちの言い分——その多くは私が［1995a］［2000b］に述べたことでもある——を列挙し、それに対するⅡをよしとする人たちの反論を見ていくことにしよう。

2　それで終わるか

1　双方の言い分

Ⅰ：まず有償論者——とここでは呼んでおく——がどのような方法を採るのかについて簡単に述べる。得ることについて、（1）基本的な所得と（2）追加的な費用が得られるものとする。（1）と（2）は本来は別のものではない。どちらも人が暮らすのに必要であることに変わりはなく、その意味では本来二者に区別はない。ただ、人々の間の身体その他の差異に関わって必要なものとその度合いとが異なる部分があり、それをそれとして取り出すことはでき、そうして分けた方が支出の仕方としては便利なことがある。こうして、所得保障と医療・（狭義の）福祉サービスとが分けられる。（2）をどう勘定するのか、その手前でそれを勘定するのがよいことかを考えるのが本書のもう一つの主題であり、第2部第1章で考えたことを述べた。

次に働くことについて。働くことと得ることとを基本的には分けて考える。ただ、一つに、（3）働くことの労苦には報いてよいから★04、また、（4）褒美がないと人はなかなか働かないから、働く／働かないとその度合いに応じて受け取りに差をつけることは認める。

（1）と（2）をどのように行なうのか。市場を認めるなら、そこで各自が得たものから、（3）（4）を考慮して調整して、税を徴収する。それを使って、人に必要な仕事をしてもらう。本人が金を受け取り、直接に人を雇用する場合もある。

Ⅱ：無償論者も、どこに貨幣を用い、有償の仕事とするかについては異なるにしても、基本的な枠組みとしては以上を認める。（3）より大きな負荷については報われてよいことを認めるだろう。（4）「インセンティブ」を引き出すための格差については、基本的に消極的な立場をとるだろうが、それについてはⅠも変わらない。ただ、（1）（2）、とくに（2）のすくなくともある部分については――そしてその領域が広い方がよいと言うだろう――無償で供給されるのがよいとする。人の必要に応じるために提供される労働、その労働の調達のあり方がⅠと違うことになる。二つの型を考えることができる。

まず、Ⅱの立場の人たちは、人々が拠出すること、ただし自発的に拠出し、その拠出によってその仕事をする人たちが養われることにも賛成するかもしれない。この場合には、違いは、Ⅰが強制によって、つまり税としてその資源を徴収することを主張するのに対して、この主張では寄付を求めるという違いになる。そうして集まった金を実際に仕事をする人に渡すことになる。

しかし、このような形態では、その仕事が「金のため」になされる可能性があることが否定できないのだから、それがその場その場における人々の自発性を弱くすることを問題にするなら、それではだめだとされる。とすると、結局、人々が自ら、行なうべき行為を行なうのがよいと主張することになる。

こうして二つの形態がある。Ⅰを主張する人はなぜそれを主張することになるのか。

Ⅰ：まず、支払うことを主張する人たちは、必要なだけを調達するために、実際に自発性によるのでは足りず、しかしその足りないものが必要だからこの方法を取ると言う。ボランティアでは絶対的に足りない。だから有償の仕事で、というのである。実際、そのようにして現実が動いてきた部分はある（cf.［1990a］）。

さらにここには悪循環が生ずる。しようとする人だけがすることになれば、皆にその義務が配当される場合に比べて、それを行なう人の負担が大きくなるだろう。するとそれはより辛いことになり、引き受けようとする人も続けていくことが難しくなり撤退する人たちが出てくる。その結果さらに担おうとする人は少なくなり、負担は過重になり…、となってしまい、人はますます足りなくなる。これも実際に起こってきたことだ。だから全員に義務を課す方がよい。

Ⅱ：すると他方の側は、事実としてはそんなことがあったこと、また今もあることを認めながら、しかし、それは人々においてその行ないに向かう動機が足りないのだと、する人が限られているという事態こそが問題なのだと言い返すことになる。現実的に実現できる範囲でという点ではⅡを主張する人も一致するかもしれず、またⅠの主張者はその点を譲らず、だからⅠを主張し続けるとしても、Ⅱの反論自体はここでは受け入れることにしよう。

Ⅰ：もう一つ、いまの論点と連続するのだが、ある人々は対等な関係を維持するために支払うことが必要だと言う。無償の関係のもとでは、やってあげる／もらうという関係になってしまうが、支払うことになるのであれば、対等な関係になれると言うのである。

Ⅱ：だが、それに対しても、それは自分の側に相手を左右できる資源があってはじめて対等になることができるという話ではないか、そうであってはならないはずだという反論はある。そしてここでは、財布をもっているのは結局は本人ではなく、納税者であったりする。となると、結局は納税者が決めることができるといった話になってしまうのではないか。その人自身において与えるものがないとしても必要なものがその人に与えられるべきだというのがそもそもの主張であったはずだ。こう言われる。仕事をしなければ支払わないといった仕組みは現実には効果的であって、それを使わざるをえないことは認めるにしても、それは仕方がないことであって、そもそもそのようなあり方がよくないという反論は可能であり、そしてもっともでもあるとしよう。

Ⅰ：第三に、その仕事に適している人と不適な人がいることが言われる。人には得手不得手がある、また、その仕事を行なうその気がある人もいればない人もいる。となれば、適している人、やる気のある人にその仕事は担当してもらい、他の人たちはその人の生活を支えるというかたちで負担するのがよいではないか。できる人でやりたい人がやる、そして、その人の生活を人々が支えていくという形態がいちばんよいということになる。つまり適材適所としての分業を認めようというのだ。これはⅠの①と②で、①をとる方がよい場合が多いだろうと判断する理由でもある。

Ⅱ：これに反論する人は、こうした事実があることも認め、その仕事に適していない人がそれを行なうことは、その仕事の受け手にとっても有害であるから、除外せざるをえないとする。ただ、そのことは残念で仕方のないことであって、本来は、多くの人ができたらよいし、本当は、今そのことを金を得る仕事として専業でやっている人よりは多くの人がその仕事が実際にできるはずだと言うかもしれない。これもそうかもしれない。

Ⅰ：第四に、その人が行なう仕事が無償の労働であるなら、その人の生活が立ち行かなくなるではないか。その人がその仕事を行なっていくためにも、続けていくためにも、有給・有償の仕事とするべきであると言われる。

Ⅱ：すると、本来は（1）生活の保障はそれはそれとしてなされるべきであると言われる。それがなされていれば、金のためにその仕事に就かねばならないということはなくなるだろうと返される。

Ⅰ：第五に、どのようにして支払いと受け取りを決めるのか、決めるとよいのかについて。（1）は同じでよいとしよう（というより、同じとみなすことができる部分を切り取ったのが（1）なのである）。それに加えた（2）のある部分が人の労働として提供される。それを提供する人がいる。働くこと自体は負担である。その労働を確保するために、また（3）その労苦に報いるために、その仕事に対応した対価を払うことはよいことだと言われる。平等な負担を至上の目標とする必要はないとしよう。たとえはより多く貢献したいという人からのより多くの拠出を拒む理由はない。しかし、拠出するものと受け取るものと差し引きが、さほど大きくない方がよい。仕事に対して支払うというやり方は、おおむねその要件を満たす、現実にはそうなっていないとしても、満たすように支払いを設定することができると言う。

Ⅱ：これにどう応えるか。まず、直接的な贈与・義務の自発的な履行というⅡの立場をそのままに考えるなら、本来は（1）も（2）も直接的な贈与としてなされるべきだとなるはずだ。そこまでのことを言う人は少ない。それは一貫していないのではないか。ただ斟酌すれば、おおむね同じだけを行き渡らせるのであれば貨幣は便利でもあり、また、その財の多くは「もの」であるから、それは商品として購入されてもかまわないその度合いが高い、ということに——それが十分な理由になるかについては疑問が残るのだが——なるだろうか。次に（2）、とくにその一部である介護・介助となれば、あるいは家事を考えるならどうか。まず、たとえば介助といった行為は、（2）超過分であることが比較的に見やすい。とすれば、（1）についてはそれはそれとして保障することにし、その部分については金が渡ることにして、（2）については個々人の行為として行なうことにする。それは不可能ではないと言われる。

そしてこの部分の必要は人によって場合によって異なる。そしてその異なる必要を計測することは難しいことでもありまた望ましいことでもないとしよう。とすれば、（1）所得はそれとしてあった上で、（2）の部分への対応は、その必要量を測定したり金額を設定したりするのでなく、その求めに応じてなされた方がよいだろうと言う。またこの仕事の中には細切れでなされたり、あるいは他の仕事や活動と同時になされたりして、その仕事だけをひとまとまりに取り出すこと、それに値をつけることが難しいといった事情がある。例えば介助という仕事の中にもちょっとした手助けといってよいことが多々あって、そのときどきに、その場に居合わせた人たちがすこしずつ手伝えばそれですむということはある。その人たちにいちいち給与を払っていたらきりがない。むろん、その同じ仕事であっても、そんなものばかりではないこともまた言えるのだが――そして、こうした細々とした議論が、なされていそうでなされていないのだが――Ⅱの主張にももっともなところはあるとしよう。

一人ひとりの必要の違いへの対応はどうするか。まずあまりそれを考えなくてよい場面があるかもしれない。例えば育児といった仕事についてはどうか。比較的に多くの人が子をもつことにはなる。その意味では、違いはあまり大きくはない。ここでただたんにそれを自発的な無償の行為として行なえというのでは今のままで変わらない。けれども、他の仕事を減らしても子を育てることのできるだけの所得が（1）として保障されるとしたらどうか。その場合、子を持たず子を育てない人にも（1）は支給されるのだが、それはそれでもよしとしよう。このような形態と、子の人数や子育てに関わる時間に応じた支給を行なうことと、どちらがどのようによいか、またよくないのか、これは考えてもよいことかもしれない（→第2部第1章）。例えば、子でも親でもその世話をすると収入が得られるという仕組みのもとでは、その子の親、その親の子が、相手を収入源として抱えこんでしまうといったことが起こりうる。それについては、世話する者を誰にするのかについての世話される側の選択を保障する、その者に世話されてそれで世話される側に不都合がないのかを確認するといった対応策がありうる。ただそれは常に有効であるわけではない。

それでも多くの場では人々の間の必要の差はあるし、それに応ずる人々の働きに不均衡は生ずるだろう。そしてここでは、その仕事を行なう人への支払いはないのだから、その支払いによって、その労苦の差異に対応することはできない。そのことをⅡを言う人も知ってはいる。その上で、その人たちは、たしかに現実には困難であることを分かった上で自らの立場を維持し、望ましいのは、その負担が人々においてそれほど違わないようになることだとし、そのことに気を配るように人々に訴えていくのがよい、またそうするしかないと返すことになる。

2 もう一つ

I：第六に、さきに述べたことだが、そしてこれが最も基本的な論点であると思うのだが、強制であってわるい理由がない、むしろ強制であるべきだと考える。人が人並みに暮らせることはその人の権利であると、そしてそれは、ただ理念・理想として表明されるような権利ではなく、実際に実現されるべき権利であるとしよう。このとき、その権利を実現させることは具体的な義務である。それは誰にとっての義務であるのか。特定の人、例えば家族を指定することは正当化されないとしよう。するとまずは、ごくおおまかな言い方ではあるが、社会「全体」の義務ということになる。全員に公平に――負担することが可能な全員に、その負担能力に応じて――義務を課すことになる。

そうしないとことがうまく運ばないというのが、さきに述べたことだった。とすると実現すべきことが実現しないのだから、今あげたこと、権利であることから、その権利を実現するための手段としてIは正当化されるはずだ。さらに、仮に自発的な行ないによって必要が満たされているとしたらどうか。その場合でも、義務を履行しないことを不正とするなら、また負担は基本的に公平であるべきだという基準からも、それは正当化されないことになる。

そして、これは『自由の平等』［2004a:149-151］でも述べたことだが、人々は、一人ひとりがそこそこに暮らしていけることを、それほど積極的にではないとしても、認めているとしよう。けれども、そのために拠出するのは避けたいと思っているとしよう。すると、この両方が実現しているなら、また実現していると思えるなら、それにこしたことはない。つまり、人々の暮らしが自分ではない人々の自発性によって実現していると思えるなら、その状態に「ただ乗り」できていることになる。けれどもまず、それは負担が公平であるべきだという原則を立てるなら、それに違背している。そして、その人がその原則を受け入れるのであれば、自らが認める規範に違反していることになる。公平という原則を積極的には認めないとしても、人がなにがしかの義務を負うべきであることには賛成するなら、また、負担を回避し自発性に委ねることが事態を困難にすることを認めるなら、具体的な実定的な義務とすることを認めることになるだろう。

そしてこれが、最初の方にあげた強制と同意を巡る問題への一つの答でもある。まず一つ、実際政治的な決定においては全員の同意を要しないという単純な事情がある——過半の人が同意すれば強制は可能であり、その強制にはすべての人が服さねばならないのだから、同意があれば強制は不要だとは言えない——のだが、もう一つ、大きな負担はうれしくないが、しかしその負担がもたらす事態については基本的に賛成している、そんなところが多くの人の思っていることだとしよう。すると、強制して負担の範囲を広くすれば、それは受け入れやすいものになるから、賛同は得やすくなる。みなが乗るのであれば、私も乗ってよいということになる。たしかにそれはあまり潔い態度であるとは思われない。しかし、咎めるほどのことではない。わるくはないだろう。このような意味でも、つまりなされるべきことがより容易に達成されるためにも、強制は支持される。もちろん、これに対しては、そのようには私は思わない、だからただ乗りをしているという批判は当たらないという反論はある。そして、以上のIの主張に対してそれは自由の抑圧であるといった批判をする。そうした主張については既に答えてある（[2004a] 第1章等）。繰り返さない。

II：無償性を支持する人たちも、基本的には以上を否定しないのではないか。つまり、義務として課されることを認めることになるはずである。ただ、義務として引き受けるべきであるという言い方をしたいのだろう。するとやはり差は残っているようだ。

そして私たちは、Ⅰの方がうまくいくはずだと述べた。それでそんなにまずいことにはならないはずだと考えた。そして無償の行為とすることによってうまくいかないことがある。これについていくつかを述べた。Ⅱの形態がどのような現実をもたらすのか、その現実的な帰結を考量することになる。するとⅡは望ましいかもしれないが不可能であるからⅠのかたちでなされるべきであるということになる。そして無償性を主張する人たちも、現実にはなかなかうまくいかない事情は理解する。Ⅰを主張する私たちが、現実的な容易さを言うと、Ⅱの無償論者もそのことは認めているようだ。

だが、それでも本来はⅡであるべきだと主張される。個々の行為においても、なされるべきことは賞罰によって支えられるべきものではなく、自発的な行為としてなされるべきであると言う。とすると、現実の困難にもかかわらず、あるいはまずはそれはさておいて、無償であることの積極性がどのように言えるのか、有償であることとの問題をどのように言えるかである。

私たちも、基本的には贈与があるべきであるという立場を共有している。だから違いはそう大きなものではないかもしれない。ただだからこそその違いを確認しておく意味があるように思う。次にこのことについて考える。

3 無条件に請求される有限の責務

労働について、無償／有償の是非を巡る議論の検討などしても仕方のない問題であるように思うかもしれないが、そうでもないと述べた。★05 その上で、ここでは、具体的には「ケア労働」などと呼ばれる仕事のことを主に念頭において考えてみている。だから、まず議論の範囲は限定されているのだが、同時に、その限定が何であるのかを考えていけるのであれば、まずは限定して考えることにも意味はあるだろう。

払うこと／払われることの何が問題なのか。まず、この世にあるこの行ないを交換として捉え、その限界が指摘される。つまり、金のある人でなければ必要なものを買えない。また交換は自発的なものであって、したい人だけが行なうことであるから、既に手元に欲しいものがあるために自らが提供する必要のない人は、提供しない。

しかしそのようにだけ考える必要はない。支払いがある行為はつねにこの平面にあるわけではない。このことを確認したのだった。つまり、ここで考えているのは贈与——ここでのこの言葉の意味については前に記した——としてなされるべき行為の供給の形態である。それに大きく二つあると述べた。一つはⅠ：強制することである。そしてそれには、Ⅰ①：人々にその特定の行為・財を供出させる、Ⅰ②：その仕事を行なう人に支払いを行なう、この二つがある。もう一つは、Ⅱ：自発的になされる行為とする。Ⅰ①とⅡの両方ともが無償の行為としてなされる。この二通りがあることはしばしば看過されるのだが、分けて考える必要がある。その上で、Ⅱをよしとする主張が何を言っているのかについて、そしておもにⅡとⅠ②を比較させて考えている。

そして、Ⅰ②が、贈与が義務であることを前提とした上でそれを実現するための方法としてよいやり方であると述べた。ここでよい方法とは有効な方法ということである。すると、無償論者もこのことを認めるかもしれない。しかしそれでもなお有償の行ないを批判し、無償性を擁護しているのだとしよう。とするとその人たちはいったい何を求めているのかである。

人を手段として扱っている、それがよくない、人をそのように扱ってはならないと言われる。それはどういうことだろうか。

まず手段とすること自体が問題なのではない。手段として、人、人の労働が必要とされており、その人を、とは言わないとしてもその人の労働、労働の成果を使っているのは事実だし、必要なことだし、わるいことではない。ここで自分の労働を自分のために行なうのはよいが、他人の労働（の成果）を（自分の生産物との交換以外の方法で）引き出すことがよくないというのであれば、自分の動ける範囲に生活を収めよということになってしまう。

その人たちはこのことは主張していない。むしろ積極的に否定するはずだ。言われていることは、提供する側についていえば、自らの行為が他人の生活のための手段であることについて、自発的であるべきだということ、自分がそのことを行なうことに伴って得られる別のものを得ることをその行ないの動機とするべきではないというのである。そのことをもって手段としてはならないと言っていると解することができる。見返り、報酬としての貨幣を得るために働くことが問題にされる。自らのために働くのはいけないのではないか。対価を受け取るべきではないのではないか。

そんな道徳主義は相手にしないことに決めているというのではない人であっても、それはずいぶんと難度の高い要求であるように思うかもしれない。しかし、無償を主張する人たちもそうした反応を予期しながら、なおこのことを言っているのだとしよう。ならばこちらもすこし基本的なところから考えることにしよう。贈与の要求・規範が人の意思・恣意に関わらない強い要求・規範であることと、実際にはひどく地味な要求であり現世的な対処がなされてすむことであることとは背反しない。以下このことを述べる。

まじめな人たちは、個々人の心性を大切であると考え、自らにおける贈与に向かう心性がないと、その方向に現実も動かないだろうと考える。それは基本的には間違っていない。基本的にはというのは、人の行為によって社会は作りあげられていて、その人の行為には人の選好が関係しているという一般的な意味合いにおいてである。その場その場の行為にも、また政治的な決定にも、人々の意思・選好は関わっている。そして、贈与が求められているなら、今述べた意味で、贈与に向かう自発性が求められていることになる。利他的な動機がそこになければならないというのである。ではこのことは、なされるべき行ないが、理想としては無償の行ないとしてなされることを示すことになるのか。

まず、無条件の贈与などと言われると、それはなにかいかがわしくさえあるように思える。ずいぶんな無理難題を人に課すことであるように思われる。だが、そんなことはない。ここでは説明しないが、それは現実に実在する欲望としてある。人はそのように世界で遇されたらと思う。その困難を思いながらも、しかし同時にまったく現実的なこととしてそれを望んでいる。私や人の思いに左右されないように私や人がいられることを、私が望んでいるし人々が望んでいる（［2004a］第3章）。

同時に、それを実現しようとすれば、そうでない状態と比べたときに、持ち出しになる人、負担が増える人もまたいる。私や私でない人々がいる場所やその身体がまとっているものにかかわらず生きていけることを否定しているわけではないが、他方で損もしたくはない。その限りで、その人たちが贈与・負担に抵抗し反対するのもまた自然なことではあるかもしれない。となると、自分は不参加で、他の人がそれに関わってくれるのが最も都合がよい現実の構成のされ方だろうと、しかしそれはよくないだろうと、それを防ぐために強制という手段は有用であること、そして自分（たち）に対する自分（たち）への強制への同意という一見不思議な行ないも、同時に二つがあると考えるなら説明できるだろうと、第1節に短く、別の著書（やはり［2004a］の第3章）でもう少し長く述べた。

だとして、何をすることが求められるのか。これは贈与をどのぐらいのものとして認めるのかということである。贈与の義務が無条件に存在するとすることは、無限の責任を認めることを意味するだろうか。そうはならない。

まず、人は自らの得になるように行動する。労少なくして益が多い方がよい。このこと自体には問題はない。この欲望自体は、さほど褒めるほどのことではないとしても、健全なものである。どうせ生きていくうえにおいて、よくないことよりもよいことがあった方がよい。普通の場合、その人にとってよくないことが少なく、よいことが多くあった方がよいということだ。そのこと自体は否定されない。否定されるべきはこの意味での利己心ではない。それは肯定されるのであり、むしろ、そのことのためになされるべきことがなされるべきであるということになる。そしてここでの問題は、それがうまく実現されていないことである。

人に対して何かがなされるべきだと思うのも、多くの場合には、このことに関わってのことだ。すくなくとも財の供出・受け取りにおいて問題になるのは、その人が益を得るのにずいぶんと大きな対価を払っている。あるいは、苦労しているが受け取りが少ない、それは不正であるということだった。だからそれを実現するための行ないが行なわれるべきだということである。ここで既に得失の計算は判断の中に組み入れられているはずである。そしてその損得は、その人自身の損得である。その中に他人のためになにかをすることによる利得もあるとして、それも含めてその人自身にとってよいことが実現されるべきだということだ。ところが私たちの社会の仕組みのもとでは、一人ひとりの益が、また労と益とを差し引いたものが、うまいぐあいに行き渡らない。そこで、そのバランスを変えることにしたのだった。それが社会的分配である。

だから、ここで人が自分の利得を大きくすることは否定されていない。このような人のあり方は、なにかがなされるべきであると考えるその前提にもなっている。その人がいて、その人の得失があって、それが条件となって、またそれを改善することが目標となって、すべきことをするべきだとなる、そんな関係になっている。その得失を是正しようという要請は、各々の現在の得失の計算を超えて要請される。しかしどれだけを出すのか、何をなすかを決めるとき、この計算は肯定されている。するべきことをすることも程度問題である。なされないなら死んでしまうこともあるが、さほどではないこともある。

パチンコ屋に行きたいとか海外旅行に行きたいとか、そんな程度のことであることもある。こうして他の人たちとも比較してこの程度ならというその生活が送れていないときになにかをするべきであるなら、負担における程度問題もまたその程度の問題として、同じぐらいには重要なことである。

釣り合いはつねに決定的に大切なものというわけではない。負担の公平は絶対的な要件ではない。実際、自発的により多くの負担を負った人がいたとして、その人が責められることはなく、むしろその行ないは賞賛されもするだろう。私的な贈与が否定されることはない。無私の行ないは美徳ではある。しかし、その状態が仕組みとして仕込まれ存続するのであれば、そのこと自体がこの行ないを肯定する規範に反することになるだろう。つまり、負担の集中を認めることは、その人自身に害が及ぶことを認めることになる。それに殉ずる人の生活・生存が否定されることになる。だから、自己犠牲は事後的に賞賛されることではあっても、そこに人を誘導するのはよくない。★06

こうして私たちは、すくなくとも分配的正義の範域においては、贈与における公平性の確保が大切であることを認めた。むろん、何と何とを比べるのか、何と何とが等しいのかというやっかいな問題はある。正確にそれを測定する基準や方法など考えつかない。そしてこれはなによりも追求されるべきことではない。しかしそれは大切だと考えるのであればどの方法がそれを実現しやすいかと考え、うまくいきそうな方法をとることは大切なことである。義務を課すこと、強制することはその目的に適っている。負担能力に応じた徴収をしようとするなら税の徴収はやりやすいやり方だ。それは唯一の方法ではないとしても、他に比べた場合にはうまくいく可能性の高いやり方であるとは言えそうだ。そして、行なうべきことを行なうこと、そしてそのことから支払いを受けることも肯定される。報酬を支払うことにしないと働く人が調達できないからという理由だけからではなく、このやり方は認められてよい。

他方、贈与の連鎖が結果として一人ひとりの生活を維持させるといった状態を想定することはできる。

ここには自分のためという動機がないとしよう。ここで起こっているのは、利他的な動機による行ないによって一人ひとりの自分の生活が維持されているという事態である。それは実際には、一人ひとりが自分の分を働き、その上で、全体のでこぼこをなくすあるいは減らすために、一定の贈与を行なうというのと、結果においては同じであることがある。税を払わせて人を雇って行なう場合のうまくいった場合——あらゆる場合ではない——と同じ状態が実現するということである。結果としては同じである状態が、個々の贈与が積み重なりその結果として理想的にうまくいく場合に、達成されるということだ。

そして、自分のために自分が働くこと自体を否定する必要はないのだった。楽をしようとすることも否定する必要はないのだった。そうした動機を排除する必要はない。問題は、ある社会の仕組みのもとで、得られてよい利得を得られない人が出てくることだったのだから、そうはならない仕組み、必要な結果を生じさせる仕組みが必要なのだが、人々の行為の全域を利他的な心性が覆わねばならないことはない。そして他が同じなら、実現の可能性が高い方がよいではないか。

そして、人が支払うものと受け取るものの合計あるいは差し引きが財のやりとりの基準になるのだから、労苦に応じて受け取ることをよいこととして認めた。この社会の実際はそうはなっていないのだが、この場合には、徴収と支払いの設定をこの基準から考えればよく、その基準に沿って対価を設定すればよいのだから、基本的にはそれは可能である。

では、その各々の行為のその時々に利他的な心性は必要ではないのか。その大切な心性がこの（交換のようにも見える）機構のもとで減衰させられてしまうのではないかという懸念については次の第3節で検討する。また（例えば「ケア」に）必要な心性の欠落が（「ケア」される）人に害を与える可能性についても検討する。それらをいま外して考えるなら、必要なのは、社会を運営していくその原則がどこにあるか、そのこと——それに納得したり同意したりする必要はないにしても——の了解である。私のいる位置やその時々の損得にかかわらず、なされるべきことはなされるしかないのだという了解があり、そのなされるべきことをなす仕組みとしてⅠ②という機構があることをわかっていることは、それをわかっていないことよりもよい。

以上を繰り返し、まとめる。

このままではわりをくう、不当に損をするという現実があり、そうはならない状態が求められる。考えてみるとそれはもっともなことで、それは支持される。そこで支持される社会の原則は、言葉の普通の意味では利他的なものであるとは言えよう。ではそれは、人々の行為や行為に伴う動機において、利己的であることを否定するあるいは極小化することを要請するのか。そうはならないということだった。

このように社会をやっていくべきだという要請そのものは、個々の人の利害を越えた（無視した）、有無を言わせぬ要請としてなされる。それは、個々の同情心や共感（に事実としては発しながらも、それら）と別に制度・機構・関係が作られ維持されることを指示する。利害ゆえに反対する者も従うことを求める。つまり強制を認め、普遍的な義務を課す。そのように人の心性・利害をあしらう。（そしてそのことが人の心性によって支持される所以もまたあることを、［2004a］第3章で述べた。）

そしてその仕組み・制度は、個々の人の満足を大切なことであるとし、そのための負担の偏りをよしとしない。個々の人における財や労働の出入りに関心を払う。そこで、人々の義務の履行のさせ方として、具体的な行為の履行に対する報いの仕掛けとして、有償という仕組みが指示される。

繰り返すが、すべきことは（その人それぞれのその時々の利害と別に）しなければならないということと、誰がどれほどをすべきなのかを——おおまかにでよいにせよ——計算してその調整を行なうのがよいということの両者は、ずいぶんと性格の異なったことのように思われるかもしれないが、組み合わさっている。そのことを理解しないと、義務の引き受けについて、その実現可能性はともかく、理想としては、私自身の心性において、なにごともないかのように、無限に引き受けることが（本来は）よいと思ってしまうことがある。「歓待」といった言葉をそのように受け取ってしまうことがある。それは違う。私は私として私の損得を大切にしながら生きており、それは大切である。必要とされ要請されているのは、それを前提とした上で、その損得のあり方を調整することだ。だから、負担や受け取りを調整することが必要にもなる。★07

4　本当に公平に実施されるか

それでもなお無償性が主張されるとしたら、それはどんな主張なのか。現実の行為の場面における態度・心性の問題が一つにある。その場面で、さきにあげた手段として（だけ）対するという態度があるなら、そのことが、またその効果が問題ではないかというのだ。そこでそのことを――第4節になってしまう――考えるのだが、その前に、Ⅰ②の方が現実はうまく回っていくはずという判断がどこまで本当なのか、なされるべきことが実際にうまくなされるのか、もうすこし見ておく。

皆が金を出す。それを得て働く人が働く。だが、そうして金を得て働くことが――資金の提供者とそれを得て働く人との契約と捉えられようと、直接の利用者と働く人との契約と捉えられようと――取引、交換としてなされるならば、契約が成立せず、必要なものが得られないことはないか。そうして社会は義務の履行をさぼってしまうのではないか、不履行の結果を得られなかった本人に押し付けることになるのではないか。そうした懸念があり、実際にそんなことがある。

しばらく前、社会福祉の業界で「措置から契約へ」という標語があって、その方向で「改革」が進んだことになっている。選択・契約はよいことであるとして、選択しなかったら、決めなかったらことは先に進まない、というよりそれ以前に、選択しようにもその相手がいないことがあった。結果、その人は得たいものが得られない。そんなことがあって、今でもある。

それに対して「行政責任の放棄」であるという批判がなされたのだが、むろんこれは批判の方が正しい。幾度か述べたことだが、義務は義務であって、履行されなければ義務を履行したことにならない。★08義務があったうえで、それを実現する方法として、金を出して誰かにやってもらうというやり方がよい、契約という方法がよいというだけのことである。提供しようという相手が現われなかったらそれで仕方がないということにはならない。必要なものを受け取る権利がある（それを供給する義務がある）ということと、それを受け取る（供給する）に際して当人たちの契約というかたちをとる方がよいということとは独立したことであり、また両方が実現されてよいことであり、実現することが可能なことである。

言葉を変えれば、直接に行為を行なう必要はないが、税を支払う義務があるということは、税を支払いさえすればよく、その結果するべきことがなされなくてもそれは仕方がないということではない。私たちは、資源と行為とを分けた上で、★09行為についてはその行為を行なおうとする人たちに行なってもらい、代わりに、その人の生活のために支払うという案を示したのだが、このことは、その義務を――実際にはこのようなかたちで――負う人たちが払うだけのことをすればよいということではない。その点では、資源（を用意する人）と行為（する人）という分け方は誤解を招くことがありうる。正確には、義務を負い責任を果たす人とその委託を受けて実行する人を分けることができるということである。

以上は当然のことだ。ただその当然のことを行なうべきだとしたうえで、この方法でうまくいかないという可能性はある。また実際にもある。つまり、その仕事に就こうという人が現われない、足りないという場合である。★10

それは、多くの場合には支払いが少なすぎることによる。その場合にはただ支払いを増やせばよいということになる。ただしこれで問題がすべて片付くわけではない。

まず人が行なおうとしない仕事について、支払って人を調達する、支払いを増やして人を調達するというやり方がよいのかという問題はある。さらに誰もがしたくない仕事を行なうことを、対価を引き上げるにせよ、他の方法を採るにせよ、人に求めること自体がよいのかという問題はある。このことを考えると、その仕事をなくす、なくせないとしても減らすという方法がある。また、人の嫌がる仕事であればこそ、それを（報酬は支払うことがあるにせよ）人任せにせず、行為（の義務）を割り振るという方法もありうる。

このことについては後でもう一度考えることになる。ただ、ここでは、その仕事をそう減らすことはできず、また減らすべきでなく、そして、（より多くの人が行なうことが望ましいにしても）全員に割り振るほどのことではないと考えるとしよう。この場合に、まず支払いを増やすという普通の方法に戻ることになる。

ただ、そうして働く人を得ることにするにしても、人が得られるとしても、その仕事を担う人に負荷がかかり、他方の人たちは、税を払うなどして負担をしているとはいっても、やはり楽をしている、それはよくないのではないかという指摘はありうる。楽をしていること自体には問題はないのだから、その人にやらせてしまっていること、その対価を含めて考えても、仕事をしない（金だけ払っている）人の方が楽をしている、それはよくないというのである。これはさきに示した、公平な負担（と受益）のための負担と仕事の有償化という案について、同じ条件・目標を認めた上で、その案がうまくいかないことを言うものである。

それに対してもまずはさきと同じことを言う。つまり増やせばよいのではないか。その結果、負担する人は多く負担することになり、仕事をする人はより多く報われる。

しかし一つに、支払いを増やすという方策はたしかに論理的には可能でありまた妥当であるとしても、実際にはしかじかの理由で必ずそうならないとしたらどうか。つまり十分に支払われることなどなく、不公平は維持されるなら、問題は解消されないことになる。条件をよくすれば問題はないと言いながらその条件がよくならないとしたら、やがて問題は解決すると言いながらその時はいつまでもやって来ない。もしそうなら、これはかなりずるい対応の仕方である。そのように言えるのか。この問いも残る。

そしてもう一つ、他の人はしようとせずまたせずにすむが、貧乏な人間がこの仕事に関わることになるというのである。これは「ワークフェア、自立支援・3」［2005-(17) 2006-2］の「仕事を課すこと／褒美を与えること」でふれたことだった。給料はよいが危険な仕事であるために、兵士になるのは経済的にきつい境遇にある人たちになるという例をあげた。（その仕事をする人がなお必要であるとして）仕事を割り振る（I①）なり籤引きを行なうやり方があるとそこで述べたのだが、それ以前に、当該の社会の収入や資産の格差を小さくすればよいとも述べた。暮らしていけるだけの収入がその仕事につかなくても得られるという前提があれば、この問題は基本的には解消されることになる。しかし、さきと同様、この問題がそう簡単には解決されないならどうか。

こうして、たしかに、とりわけ現実のこの社会においては、I②がそのまま負担の公平を帰結するものではないことが言えるが、同時に、その方向に向けてできることもあるはずではある。

そしてやはり、他と比べてどうかということだ。もっぱら自発性に委ねることは負担の配分をより困難にするだろう。それに対してなお、それは本来は望ましいことではなく、人々に満遍なくその動機があればよい、あることが望ましいと言えるとして、仮にそれが実現したとしても、実現される状態は、うまく行為・負担が配分された状態であって、その点で、この方向を求めることに格別の意義がないことはここまでに述べた。

とすると行為を配分するという方法が残ることになる。Iの①と②で、①：行為を義務とする方がよいという考え方はある。この方法については第1節4にすこし述べはした。その仕事に適している人とそうでない人がいる。好きな人と嫌いな人がいる。適していない人や嫌いな人が提供するなら、それは受け手にとって迷惑なことではないか。ただそれについては、そんな人については除外するという対応はあること、そうすればⅠ①（にいくらかの例外を認めたもの）も依然として使える方法としてあることを述べた。

また、皆が一定の時間を割かねばならないとして、その実質的な負担の度合いが違うということはあるだろう。金を稼ぐためにたくさん働かねばならない人にとってとそうでない人と、時間の供出の意味合いは違ってくるといったことだ。それに対しても、もとの格差を小さくするという対応はある。また、時間等の余裕に応じて負担を加減するという方法もある。家庭の事情のある人には町内会の仕事を減免するというようなものである。

ただ、このように機械的に一律に割り振るという方法をとらないとしたら、実際にどのような方法があるのかということにはなる。そして、義務を果たさない人には罰金を課すといった方法をとるとすると、Ⅰ①とⅠ②はそう違わなくなるとも捉えられる。とすると、Ⅰ②に比してⅠ①の方がよいというより積極的な理由があるのか。それを考えてみた方がよい。

そこで、次節では、行為の義務化・強制についてさらに考えてみる。そこでは、すべての人が、とまでは言わないとしても多くの人が（たんに費用を負担するのでなく）が実際に行なうのが望ましいという——私は受け入れてよいところがあると思う——主張を検討してみる。そしてⅠ①、Ⅰ②、Ⅱの三つの方法によって行為がなされるとき、それが相手に何を与えるのかについて、言われていること考えられることをあげ、比較考量してみる。

3　働いて得ること

1　何に反対したのか

労働の有償／無償について考えて述べたのは、有償の労働という形態が社会的な贈与の一部として存在しうるし、存在しているし、その形態としてかなり有効な方法だということだった。

それは当たり前のことのようにも思える。私は当たり前のことだと思っている。しかしそうは思わない人も依然としているようだから、こんなことでも確認しておく必要はあるのではないかとも思って述べた。そして、よく使われる言葉では「ケア」という行ないについて、そのことを述べてきた。実際、このことが議論されてきたのは多くこの行為を巡ってだったからでもある。★11

ただそのように書いていくと、第一に、それはその特別な行為の領域について言えることではないかと思う人がいるかもしれない。そして第二に、やはり贈与・分配であることと対価を得る／払うことがうまく整合するのだろうか、どこかでずるい操作をしていないのだろうかという疑念を拭えない人がいるかもしれない。

そこで、前節に残した幾つかの問いに答えながら、より基本的なところから考えていくことにする。そしてそれは、連載の第23回と第24回［2005-(23)～(24) 2007-8～9］とでふれた労働に関わる夢想の幾つかを考えることでもある。その一つは、ここで考えているそのままのこと、つまり、働いて得ること、働くことに支払うことについてである。働くことが報酬のための行ないとしてでなくなされるようになったらよいという夢想があった。それはあまり本気で言われることはなく、せいぜい遠い未来の話として言われたのだが、それでもあるにはあった。なんとも悠長な話ではある。しかし、そんな話を呑気な話だと思い、賃金のことで細かに頭を悩ましている同じ人が、そんな話がじつは嫌いではなかったりする。そしてもう一つ、これから考えていくことには、「分業の廃絶」というやはり荒唐無稽な話とつながるところもある。

こうして、一般的な議論に進んでいきたいのだが、そのためにも、ケアといった限定された行為の領域について議論がされてきたことの意味について、また現実にも無償の自発的な行為の提供がなされてきたことについて考えておこうと思う。なお、以下では――もちろん考えねばならないことなのだが――家族、性という項をひとまず含めずに考える。具体的にはあかの他人が、無償で誰かの介助・介護をするという、今でも現実になくはない行ないを主に想定する。ただ、立岩・村上［2011］『家族性分業論前哨』での議論にはきちんと接続するようにはなっている。

ケアは無償の行ないとしてなされるべきであるといった主張がなされると、それに対して、なぜ特別の活動・労働だけをとりあげ、それが無償であるべきことを主張するのかと言われそうだ。労働の商品化を問題にし批判するのであれば、なぜ例えばケアだけについてだけそうでなければならないのか、それなら、この世に流通する財の一切について、交換として供給されることを否定するのか、そう言わざるをえないのではないか、しかしそんなことは無理なことではないかという批判である。

これはなかなか強い批判のように思える。しかしこれには答えられなくはない。まず一般的にいって、あることがなされることがよいことであるとすれば、それをすべてについて行なうことができないとしても、できるところまではすること、できるところではした方がよいことは――それが、全体の一部としてなされることによって、かえってよくないことをもたらすならそのことを考慮する必要はあるとしても――否定されない。それが望ましいのであれば、可能な限りそのような領域を広げていくべきだ、一部でもできるところからするべきだという主張はありうる。この場合なら、労働全般が本来は無償の行ないとしてなされるべきであるという主張はありえ、次にそれはしかし困難であるとして、だがその必要・意義のある部分については無償の仕事とするべきであるという主張は否定されないということだ。

では次に、より積極的に、なぜこの特定の部分についてそう言われるのか。また実際にこの行ないがいくらかは無償の行ないとしてなされてきたのか。その事情を見てみることにしよう。

一つに、相手の支払い能力のことが気になって支払いを要求できないと思い、また相手に支払わせることがよくないと思えてのことである。ふつう市場では、その代金は、行為をなす相手、財を提供するその相手から得る。しかし、ここではその相手はそれを持っていない。あるいは、持っているかもしれないが、それを請求するのはよくないと思われる。財（ここではケア）を得る側の方でも、それではやっていけないと思うし、またそうして支払うべきとされることに反発する。

その人の身体の具合に応じて必要なことを行なうこと、生活を補うことは、一人ひとりによってその必要が異なる部分であり、それに関わって人の手が必要である。それに本人が支払おうとすれば、当然その支払いに差は生じる。この社会における財の所有・流通のあり方を前提にした場合、不足と不公平がそこに確実に生ずる。それはよくない、その人に払わせることは不正であると、その人を支援する側は思う。また、その部分を自らが担うことは、すくなくともいくらか、その不正をただす行ないである。

こうしてこの行ないは、格差に関わり不正に関わることが見えやすい。それは贈与としてなされるべきことが見えやすいということである。だから、行なう側においても、それを得る側においても、なすべきこととして認識され、なしてほしいこととして望まれる。そして実際それを行なうことは必要なことであり、意義あることである。そして、比較的多くの場合に、この仕事は、大きな組織を作って分業して行なわねばならないと決まってはおらず、自分が行なうことにすれば行なえること、自分の身一つで行なうことができる仕事である。そこで行なうことになる。そして実際、いくらかのことは行なわれてきた。

次に、この行ないにおいて是とされている価値はどんな価値か。

生きていくのに必要なものがあって、それは得られた方がよい。そしてそのためにはいくらか働かなければならない。ここまではどんな世界であっても所与のことである。ただ、この社会においては、自分でやらなければならないとされる、あるいは、自分で働いて得たものと引き換えにして得なければならないとされるのだが、それでは実際にやっていけないし、仮にやっていけるとしても、それではいけない。この所有・配分のあり方が問題だということである。つまり、得られるべきものは得られればよく、行なうことはただ行なうべきことであるということだ。これを贈与というのであれば、それは贈与としてなされるべきであるということである。このこと、つまり必要に応じて財が得られるべきであることは、私もずっと述べてきたことだ。

さて、以上がもっともであるとして、このことは他の仕事についても言えるはずではないか。その通りである。となれば、本来は、あらゆる労働についてそのようにあるべきだと言えないだろうか。

2 賞罰の理由

基本的には、生産がなにごともなくなされ、その成果である生産物を人々が使ってなにごともなく暮らす、それでよいということにはなる。それをどのように行なうべきであるのかという問題がある。

ここで生産・労働は義務とされる。それは単純なことである。必要が満たされるべきことを認めるなら、その必要を満たすためのことを行なうべきことを認めなければならないという、それだけのことである。ただこのことは、実際に人々に強制することを意味するのではない。

実際にそれをどのように実現するのか。働かなければ食べることはできないしそれはよくないだろうと思ったりして、とくに何もしなくても、人は働くかもしれない。ただここでは、働きたくないのか、働けないのか、その境界は不分明なのだが、働かない人、多く働く人よりも少なく働く人がいることにしよう。そこに差異は現われる。としてそのことにどのように対応するのがよいのか。

とくになにもしなくても、必要なだけがうまく生産されるという場合があり、ならばそれでかまわないという考え方はありうる。例えば、みなが使う場に生える雑草をとる必要があるとして、その仕事を誰かがやってくれて、それでまにあっている、ならばそれでよいではないかというのだ。

しかし、そのぐらいの仕事であればなんとかそれでまにあうかもしれないが、より多くの仕事をすることが必要であるとして、その場合にそれでうまくいくのかということである。そのような方法では必要を満たせないことがあるだろうと思われる。つまり第一に、α：生活のために、生活のための生産のために、それを実現する手段として何かをする必要がありそうだ。では何をしようかということになる。褒美を出す必要などありはしないかということになる。

次に、仮にある人たちがなぜだか仕事をしてくれるものだからそれでうまくいくとしても、その「篤志」の人に委ね任せておいてよいのかである。その特定の人だけにさせておいてよいのか。その人は苦労している。他の人は楽をしている。そうしてやってもらっているのはありがたいことではあるがよくないことではないかというのだ。つまり、β：人が得るもの、人が支払うもの、双方（前者から後者を差し引いた値）が人々の間でうまく配分された方がよいのではないか。そのように思われる。★12

第一のものαが、生産・生活を実現するための手段の問題であったのに対して、この第二のものβは公平の要請である。それは絶対的な要件ではないとしても、実現されてよいことだとされる。それは、ある人が普通に暮らすためにその人自身に他の人より大きな負担を求めるべきでない、そのためになすべきことをするべきだと考え、そのことをなすときに是としているものと同じ価値である。

まずこの二つが連接してはいるが、分けられるものであることを確認しておこう。次に、この二つの要請のためにどんな方法があるのかについて見ることにしよう。

3　賞罰は別のものか

Ⅱ：自発的になされる行為とすること以外に、Ⅰ①：人々にその特定の行為・財を供出させるという方法と、Ⅰ②：その仕事を行なう人に支払いを行なうという方法と、二つを示して検討した。ただこの二つには、実際には二つの契機が関係していて、さらに細分して考えることができる。

一つに、仕事をするように指示する、しないなら罰するという方法と、仕事をしたら褒美を出すという方法、この二つを区別できる。

もう一つ、仕事を——目指すべきあり方として——全員で担うという方法と、特定の人（たち）がするという方法、この二つを区別できる。

Ⅰ②は、その仕事を選んで就いた人に支払うという形態を想定している。また仕事を人々に割り当てるというⅠ①は、誰に割り当てるのかを特定していないのだが、一部の職業人が担うというⅠ①との対比では、皆が担うという形態が想定されている。

だから他の形態もあるということである。まず、全員が行ない、全員が受け取るという方法が——場合によっては同じ人が同じだけを支払い同じだけを受け取ることになるから、結局は何もしないことに等しい場合もあるのだが——ある。また、特定の人（たち）を指定した上で、ある行為を行なわせる、行なわない場合には罰するというやり方もある。

このように区分けした上で、まず、第一の賞／罰という区別について考えてみることにしよう。それは、私たちはしばしば、強制する（従わない場合には罰する）ことを自由の剝奪であると——もちろんその認識自体は間違っていない――否定的に捉えるのだが、そのようにだけ捉えてよいのかを考えるということでもある。

次に、ここでは、とくに条件を付けずに、各人が生活ができるだけ――それは「最低限」である必要はない――は得られるものとしよう。それを出発点に置こう。そのように考えるのが、ここまでの議論と整合的でもある。

すると、支払うという方法は、この所得に加えて仕事に対する支払いを加算していくという方法であるということになる。するともう一つの方法は――自由を制約するといった方法もあるが、その他に――その基準から減額するというやり方になる。

では後者の場合、減額した結果が人が暮らしていけるだけを下回ることを認めることがあってよいだろうか。これは強い制裁である。拠出の要請はそこまで強い要請ではないと考えるべきである。とすると、減額された水準であってもそれはいわゆる「最低限度」であるか、それを上回っていなければならないことになる。そして、その減額されたその水準からみれば、それ以上はすべて「賞」ということにもなる。このように考えるなら、実際には賞／罰という方法の違いは――すくなくともその手段として罰金／賞金という方法をとる限りにおいては――相対的なものではあることになる。

そして以上の確認は、「働かない権利」を自由の原理によって肯定しつつ、所得の格差については是認するという立場、よく多くを得る者がいることは認めるという立場の一貫性が疑わしいことを示すものでもある。

まずリバタリアンは働かない権利を認めると言うだろう。だが、もちろんそれは、飢えて死ぬことと引き換えにということである。慈善によって生きることは認めるが、それが得られずに死んでも仕方がないということになる。言葉の用法の問題でもあるが、それはすくなくとも「働かないで生きる権利」

を認めるものではない。

では、ベーシックインカムを主張する人はどうか。その人たちも格差を認めてはいる。つまり働かない人はベーシックインカムだけで暮らしていくことになる。そのことが、働かないでいることへの負のサンクションとしてあると言うことはできる。すると、その人は選んでそうしているのだから問題はないとされる。だが、本人が選んでその位置にいることは認めるとしても、その人が消費できる財が他の人より少なくなることは事実である。その人は、その「罰」、すくなくとも不利益と引換えに、ベーシックインカムだけでの生活を——自ら選んで——営んでいるということになる。

だから、働かない権利を正面からきちんと言う人は、働かなくても、働いても同じだけを得られることを主張する人だけである。働くことも、働かないことも、等しく選択の自由の対象であるべきであるとすれば、その意味で、働かない権利・自由を認めるというのであれば、そうでなければならない。そんなことを言う人がいてもよいと思うのだが、そのような人を私は知らない。

そして私の立場は述べてきた通りである。まず、生存の権利を主張しつつ、そのために必要な行為の義務を言わないという論理的に矛盾した主張をするべきではないということである。義務があるとする。ただここではその義務の宛先とその割り当ては特定されていない。それは、一つに、β：公平性が尊重されてよいという価値によって定まることになる。一つに、α：どのぐらいの賞罰が必要があるのかによって変動することになる。そこから、ではそれはどの程度のものであればよいのか、あればやっていけるのかを考えようというのである。

まずこの二つの要請が別のものであることを、繰り返し確認しておこう。この二つの要請が、各々どのような所得の差異を指示・支持することになるのかについては後で説明するが、多くの場合、後者で示される差異の幅の方が大きくなる。つまり、人を働かせるための手段として支払わねばならない額の方が、労苦・苦労に報いようと払う額より多くなってしまうということである。そしてそれは、ここで採用している立場に立つなら、基本的に好ましいことではない。その差が小さくなった方がよいということになる。

報酬を上積みすることあるいは罰すること（という言葉が強いのであれば不利な条件を与えること）の必要性とその度合は、多くの変数によって変わってくる。生産されたものが、また生産のために必要な資源がすでにたくさんあるなら、また働く人がたくさんいるなら、褒美や罰以外のものが働く動因として作用しているなら（例えば働くことが楽しいことであれば）、その必要は減じることになるだろう。実際はどうか。それを考える作業を始めて、途中になっている。ある人々は、まだ生産は足りず、人も足りず、等々で賞／罰を維持するあるいは強くする必要があると言う。しかし、連載で見てきたところでは、また別に述べたのは（［2008b］他）、そんなことはどうやらないだろうということだ。とすると、そのように言われることにはなにか裏があるのではないかと勘繰りたくもなるのだが、そのことについても別途述べるとしよう。

α：必要なだけを得るための道具としての賞／罰がどれほど必要なのかは、一義的には決められない。ただ、その差を少なくすることが望ましく、どうやらそれは可能であるということになれば、その具体的な目標は定められないとしても、基本的になすべきことははっきりする。つまり、労働がなされている場において、また所得の再分配の場において、差を少なくすることをやってみればよいのであり、不都合なことが起こるのであれば、その時点でやめるとか、あるいはどうするかを考えてみるということでよいのである。

4 労苦への返礼

次に、αとの兼ね合いで具体的にどの程度のことをするのかというのと別に、βという価値の側から労苦に応じて与えるということをどの程度のものとして位置づけるのかという問題がある。

ここから考えても、労苦への対応を強くとってもよいと考える人はいる。それは労働を「相対化」したい人たちにとっては評判のよくない対応かもしれないが、その主張自体にはもっともなところがある。ただ、それと同時に、大きな差の設定に支持できない理由もまたある。まず、これはさきに述べたことだが、そもそもの前提からして、βの理由による傾斜を与えるとしても、結果働かない人の生活がひどく苦しくなってしまうことは支持されないだろう。

もう一つ関係するのは「働けない人」のことである。働けないから働かないが、そうするとその人が得られるものは――その人はまた動けないとすればその部分は補われるだろうが、そうした部分を別とすれば――自動的に最も少なくなることになる。するとその人はそれは不当ではないかと思う。つまり、自分は働きたくないから働いていないわけではない。人がそれに対して払うような仕事ができないのだ。それは仕方のないことであって、自分になにかわるいところがあるわけではない。それなのに自分は「最低」だ。それはなぜかと考えてみれば、働ける人間は、α：自分によいことがないと働かないからそれで格差をつけているのだという。そして実際、そういう人がいるものだから、この水準にとどめられている。自分たちについてはα：「インセンティブ」はそもそも関係がないことであり、自分たちを労働への動機付けのための差異化から除外しても、本来問題はないはずだ。働かない人、それで受け取りが「最低」になる人は、それを選んでそうしているのだから、それでよいだろう。しかし自分たちは好き好んでそうしているわけではない。その人たちはそのように思う。

すると、働かずにすんでいるのだからそれでよいではないか、苦労したくてもできないのだというのはその通りだろうが、それでもやはり――他には様々苦労があるとしても――働くことに関わる苦労はないだろう、だからβ：働く苦労に対する支払いがなくても仕方がないという反論はある。ただ、そこで定まる働かない人の受け取りの水準について、懲罰的な意味が付与されることがありうる。そのことによってその水準が低くなることはないか。それを嫌い、そんなことをされる筋合いはないと思う人は、「働けるが働かない人」と「働けない人」とを区別して、後者の人の方が多く受け取れるようにしてもよいではないかと主張するかもしれない。

この主張自体はもっともだと私は思う。けれども、それは採用しない方がよい、とくにこれまでいくらか述べてきた社会の現況を踏まえるならそうなるだろうと考える。

まず一つ、［2001d］等で述べたことだが、「働かない」と「働けない」とを区分することはしばしば難しい。自分自身でもよくわからないことがある。しかしそれを詮索されることになり、しかも詮索する側は、働かせたいわけだから、「あなたは働けるのに働けないなどと言っているのではないか」と言われることになる。これはとくに本人の健康にとってよくない。

そして、もう一つの種類の人たちがいる。つまり、働けるし、働きたいが、働けない人が十分にたくさんいるし、このままの状態であれば、それは今後とも続くだろう。この人たちのことを考えたときにも、やはり働いていない状態の「原因」を詮索し、区分するのはよいことではない。そしてその人たちは、ある人たちがたくさん働ける（よって多く稼げる）ことを可能にしさえしている。そのような状態がなくなれば別様に考えられるかもしれないが、すくなくともそれまでの間は、つつがなく暮らしていける程度をすべての人が得られることを認めた方がよいということになる。その分、ただ働きたくなくて働かない人は得をすることになるかもしれない。しかしその程度のことは認めようということである。

以上、強制する（受け入れなければ罰する）のと、行なう人に支払うという二つについて、この両者をまったく違うものと考えることはできないことを述べた。また賞／罰について、αとβの二つの意味があることを述べた。また、その賞／罰、対応の差異化をどの程度のものとして位置づけたらよいのかについておおまかなことを述べた。

5　直接に行なわせること

次に、もう一つの軸になる、仕事を選んだ人に支払うという方法と、行為を配分し人々に直接に行なわせるという方法の二つについて考えてみることにする。この社会では前者が一般的に使われているのだが、その現状の上で、あえて、後者を主張する人がいる。さきに述べたように、後者を採用しつつ、仕事に参加した人々に、それが全員であれば全員に支払うという方法もあるが、そうでなければ、無償で行なうべき義務として課されることになる。この行為の配分という方法を見ていくことにしよう。そしてその一部は、ケアと称されるような行ないについて、人を雇うのでなく自ら行なうことの意義が言われることをどう考えるかということにもつながる。

すべての人が行なうこと、あるいはすべての人に等しい確率でその仕事が割り振られることが望ましいと考えられる場合があるのだが、それはどんな事情によるのだろうか。

第一に、その負の効果を、他で、ここでは貨幣によって代替できない、代替すべきでないという場合である。労働は苦であるとして、それを多く担った人には多く報いるということでたいがいはよいとして、そうはいかないことがあるということだ。例えば、どうしても戦争が必要であり、兵士の仕事がどうしても必要であるとしよう。すると戦争に行くことになって死ぬことがある。どのようにその人を得るのかについて幾つかの考え方があるが、その一つに、その職務に対する支払いを積み増すぐらいのことではそれを行なう人と行なわない人との間の損得の公平は保たれないのだから、例えば籤引きで人を決めるというやり方がある。これは幾度か言及してきた「辛い仕事」についての対応の一つということでもある。そのときに述べたのは、その仕事に報いる、その仕事を減らす、その仕事を割り振るという三つの対応策があるということだった。ここでは二つめ――が望ましいのかもしれないのだが――をさて置いて、そして一つめもこの場合には報いることにならないという理由で――つまり拠出し受け取るものにおいて大きな格差があるのは好ましくないというさきにあげたのと同じ根拠から――退け、三つめを選ぶべきだ、選ぶしかないとされているということである。（このようにみていくと、「辛い仕事」も、一括りにしないで、どのような辛さが問題なのかといったことを考えていった方がよいということだ。）私もまた、このような方法をとった場合があることを認める。ただそれは同時に、このような仕事として指定されるのはかなり限定された部分であるはずだということでもある。

次にあるのは、その行ないをすべての人、すくなくとも十分に多くの人が体験すること（体験しておくこと）が好ましいという場合である。それは条件さえあれば本人もまた行ないたいと思っていることであることもあるし、そして／あるいは、個々人に実際に行なわせるのがよいと思われる活動・仕事であることもある。

前者を第二の場合としよう。多くの人がしたいことは、限られた人の仕事にしない方がよいという場合である。例えば子育てという行ないにはそのような性格があると考える人がいる。すべての人についてというのは押し付けがましいとしても、自分が子育てに関わることを望む人たちについては、他の人にその仕事を委託するのでなく（するだけでなく）、自らがそれに従事するだけの時間が与えられた方がよいというのである。そして同時に、保育園等を否定する人たちもまた今どきはほとんどいないから、「外部化」する部分と自らが担う部分のバランスがうまくとれるようにしたらよい、選べるようにしたらよいというあたりに話は落ち着くことになる。この程度のことであれば多くの人は反対しないはずだ。

それは、この場合の仕事がそれ自体は苦であるものとしての労働であるというより、あるいはそうであるだけでなく、すくなくともいくらかは引き受けたいと思う正の価値を有する行ないであることによっているだろう。本人たちが、それで生活が困難にならないのであれば、それを生活の一部に含めてよいと思っているということである。このことについても格別の異論はない。そんなことはそうたくさんはないかもしれないが、あるだろうし、それを行ないたい人が行なえることはよいことだと思う。

第三に、それと別に、また同時に、ある仕事を実際に行なうこと、行なわせることに意義があるとされる場合がある。ここでもまた、「ケア」の仕事がそのような仕事として名指される。[★13] どうしてだろうか。一つに、人が生きていることについて知ることが必要であって、それはその仕事を実際に行なうことによって得られるのだという。やはり押し付けがましいようにも思える。しかしたしかにそんなこともあるかもしれない。[★14] さらに、そのように人が直接に経験することによって「連帯」もまた可能になり、社会的分配も支持されるだろうが、もしそのような経験が少なくなってしまうなら、限られた人の行ないになってしまうなら、なされるべきことがなされなくなってしまうのではないかとも言われる。[★15]

このような把握にもっともなところはあると私は考える。そしてそれは「分業（の廃絶）」という論にも関係している。このことが言われるときに含意されていることにも幾つかあるのだか、その一つには、人間の活動について、すくなくともそのある部分について、特定の人に委ねるのでなくみなが関わるのが望ましいという価値がある。好きなことだけをさせていたら、あるいはしかじかの活動に参加させないなら、「いびつ」な人間ができてしまうなどと言われてしまうなら、そこには、なにか万能であるのが望ましいといった人間観が見え隠れもし、また、バランスのとれた人間などと言われると、偏った人間がそんなにいけないのかと返したくもなるのだが、それでも一理はあるのだろう。また、そのことが社会の危機を招くのだといった話についても、いささかのあるいはかなりの短絡があるようには思えるのだが、全面的に否定できるのかといえばそうではないと考える。

ではどうしたものか。三番目についての議論の一部、論の短絡についての確認は後にまわすことにして、以上について言えることをまず記しておく。

第一に辛い(というより辛すぎるが、せざるをえない)仕事、第二に各自が自らしたい仕事、第三に各自が自らするべき仕事、そんな仕事についてはそれを皆に割り当てるのがよい場合があることを述べた。他方、このやりかたでうまくいきそうにない事情については第2節1にあげた。つまり、適している人もいれば適していない人もいる、やりたい人もいればやりたくない人もいる。後者の人たちに行なわせるのなら、うまくいかない。対人的な仕事の場合には相手に迷惑がかかるだろうというのだった。

すると、とりあえず言えることは簡単なことであり、穏当なことである。万人にまったく等しく割り振るというやり方はよくないとしても、多くの人が担うことが望ましい仕事はある。ならばそれを可能にすればよい。もしケアの仕事については多くの人がそれを行なうのがよいとすれば、その時間が多くの人にあるようにすればよい。別の仕事とともに、この仕事を一日のうちに、また一生のうちに位置づけることができるようになればよい。そしてそのことは、このケアの仕事に対して支払うことと両立する。この方法の方が多くの人が従事しやすくなるだろうし、だからその方がよいと考えることもできる。

このようにして、この世に数ある仕事のうちのいくつかについては、人々が直接に担う方がよさそうなものがある。ただ、機械的に割り振ることは多くの場合望ましくなく、多くの人が参加できる条件・環境を用意することの方が望ましい。そして以上は、言うまでもなく、別の対応、この後に述べる、行なう人に支払うという方法が、これと並行してあってよいことを否定するのでもない。

受け取りと負担の総計あるいは差し引きにおける「公平」という大きな論点を別とすれば——このことについては徴税と支払いという仕組みとを比較しつつ、次節で検討する——おおむねここで話は終わる。ただ、三つあったうちの三番目のもの、人が実際に具体的に従事することが大切だという話については、いくつかを補足しておいた方がよいだろう。

たしかに具体的な経験が大切であることを認めるとしよう。ただまず一つ、そうして関わったり知ったりすることがよいことであるとして、仕事・労働として関わることが唯一の方法ではないということだ。疎遠であることが事実であり、それがよくないことであるとして、それは仕事を特定の人の仕事とさせていることが原因ではないかもしれない、また実際ないだろうということである。疎遠でありまた不可視になってしまっているのは、暮らす場所を分けてしまったことによる、その要因の方が強く働いていると考えた方がよいかもしれない。生活する場所が同じであればあるいは近接しているのであれば、その人と接することはできる。それでよいのかもしれないということだ。

そして一つ、その人のための仕事に強く長く関わることがよいことであるとも言えない。まったくのっぴきならない状態から何ごとか肯定的なことが起こる可能性を完全には否定しないとしても、多くのあるいはほとんどの場合には、そのことはその人たちを辛くするから、離れられる人はその人から遠ざかろうとするし、そうでなければ敵意を抱き、その存在を否定することになる。距離をとることができた方がよく、そのために別の人が関わったり、別の人も関わったりすることの方がよいことが多い。そしてその別の人(たち)が仕事として関わることの方が、その人たちにとってもよく、また結局のところ縁が切れるわけではないもともと関係のあった人にとっても、よいことはあるということだ。

さらにもう一つ、これもまた「遠離・遭遇」と題した文章(［2000b］)他で幾度も述べてきたことだが、具体的で直接的な関係から「だけ」何事かが起こると考える必要はない。具体的な関係のもとで具体的に知ることはきっと大切なことではあるだろう。ただ、そんなことは、特別に人と人とが隔離されていなければ、いくらかは必ず起こることである。そしてそこで、人が知ることは、関係の近さや自分のその人に対する親しみそのほかの関係・感情によって起動することだけでなく、むしろ、自らからの届かなさの感覚であったり、そのような準位で人に対するべきだという感覚であったりする。だから、近さからしか何かが始まらないと考えるなら、そこにはずいぶんな短絡がある。そしてその短絡をそのままにしておくと、しょせん人は近い人のことしか顧慮しないのであり、それはそれで仕方がないのだといった居直りを肯定してしまうことにもなる。だからこの種の、たしかにわかりやすく、そしていくらかはもっともな話については、いくらか慎重である必要がある。★16

4 無償／有償・結

1 支払うことについて・再唱

『現代思想』での連載（［2005-］）は性分業や家事労働と呼ばれるものについて考えることから始まったのだが、その手前で、労働についてずいぶんと基本的な初歩的なところから、考えた方がよいと思え、それを行なうことになった。その中で、有償／無償について、労働に対して払うこと／払われずに行なうことについて考えることになった。本節はそれを受けて、続けて、終わらせる。

なぜ無償性が支持されるのか。その理由は一つではないが、大きな一つに、有償の仕事を、自己の生産物の自己取得、自己の貢献に応じた自己の取得として捉え、その機制のもとでは十分に得られず、十分に暮らせない人たちが現われる、それは不正であるという了解がある。生産し、金のある人でなければ必要なものを得られない。また交換は自発的なもので、したい人だけが行なうことであるから、既に手元に欲しいものがあるために自らが提供する必要のない人は、提供しないことにもなると言う。

しかし、支払いのある行為はつねにこの平面にあるわけではないことを確認した。私たちは、そのことによって有償制を支持するのではなかった。

暮らせることが権利であるとしよう。するとその暮らしを可能にすることは義務である。そこで労働の義務はある。

贈与——ここでのこの言葉の意味については記した——としてなされる行為・財の供給の形態に三つある。大きくは二つある。一つはⅠ：義務とすることである。そしてそれには、Ⅰ①：人々にその特定の行為・財を供出させる、Ⅰ②：その仕事を行なう人に支払いを行なう、この二つがある。もう一つは、Ⅱ：自発的になされる行為とする。Ⅰ①とⅡの両方ともが無償の行為としてなされる。

Ⅱをよしとする主張が何を言っているのかについて、そしておもにⅡとⅠ②を比較させて考えた。またⅠ①とⅠ②とを比較した。Ⅰ①をよしとするとする相応の理由のある場合があるが、多くの場合にⅠ②がよい。様々に論点はある。それぞれがもっともではあって、いくつかの論点について有償性の主張は決定的に優位なわけではない。しかし、一つに強い意味での義務とし、一つに公平性を重視しようとするのであれば、また他のいくつかの理由から、Ⅰ①が支持されると述べた。

つまり、行なうべきことをする人がいて、その人が暮らすために必要なものを他の人がその人に与える。なされるべきその行ないを、すべての人が行なうのではないとしても、支えられる人がそれを行なう人の暮らしを支えることによって、間接的にではあるが義務を履行することになる。

ただそれにしても、仕事を行なうことと暮らせることとを別建てに考えることは可能だ。そして、仕事を行なわない（行なえない）人が暮らせることは認められる。とすると、仕事を行なうことに支払いを対応させるのはなぜか。

一つに、α：労働に対する「動機付け」を与えるという契機がある。一つに、β：苦労・労苦に応じ、報いるという契機がある。

財の（人の必要の個体差を勘案した）人数割り＋労苦に応じた傾斜——β——を基本にし、それでどうにもうまくいかないのであれば、労働を得るため、「適材」を「適所」に得るための傾斜的な配分——α——を強めるのも致し方ない、ということになる。

以上ごくおおまかに描いた全体の中に、労働に対する支払いの調整が位置づけられることになり、そして正当化されることになる。つまり、一つ、義務を果たす果たし方としてわるくないということだ。そして一つ、労苦に報いることはよいことである。もう一つ、仕方のないことである。

現実に存在する格差は、まず正当としうる格差——β——によって正当とされる格差——よりも大きく、αを考えた場合にも、差を縮小しても格別に深刻な支障を来たすことはないのだから、その差を小さくすることが要請される。その様々な方法の一つに賃金の変更がある。このことを主張すると、生産が停滞する等々の批判がすぐになされるし、その可能性のすべてをこちらも否定するわけではない。ただ、多くの場合、批判にもそれほど確かな根拠はない。できるところから変えていって様子を見ればよいということになる。

これだけを言いさえすればよいように思える。しかしなお自発性を主張する人がいる。その中には、ここまで私たちが述べたことに気づかず、あるいは気づかないふりをして、奉仕を持ち上げ、現状を追認する人たちもいる。ただ、以上述べたことはそれとして受け止め、その限界を知り、その問題をふまえながら、なお、本来は無償の自発的な行ないであることが望ましいと言うかもしれない。とすれば、それは何を言うのか。

にされる。

2 心性の損耗という懸念

その具体的な行ない・労働において、利他的な契機がないことがあること、あるいは薄いことが問題

だが、第一に、それ自体がいけないことであるのか。働くことも、また労働を配分することも、生産物を分けることも、一人ひとりによいことがあってよく、次に、どのぐらいよいことがあってよいのかおおよそを決めようということなのであり、ここで、自らが自らの幸福を追求してよいという意味で、利己的であることは否定されていない。働くのは、すくなくとも一面において、手間のかかるめんどうなことで、避けられるなら避けたいと思う。その思いの存在自体を否定する必要はない。

ただ、それと同時に、人々がおおよそ暮らしていくために、直接には自分のためにならない労働の供出に応じることが求められることにはなる。そしてその度合いは、さきに述べたことと同じに、働くことの労苦と得るものとを合わせたときの――その得失の和を一義的には算定できないから、またそれをならすことがなによりも大切なものというわけではないのだから、おおむねということになるのだが――公平性という基準によって、規定されることになる。そのことに応じることが求められる。ではそのことを肯定する心性は、具体的な行為のそのたびに必要とされるものか。必ずしもそうでないはずだ。仕方なく供出の要請に応じるのであっても、応じるのであれば、まず、それはそれでよい。

このように述べると、一方に自らの得失に関わる欲求・選好があり、その人々の現実の心情に覆いかぶさる倫理・規範が設定されるという図式に見えるかもしれない。ただ、片方に人々の欲求の現実があり、もう片方にそれを否定するような規範・倫理があると捉えることはない。自分の側の得失だけでその人に対するのはよくないと、たしかに自分が大切ではある自分が、現実に思うことがある。双方が、同時に、その人の現実にある。しかし不当にも、しばしばその一方だけが現実(の欲望)という名をつ

けられるということなのだ。にもかかわらず、後者について、それが義務・強制というかたちをとってなされるのはどうしてか。このことについては別に述べたことがあるから（[2004a]）、ここでは繰り返さない。

所有・分配の規則を含む現実のあり様が、人々の選好の形状によって規定されるのは事実である。とくに私たちの社会の政治的決定の仕組みにおいては、一定数の同意が必要とされる。また個別の行為のあり方にしても、その行為を行なう人の心性によって左右されるのだから、人が働くその場で、その人の働きに向かう心性もまた、人々に影響する。これらそれぞれについて、人のためにという心性があれば、それは制度のあり方に、また個々の行為に影響する。それは、個別の人の個別の人に対する善意といったものである必要はなく、義務の履行であるとか当然のことをしているのだという思いであったりもしようし、またその方が望ましいのかもしれない。

であるなら、その心性は、実際にないよりもあった方がよく、また少なくあるよりも多くあった方がよいことになるように思える。となると、それをあらしめる仕組み、多くあらしめる仕組みの方がよいということになる。しかし、働きに対して支払いがある形態をとることが、その心性を減衰させてしまい、それが具体的な行為の場に負の効果をもたらし、また、分配の機構を蚕食してしまうという懸念が示される。

そんなこともありそうに思える。だが、どのようにしてか。

一つに、経験の場が必要であるのに、それが失われることによって。たとえば「ケア」の場についてそのような懸念が示される。一部の人の職業としてその仕事をさせるなら、多くの人はその経験から遠ざかってしまう、そのためにそれが必要であることを実感することができなくなってしまうと言われるのである。

その可能性はある。ただこれは基本的には分業に関わる問題である。すべての人というのでないとしても、より多くの人が関わることは、有償の仕事という形態を維持したままでも、不可能なことではない。例えば子育てについて、給与というかたちではないとしても、その仕事をしている間の生活が可能になり別の仕事をして稼がねばならないことが少なくなれば、かえって、その仕事をより多くの人が担うことがより容易になる場合もある。

もう一つ、仕事に対して支払われるという形がとられることが、対価を得られないと行なわないという心性を醸成してしまうことになると言われる。

しかしまずここで要請される自発性は、これまでに述べたところでは、無償で行なおうとする心性ではない。そしてここで採用されている——採用されるべきであると考えられる——支払いの形態は、交換、商取引としてなされるものではない。そのこと、徴収と支払いとがどのような意味においてなされているのかを知ることはできる。そして医療や社会福祉といった関係の仕事をしている人たちも、自らの収入の多くが税（や保険料）で賄われているぐらいのことはよく知っている。その仕事を委託されて行なっていることはわかっているし、また、自らの生活のために、それを増やすことに賛成することにもなる。そしてその仕事のための費用を拠出する側も——それらの制度が、自らのための貯金や保険であるというお話をそのまま真に受けるのでなければ——知っている。ならばこのことについてはそれほど心配することはないかもしれない。そして誤解があるなら、それを解くように努めることはできる。この稿もそのような意図があって書かれている。

こうしてそこに誤解はなくなったとして、さらに問題は残るだろうか。現実がまだらになっている状態、つまり一部で支払いがなされているのに、他の多くではそうではないといった状態になっているとして、一方では払われているからという理由で、支払いのない場でその仕事をすることを人がしなくなるということがあるかもしれない。けれども、そのまだら模様自体に正当な理由がないのであれば、その現実の方に問題があるということになるだろう。だから基本的には払うべきは払うようにした方がよい。

また他方で、本節の最後に述べるように、いちいち支払いを行なうことが合理的でない場合がある。その場合にもそのことをわかってもらうのがよい。

3　質の劣化という心配

私は、さきに記したように、自発的に仕事に向かう心性があった方がよいことを認めながら、具体的な一つ一つの場においてそれを求めることはしなくてよいと考える。ただ、その行為自体がどのようになされるべきであるかと別に、有償の行ないとすることの効果として、利己的にふるまうことによる弊害があるという指摘がある。金目当でやってくる人は仕事をきちんとしない、仕事の質が落ちるというのである。

人は、たとえば私は、仕事が早く終わればよいと思う。その欲望自体は否定される必要はない。仕事が早く終わって遊べる時間が早く来るなら、それはよいことだ。そのことは述べた。問題はそのように振舞うことによって相手に迷惑をかけてしまうことだ。

それは必ず起こることではない。ただ、このこともまたみなが知っている。自発性を言う人もそのことは認めているとしよう。認めた上で、「それだけ」の人が入ってくることを妨げられないこと、そんな場合があることを問題にしている。実際にそんなことはあるだろう。とすれば簡単に捨て置けばよいというものでもない。すこし考えてみる。

たしかにそんなことはありうるし、実際ある。だがまず、そのことを言うなら、そしてその立場を一貫させるなら、報酬を得て行なわれることの全体を否定することになるのではないか。しかしすべての行為に無償性を求めることはできないし、またそれは必要でもない。ならばその主張を取り下げるのがよい。このように言われるかもしれない。

ただ、すべての仕事についてでなく、そのある部分にそうした心性がとくに必要なのだという反論はありうる。多くの財の場合には製品の製造に関わる人たちは影に隠れているから、その製品を作った直接の動機・態度その他は、その使用に際して実際には見えないし、使用者にとっても関心事でなく、問題にならないことはある。通常の市場の機構の内部でも質が保たれることはある。だが他方にそのようではない財がある。とくに人に直接に対する仕事として提供される場合、そのすべてについてその提供者のあり様が問題にされるのでないとしても、そのような財であることは、提供する側のあり方が気にされることがある。

仕事としてそれを行なう側と、その結果を得る側の利害が常に相反するという主張に対しては——私自身が、利害の対立・相反を見る必要があると言ってきたのだし、それを取り下げるつもりはないのだが——反論しよう。ただ、働く人がよい仕事をするのも、よい仕事をすると仕事が得られるとか、給料が上がるという限りでのことがある。だから、仕事をすることと得ることとがうまくつながらなければ、生じる事態は変わってくる。必要に応えることと利益を得ることとがうまくつながらなければ、その仕事がうまくなされないことはある。

ならば、それをうまくつなげることができればよいというのが一つの答である。むしろこの契約という形態をとることによって、他よりうまくつなげることができるという主張がある。よい仕事をすれば報われる仕組みにすればよい仕事がなされるというのである。実際それでかなりうまくいく。

しかしそうはうまくいかないことがある。これは市場における消費者の関与がどの程度可能であるのか、容易であり困難であるのかにも関わる。仕事、仕事の結果が直接に見えるのであればわかりやすい。商品の質を消費者が知り、それに基づいて行動できるなら、うまくいく。消費者がよいと考える方を選び、変えていくことができる。しかし、心身が弱っているその他の事情があって、本人が直接に指図したり不満を言ったりすることが難しいことがある。また、対人的な仕事のある部分は、他の人たちがその仕事がなされる場にいないといったことがあって、外部からの統制が働きにくい部分が残されることがある。[★17]そして、そこに供されるもの、あるいは伴われるもの自体に心的な契機が多く含まれる。そんな場に、おざなりなあるいは乱暴な仕事をする人が来るのはやはり困る。

ただ、他の方法をとったとしても、問題は起こりうる。述べたように、行為を調達する方法として、強制を介してその負担を求める場合と、自発性に委ねる場合の二つがある。前者については、行為が強制される場合と税などの負担を求める場合とがある。いま最後の方法について見た。残る二つについて。

まず、行為が義務として課せられ、その行為を履行しない場合には制裁が課される場合。この場合には、人は、制裁を回避するためにだけ、その義務を履行する場合があるだろう。とくに人々に一律にその行為を行なうことが課せられている場合には、そんなことが起こることの方が多いかもしれない。ともかくそれを終わらせること、あるいは終わったことにされることだけを求めることがありそうだ。「社会奉仕活動」としてなされることに対する懸念はそのことにも関わる。公園の掃除などであれば、その出来不出来を見ることは簡単であるかもしれない。またそれがあまり上手にできなくとも、そう困りはしないかもしれない。しかし、人に直接に対する仕事となると違う。にもかかわらず、その仕事が指定されるなら、それは、結局、その仕事を軽く見ているということではないか。そのように言われるのももっともなことだ。それに比べればむしろ、その仕事が自分に合っていると思い、引き受けることにした人が仕事をする形態の方がよい質の仕事を得ることができそうだ。

次に、無償の行為としてなされる場合にもこのことは起こりうるし、実際に起こる。

まずその手前で、無償の行為の場合にはその行為がそもそも得られないことがある。この時には、そもそも人を扱っていないのだから、人を手段として扱うという関係もまたない。しかし結果はより悪い。ここではその行為の受け手にとってのよさが問題になっていて、だからその行為・財の質が問題になっていたのだった。この当人にとってのよさを考えれば、これは最もよくない結果ということになる。

次に、実際に行なう人が現われ行なわれることがある。頼まれて断わらずに行なっている。その限りでそれは自発的な行為としてなされている。しかしそれでも早くに切り上げたいということがある。そして、自発的な行ないである限りにおいて、そのように振る舞うこと、その願望が表出されることが許容されることもある。

またこの自発的な行ない、無償の行ないとしてなされる場合、その人は、貨幣でない別のものを受け取ろうとしていることがあり、それを与えねばならないこともある。行為に伴って得られるものは様々であり、それは交換、有償の仕事において得られる財、貨幣だけというわけではなく、よいことをしているという気持ちを得ることであったり、相手に対する優越を確認することであったり、相手から癒されることであったりする。そしてある人たちは、そのことのうっとおしさを言ってきたのだ。[18]

態度のわるい人間が来ることを断わって、そのような人は使わないようにすることはできる。その容易さと効果の具合は、無償で得る場合には、自発的に行なおうとする人がどれだけいるか、また有償の場合には、人の数に加えてどれだけ払うのかによる。ここでも比べてどうかである。無償の行為とする場合、その数が見込めないなら、やって来る人は少ないから選べず、来た人を断われないことがある。それは一方の側においては「抜けられない」という圧迫として作用もするが、他方では、文句を言えないということでもある。

もちろん、とくにそんな仕事を得て暮らしている人はそのことを知っている。まず、それではやっていけないから、有償制を支持した人たちがいたことは以前に述べた。しかし、それでもなお無償性の主張を維持する人たちがいる。次々節でもう一度その主張について検討するが、ここでは、もう一つその人たちが言うだろうことについて。

その人たちは、現実が述べたようであることを知っているが、しかしそれは、嘆かわしいことなのであって、本来は、その仕事をする人がもっと別の心性を有しているのであれば、事態は変わるはずなのだと言い、そうなっていないことが問題なのだと言う。

まず、たしかに、無償で行なうことと引き換えに、もっと高くつくものを求めるといった心性を人々が持たないのであれば、現実は違ってくる。それはその通りである。そしてそうであれば、うまくことは運ぶことにもなるだろう。ここまでもその通りである。

しかし、第一に、ここで望まれているような心性をもっていることがよいことであるとして、それは、そうでないあり方を消し去ってしまわなければならないことをも指示するものではない。

第二に、うまくいけばうまくいくという可能性の存在は、ここまでよいやり方であると述べてきた仕組みを否定することにはならない。考えられるとすれば、誰もが、人を不快にさせない心性をもって仕事をし、結果として、うまく負担が分散されているといった場合だが、それはそううまく実現するとは考えられない。

第三に、いま記した行為の配分の実現可能性だけでなく、その心性が、無償という形態のもとで、強くされていくのであれば、今それが実現されていなくても、やがてうまくいく可能性はあるのだが、そのようには考えられない。また、有償の仕組みをとった場合には望ましい心性、すくなくとも承認される心性が衰弱していくと言えるのであれば、それはよくないことだが、必ずしもそうはならないこと、ならないようにこの仕組みの意味を確認することができることを前節に述べた。

4 組織の場合

しかしこれは考慮するに値しないことではない。個々の仕事、働く一人ひとりというより、組織全体が利益を第一義的な目標として動くことがある。実際に存在する問題としては「民営化」をめぐる問題、より正確には――非営利の民間組織もあるから――営利企業の参入の是非をめぐる議論にこれは関わる。[★19]この間論じられてきたことでもあるのだが、そのような組織が医療・福祉といった領域の仕事を担うことをどう考えるのか。資金を提供して利益を得ようとする人たちが経営の主導権を握る組織の場合にその仕事がうまく行なわれるのかである。

むろんそうした組織に限らず、経営者や労働者がより収益の見込める分野を残して他を捨てるといったこともある。ただ、とくに資本家たちは多く、その事業自体に格別の思い入れがあるわけではない。出資した金がいくらになるかが関心事である。より大きな収益をもたらすことだけを目的とし、他に目的を見出さないことがある。そこでより収益の大きな事業に転換しようとすることはある。

問題はないと主張する人たちもいる。様々な商売を企業は行なっている。おおむねそれらは認められている。それらについて認めて、ある部分について認めないのはおかしいと言う。また、より積極的に、その方がよいと言う。企業は消費者から気に入られるような仕事をしようとするのだから、よい仕事をする企業が選ばれるはずであると、だからそれでよいのだというのである。

その可能性の全般を否定する必要はない。実際、新規参入を妨げようとする様々な制約は、既存の組織がその利益を維持するためのものでもある。だからその是非について、一般的に答がでるものではないが、市場主義者たちによって主張される消費者による選択ができない場合はある。ならば取捨選択ができるようにすればよいというのは一つの正解ではあるが、つねにそれは実現するわけではない。また、（他業で得た）資金をもって、大きな規模で事業を展開し、そのことによって他の組織を駆逐し、独占的な状態を招来させ、選択しようにもできないようになる場合もある。そして、その上で、不採算部門をなくす、あるいは削減する等々といったことがなされる場合もある。とすれば、事業者の経営形態に一定の制約を与えることは正当化されることになる。[★20] あるいは組織を立ち上げるための資金などに関して、非営利組織を優遇するといった策が支持されることがある。

5 本人による要求について

以上を述べてもなお、その行為の受け手、生産される財の使用者が、その行為、その財の提供が、無償の行為として、個別の、報酬を求めない自発的な贈与としてなされることを求める場合がある。

その理由はしばしばあまり判然とはしないし、また判然とさせなければならないものでもないのかもしれない。ただ分ければ分けることはできる。それは、人の義務として、当然のこととして、ゆえに無償の行ないとしてなされるべきだと思われているのかもしれない。あるいは、人と人との関係の中に生じるとよいこととして、友人としての関係のもとで提供されるとよいといった気持ちによって求められているのかもしれない。

前者について、当然のことが当然になされればよいのではないかというその気持ちに対しては、答えた。それはそのとおりである。そのように同意した上で、そのことを行なう行ない方として、支払うことがあってよいとした。その理由を述べた。

次に後者、その人から得たい、その人の気持ちからなされることを受け取りたいという思いについて。たしかに人と人にそのような関係があること、そのような関係における行為としてなされることがあること、またあってよいことを多くの人たちは認めている。そのことを望む人に何を言うか。

まず一つ、それが自発的であることにおいて意味があるとあなたが思い、その人の自発的な行為としてなされることを求めているなら、その自発性を、あなたは求めることができたとしても、強要することはできない。求められたとして、だから実現するというものではない。なおその人がそれを求めるのであれば、その結果、必要なだけが得られないとしてもそれはそれで仕方がないということにもなる。それでよいのか、それでもよければどうぞと言うことになるが、と返すことになる。

そのようにしか言いようのない部分はあるのだが、しかしそれはよくない居直りでもある。ある人がある人から、特別の、個別の関係を求め、それを得ることができないが、そのことについて、その本人になんらの責任があるわけでないことがある。この世の悲しいことの相当の部分はそんなところに関係する。それでも、どうにもならないことは残る。その相手の価値・感情・選好を支配し制御することができるなら、その人の自発性から得ようというその欲望自体が途絶してしまうことになる。だが、そうだとしても、その相手（たち）の有する好悪について、なにごとも言えないわけではないだろう。なすことができないわけではないだろう。そのことについて考えることは、それとして大切なことではある。[★21]ただここではもう一つのことを述べる。その要求が正当な要求とされない場合があると考える。

その人から得ることを、さらにその人から無償での行ないを得ることをあなたが望んでいるとして、その望みがあなたの思いにおいて真正なものであるとして、さらにそれがその相手において受け入れられているとしても、また実際に、求めに応ずる人がいる限り受けいれられることはあるとしても、それでよいか。

それをいつもよしとすることはしない。

例えば夫が妻に、あるいは親が子に、あるいは子の配偶者に、自らの介助を求めるといった場合がある。そしてさらに、その求めに相手が応じている場合もあるだろう。まず、ここで求めている人は、その相手を指定する権利があると言えるか。特定の人がその仕事を担うべき義務があるとは——この社会の現実としては、当人によってというより、社会の側がその人たちを指定してしまっているのだが——言えない。子育ての場合はそう簡単にいかないのではあるが、また過去の恩義、将来約束されている便益を考えに入れたらどうかということはあるが、基本的には、誰であっても、担うべき人を指定することはできない。少なくとも当の相手の同意が必要とされるだろう。そしてたんに同意があればよいというのでなく、他の選択肢が用意されている必要があるだろう。

次に、そうして本人の希望があり、双方の同意があったとして、その仕事を、他の場合と区別して、無償の行ないとすることが認められるか。ここでも、基本的には、それらの人々を他から区別する理由はない。[★22]

そしてなお、支払いのあることが双方の意に沿わないのであれば、受け取って、自らは使わないこともできる。返還することも、捨てることもできる。そして、そのような仕組みに乗せることによって何かが失われると思うならそれは誤解だと無償性を支持する人に言うことができる。まず、自発的に行なうという人がいたとして、そしてそのこと自体はよいことであるとして、その上で、他の人々の義務の果たし方として、その人に支払うことを社会は行なうべきだから行なうと言って行なうことが、その労働の受け手の同意なくなされることに問題はない。

6　支払いが不要な場合

とても単純なことであるようにも思えたのだが、考えてみるとずいぶん長くなってしまった。これでほぼ有償／無償を巡る議論の検討は終えたと考える。有償の仕事——いま現実にあるそのあり方というよりは、実現はされていないが、構想することは可能であり、実現することも可能であるあり方としての有償の仕事——は基本的に肯定された。ただそれでも、以上述べたその上で、無償性が肯定される場合はあるだろう。そしてそれは——そして、それに加え、皆が果たせる力に応じて義務を果たすのがよいと考えることから有償での仕事を肯定する以上の論は——「ボランティア」をどのように肯定・評価すればよいのかを考えることの一部でもある。

まず、一つひとつなすことがわずかであり、その全体としてそれほどの量にはならず、他方、その量の計算や支払いが面倒なことになり、かえってその費用の方がかかるといった場合である。電車の乗り換えのそのときどきにわずかの手助けが必要で、たまたまの機会に同じ電車に乗り合わせた人がいくらかの手助けをするといった場合がある。それを行なえる人は周囲にたくさんいて、その人たちの自発的な手助けさえあればうまくいく。そんな場合には、それで問題はないだろう。★23

そうした断片的な仕事を足し合わせていくと、それをある人の一日の仕事とすることができるといった場合には、それもよいだろう。ただ、その仕事はまれにしか必要でないということであれば、あるいはごく限られた期間しか必要でないというのであれば、専用の人を置くのは合理的でない。そして、それを無償の行ないとすることにも問題はないだろう。ただ、実際にはそんな場合があるだけではない。長い時間の仕事、心身の疲れる仕事であることもある。そんな時、当事者における同意があったとしても、その働き手の交代や、報酬の支払いがなされてよいはずである。

他方、多くの人がみな行なっていることであり、それには個人差があるとしても、その差はあまり大きくはなく、またその差については趣味の範囲のこととして見た方がよく、多く働くことについてとくに考慮する必要はないと考えられるといった場合である。例えば、みなが自分の食事の支度は自分で行なっているといった場合を考えよう。その場合に、その仕事について、税を徴収しそこから（みなに同じだけ）支払うといった必要はあまりない。[24]
もう一つ、いま述べたことの一部に含まれていたことだが、その多寡を計算したり、その計算に応じて支払うことが、望ましいとは考えられない場合がある。手をかけようと思えばいろいろと手をかけることができるし、その手間のかかり方に応じて支払われるとなれば、それを得るためにも多くの時間をかけようとするのだが、そのことが望ましいと考えられないといった場合である。
ずいぶんと長いこと主題的に検討することから遠ざかっている家事労働について検討する場合にも、これらのことはいくらか関わってくるだろう。その主題に戻った時、いくらか検討する。

労働は生きるのに（土地や原料や他の様々とともに）必要である。生きるのが権利であるなら、労働は義務である。そして労働は楽しみでもあり、苦しみでもある。それらを合わせて、その関係を考えながら、考えていくとどうなるか。

労働は消費のために必要ではあるが、そして労働は義務であるが、もうあまり消費を増やす必要がないなら、また人に代わる技術があれば、人はあまり働かなくてもよい。また人がたくさんいるなら、一人ひとりはあまり働かなくてもすむ。また、労働が楽しいのであれば、またそれほど労働を増やす必要がないのであれば、実際に強制したり、あるいは褒美に大きな差をつけたりする必要も少なくなる。もし現実がそうであるなら、今なされている、労働の方に仕向ける（と称する）政策にはおかしなところがあり、[25]他の主張や政策にもおかしなところがあり、別の方角を向いて別のことを考えた方がよいはずだ。そして、そんなことも含めて考えながら、労働に対して払うことについて、どれだけ払うのかについて、考えた方がよい。

おおむねそのように話を進めてきている。労働を生産から消費の全体の過程の一部として見るという当たり前のことをしようと考えて、当たり前のことを述べている。その部分は、「労働を得る必要と方法について」、「技術について」、「人の数について」、「人の数と生産の嵩について」、「生産・消費について」と続いていた（[2005-(18〜22) 2007-3〜7]）。それが途中になっている。連載ではその話を続けることになる。

★註

★01　これは「代替案」を出せという要請・脅迫にどう応えるのかということでもある。「われらは、問題解決の路を選ばない」と言った人たちがいるのだが、それをどう解するかである。横塚[1975→1981→2007→2010]（横塚[1970][1972a][1972b]等を収録）に何が書かれているか。その本の「解説」に記した。

「基本的な立場は明確である。既にある選択肢のどちらにするのだと問われて、いずれでもない、どちらもとらないと言うべきだということだ。施設は［…］ない方がよい。であるにもかかわらず、ない方がよいようなものであっても必要とさせてしまっている状況を問うことなしに、代わりに行く場もないままなくしてもよいのか、それともあきらめてそこに暮らすのかと迫るのはまちがっているということだ。だから、まともな問題解決の道を行こうということである。姑息にことを納めてしまうなと、もっと普通に、基本的なところから考えろということである。」（[2007b]）

★02『弱くある自由へ』[2000c]が刊行された時のインタビューで次のように言っている。

「立岩［…］少なくとも僕が知っている範囲で言えば、身体障害の人たちが介助をどういうふうに位置づけるかをずいぶん長いこと考えてきた、そういう蓄積があります。それは学問という領域には入ってこなかった。さっき言った八〇年代・九〇年代の知の主流がそういった方向とは違う方向に流れていったことと関係があると思うんだけれども、学問がそうやってさぼっている間に、彼らがかなり本質的なことを考えてきたし、現実を変えようとし現実をつくろうとしてきたことがあると僕は思うんです。かなり重要なことが言われたと思っています。その意味をきちんととらえる。別にその提灯持ちをするということではないんだけれども、それを踏まえて考えるということなんです。

――立岩さんは介助をめぐって、有償／無償の軸は、交換／贈与の軸と同じでないとも述べておられますね。しかし私たちの思考は、有償であれば事務的で冷たいとか、献身的でないとかやさしくないとか親身になってくれるといった、具体的な問題をある種の思考停止のなかで、抽象的に論じる傾向がありますね。それは、極めて個人的なことでありつつ他者の存在とのかかわりでしか論じられない問題を論じる局面で生じる、一つの傾向なのかとも思ったりします。

立岩　介助の有償／無償ということについて、今言った人たちの中でずっと議論されてきたということがあって、それを踏まえた上で僕はこの章に書いたんです。ただなされてきた議論とここで僕が書いたことはイコールではないですけれども。

僕としては、有償のものとする立場に基本的につく。これを社会的な義務として贈与されるべきものととらえるなら、社会が贈与する、社会が全体として責任を持つということを実現する、唯一に近い方法として、これが残るだろうというのが一つの理由です。つまりは税金を払える人から税金をとって、それをその仕事をする人が生活できるように使うということです。

そしてもう一つ、そこにどんな関係を見込めるか、実現されうるかということがあります。一方では、道具的な、生活のための手段として使い切る、そのための最適な機構を組み立てようというふうに進んできたし、そのことの意味は大変大きいと思う。ただ、それで一〇〇パーセント行けるかといえば、そうとも言えない部分があるかもしれない。やっぱりそこには人との関係、具体的な関わりというモメントがある。」（[2001a]）

★03　Ⅰの①仕事の割り当てと①仕事をする人への支払いとを比較して、どちらがよいのかという論点がある。このことは一つに「辛い仕事」についても考えるべきことである。以前すこし取り上げ、また後でも述べることにするが（一三八―一三九頁）、きつい仕事がこの世にはある。そんな仕事はなくす、なくせないとしても減らすというのが一つのまっとうな道ではあるが、それでも残るもの、辛くてきつい、めんどうなあるいはいやな仕事だが必要な仕事はあるだろう。その場合、その労苦に報酬で報いるという方法と、そうした仕事は成員全員がすることにしようという方法がある。

もう一つ、辛い仕事と重なることもあるのだか、限られた数の人がするのでなく、多くの人が参加することが望ましい仕事がある。また人が多くの活動に参加することが望ましいとされることがある。これは本章冒頭にあげた（固定的な）分業への批判にもあったものだ。様々なことができることがよい、様々なことをすることがよいという。朝にはしかじか、昼にはしかじか、というお話は、人文主義的な理想の押し付けであってよけいなお節介だとはすぐに言える。だが、それでも多くの仕事をしたいと思っている人はいるし、また、それはよいことだと考えてよいかもしれない。いくつかの仕事をただ知っているのでなく、具体的にそれに従事するのはよいことだという主張にももっともなところがある。強制はしないとしても、多くの人が関わった方がよい、それが容易になるような仕組みを作るといったことがある。例えば育児についてそのようなことが言われる。

以上のように①も考慮してよい選択肢である。そして①と②の中間に様々があり、実現のための手段の強さにもいろいろある。全員参加を完全に実現することは難しいし、また常に望ましいことでもないとされる。町内会で行なう公園の掃除に参加できない人はいくらかを払うといったことがある。法的な義務を履行しないことの罰が罰金であれば、それを支払うこともなる。それは税を払うというのと、同じではないにせよ、そう大きくは違わない。また、割り振ってしまうほどのことではないが、今よりより多くの人が関与した方がよいのであれば、それがより容易になるような方策をとればよいということになる。

★04　「搾取」を言おうとするとして、貢献したのに横取りされているという言い方をすると、あまりうまくいかない。資本家も貢献していると言えなくもないのだ。資本家と労働者と何が違うか。労苦とその労苦がどれだけ報われているかが違う。ごく簡単にだが、このことを連載［2006-2010］をもとにした『人間の条件』［2010j］で述べた。

★05　連載時にあった註では、この章が序で述べたように堀田の提起を受けて書かれていることを再度記した後、以下を引用している。

「「ケアする側」「される側」「する／される関係にない人」それぞれが、他者を相互に単なる「手段」として扱うことを許容する。そしてそれには問題がある。

有償労働化は第一に、「ケアする側」が、ケア労働（ケアされる側）を単なる貨幣獲得手段としてのみ位置づけることを許容する。だがそれは、ケア活動に要求される利他性の観点からみて不適切である。ケア提供責任者（事業所）のみならず、個々のケア提供者にも、「労少なくして益多し」という自己利益を優先する原則とは別種の規範を要請する。第二に、個々のケアの質を判断する客観的な基準は存在しないため、「ケアされる側」がケアする側を貨幣で交換可能な単なるサービス提供者としてのみ位置づけることも許容される。だがそれは、ケアする側に要求される利他性を否定する。第三に、「ケアする／される関係にない人」が、ケアする人を行為負担回避手段として位置づけることを許容する。だがそれは、ケアの有償化の根拠である利他性を掘り崩す。自らのケア行為負担を回避するためにのみケア提供を他人に委ねることは、労働が生活の条件になっている社会では、他者を行為負担回避の手段として利用していることになる。」（堀田［2007c］）

この問題は、いくつかの領域でそれなりの歴史を有している問題だ。その一つの領域における議論について、他の関連する文献は註11でいくつか紹介するが、横塚晃一『母よ！殺すな』——『現代思想』二〇〇七年九月号（特集：社会の貧困／貧困の社会）に掲載された文章では美馬［2007］がこの本にふれている——の「解説」に以下のように記した。

「「お金」のことについて。介助、その有償／無償、介助における本人と介助者との関係は、例外的によく語られてきたといってよいと思う。ただ、もっと考えてもよい。横塚たちは、もちろん、主体性は障害者の側にある、あるべきだと述べる。同時に、横塚は介助する人たちとの「心の共同体」を語ったという［…］。両方が述べられる。そして横塚の没後も様々があった。青い芝の会の——その小さな全体の中の「主流」——は、しばらく有償の介助に積極的ではなかった。友人でありそして／あるいは（障害者と健常者との「関係性」を理解した上で）「手足」になるべきだという理念があっただけではない。金を得られ生活を保障されるその人たちが力を持つことになることが懸念された。しかし同じことについて、他方の側にも言い分はあった。無償の行為に頼るなら、それではかえって介助する人に依存することになるというのである。これももっともだ。例えばこんなことをどう考えるのかである。私なりに考えてはみた。基本的には、社会に義務はある、しかしすべてが実際に行なわなくてよい、その時に、金を出し、暮らせる金を実際に仕事する人が受け取る仕組みはよい、それを基本に考えてはいけないのかということだ（[1995a][2000b]）。つまり義務の履行のあり方として有償性を肯定する。それでも別の論点は残る、まだ終わらないという人もいるだろう。まだ考えてもよい。考えたらよい。」（[2007b:420-421]、この時期について他に［1998a］等）

★06　しかし自己犠牲の要求は多くの社会でなされているではないかと言われる。その通りだというのが一つの答だ。ただもう一つ、すこし注意深く見れば、多くの社会では、それなりの節操をもってことに対してきたとも言える。犠牲は常にはなにがしかの利得を得ている者に課せられ、極端な節制は宗教者のこととされる。日常でさほどよい目を見ていない普通の人々が我が身を差し出さねばならないいわれはない。『良い死』［2008b］でこのことを述べた。

★07　ボランティアが称揚され、そのことが批判されたことがあった。その批判には幾つかの要素があった。

まず一つ、よいこととしてなされるべきとされることがじつはそうでないという批判。例えば「自警」と称される行ないのある部分は、自発的な行ないとしてであろうがなかろうが行なわれるべきでないのかもしれない。ただ、それは、むろん同時に、なされてよいこと、なされるべきことがたくさんあることを否定するものではない。

次にもう一つ、何かが押し付けられること自体に対する反感、批判がある。たしかに自発的になされるべき行為の領域、自発的になされるほかない行為の領域はあるだろうから、それにも理がある。ただそれは、もちろん、皆がしたいことだけをしていればよいということではない。義務とされるべきことはある。このこともまた認めるはずである。

するとと残るのは、ここでも負担のあり方である。それは「公的責任の放棄」といった言葉で言われたことである。つまり、したい人、やむをえず引き受けるという人にまかせるべきでないことをその人たちに引き受けさせていること、これが懐疑と批判の大きな部分をなしていたということだ。そしてこの懐疑と批判は、今でも、いつでもまったく妥当なものだ。

ボランティアであるとか、NPO・非営利組織であるとか、中間集団であるとか、コミュニティであるとか、地方自治であるとか、連帯であるとか、を言ってまわる人たちの一部に、このことについて、意識的にか無意識的に、何も考えない、あるいはとても雑駁にしか考えない人がいたし、いる。基本的に全成員に義務があるとしよう。またこの社会の経済の仕組みによって多くを得る人は多くを負担するのがよいとしよう。するとそれを実現する方法は徴税とその税を使った義務の履行ということになるはずである。どのような行ないについてそのような方法・仕組みのもとでなされることが適切でないのか、その理由が示されることなく、あるいは誤って示されて、第一のでなく第二のでなく「第三」のものが、公でなく私でなく「共」の役割が説かれたりしてしまう(cf.「〈公共〉から零れるもの」[2005a]、ボランティアを巡る言説を集積し解析した書籍として二瓶[2011])。

★08「基本的に確認すべきことは、自由化するからその結果をすべて個々人が負わなくてはならない理由は何もないということである。個々の利用者がよいサービスを受けとることができるということが眼目なのだった。だからこそ選択の自由が主張された。同じ目的のもとで、選択を自由化すると同時に、選択を有効に働かせるための方策、また選択権の付与により現われる問題や選択権の付与だけで解消されない問題を解決する方策をとればよいのである。

誤解してならないのは、私達は資源の供給だけに責任を持ちさえすればよく、実際のサービス供給がなされなくてもそのことについて責任はないということではけっしてないということである。私達は、そして私達が仕事を託した機関としての行政機関は、利用者がサービスを利用し、生活できるその最後まで責任を負う。直接の供給者が現われない場合には、それを用意しなくてはならない。そしてこのことは、その利用にあたっての利用者の選択を認めるべきだということとまったく矛盾しない。」([1998c]の「最後まで責任がある」)

「使えないお金を供給しても権利を保障する義務を果たしたことにはならない。実際に使えるものとして供給されるまでが義務として社会（その代行者としての政府）に課された範囲である。直接の供給者が現われない場合にはそれを用意しなくてはならない。

だから、一つには供給者が参入できる状態にすることである。それは多くの場合難しいことではない。人が働いてもよい条件を用意すればよい。[…]もう一つはそれでも仕事をしようとする人、組織がまったく現われないのであれば、行政府は直接に人を雇用しその仕事を供給する責任があるということだ。」（[2000b→2000c:277]、IV「機構」の4「選択→責任という誤り」、他に[1998b]）

★09　このきわめて単純な分割がときになされないことがある。その結果、どんな行為（例えば介助）をどこが／どこで担うのかという主題について、例えば「福祉多元主義に」についてまったく間違ったことを言ってしまうことになったりする。（cf. [2000e]、他に[1995a][2000b]）。

★10　以下は註5で引用した文章では第三点におもに関係するところだが、すこし長く引用する。

「「ケアの有償化＝分業化」には、その前提にある規範に抵触する可能性もある。[…]ケアの有償化はこの社会ではケアの分業化を帰結する。[…]ケアの社会化の一つの方策としてのケアの有償化は、具体的な行為コストの担い手を市場における個々人の選択に委ね、その労働に支払われるべき貨幣コストを、支出可能な社会成員で分担負担するシステムである。

それはたしかに、ケア関係からの「退出可能性」における非対称性を解消する可能性をもつ。しかし、ケアの有償化による非対称性の解消可能性には、二つの方向性がある。第一の方向性は、ケアの有償労働化を支持する論者が想定する方向性である。ケアの有償労働化がケア関係における非対称性を解消する可能性について、従来の議論では次のように想定されてきた。まず、ケア労働に支払われるべき賃金は、家族のケアに期待して設定されている現在の価格よりも高く設定されるべきである。負担に応じた価格が設定されれば、個々人の選択対象になる労働としての価値が高まり、参入者が増えるだろう。それにより、ケア労働の条件は改善され、ケアを必要とする側にとっての選択肢が広がる可能性がある。この想定にはたしかに一定の説得力がある。

しかし、ケアの有償労働化は、ケア労働者に労働に基づく財の配分基準が適用されることを前提にしている限り、こうした想定とは別の方向性で「退出可能性」における非対称性を解消するシステムにもなりうる。それは、ケア労働に従事する人をケア関係から事実上退出困難にするシステムでもありうるからである。ケアの有償労働化は、ケア関係からの退出可能性における非対称性を、生活のために労働せざるを得ないケア労働者の側の「退出可能性」を削減することによって、均衡させる方法でもありうる。また、ケアの有償労働化は、具体的なケア提供の行為コストの回避手段として貨幣を支出して、他人にこのコストを担わせようとする者の存在を許容せざるを得ない。分業システムである限りこの可能性は労働一般に指摘できる。だが、ケア提供活動は他の委託可能な労働とは異なり、選択機会における「格差」を前提として、貨幣によって他者に委ねることが不適切な活動である。ゴミ収集や下水処理等の生活廃棄物を扱う仕事と同じく、少なくとも貨幣媒体で他者に委ねることが規範的観点から見て適切ではないハードワークである（Walzer1983 = 1999）。」（堀田［2007c］）

「「退出可能性」における非対称性」——ここで齋藤［2003］が引かれる——とは、一方は身体の状態が変わらずそれで暮らしていこうとする限りケアを得ることから逃れられないのだが、他方の与え手の側はやめることができるということだ。一方はどうしても必要だが、他方の側はしなくてもよい。これはまずそのとおりと認めたうえで、実際にはそれでもない。その行ないをせざるをえず、他に行なう人がいないきなれば、その場から逃れることができない圧力は介入する側にも生ずる。で、どうするか。「コンフリクトへの自由」といった話は平和な話なのであって、どうにもならないまま続ける人もいれば、どうにもならなくなって退出する人もいる。すると続ける人の負担はさらに大きくなる。家族についてそんな状況はかなり書かれてきたはずだが、そんなことが起こるのは家族の内部に限らない。さらに有償の仕事になればなくなるというわけでもない。

ここで堀田が書いているのは生活のために退出できない人たちが出てくることだ。ただ、それだけでもない。他に働く人がいなくなって生活できなくなることを知って、抜けるに抜けられないといったことが起こる（cf. 西田［2010］）。その泥沼のような状況は、そう書かれないとしても、「現場」およびその周辺ではよく知られよく語られる。

そこから抜け出すことは、現実には、たしかにまったく容易でない。ただ、基本的な答はある人が退出しても別の人（たち）がいるという状態を実現することだ。二つめの段落に書いてあることは、そのために本文でいうⅠ②の方法が使えるだろうということである。

次の段落に書かれていることは三つである。一つには、この仕事をする他ない人がそれに縛られてしまうことがありうることである。一つには、その仕事を金がなくてケア労働を選ばざるをえない人に押し付けて、自らはそこから逃れてしまうこと、金を出す側が（自分で担う場合より）軽い負担ですませてしまうことがあることである。一つには、（担える）その全員――であるかどうかは明示的でない――が担うべきであるのに、そうなっていないということだ。

その論点のそれぞれについては、本文である程度ふれたし、その続きを続けることにする。ただ、基本的な構図としてよくわからないのは、この流れでは、Ⅰ①が支持されているというように読めるのだが、註1に記された問題点の第一点である「利他性」が失われるという指摘はⅠ①にも妥当する。貨幣獲得手段として「のみ」ということはないとしても、制裁（例えば罰金）の回避のために「だけ」ということはありそうだからだ。するとⅡが支持されるということになるのか。しかしⅡでは「退出可能性」が高くなってしまう。

実際には、すっきりとした「契約」という形――こうした立場を典型的に示しているものとしてしばしば中西・上野［2003］があげられる――ではことは動いていないし、そしてそれはたんに現実と異なるということでもない。そうした（時に泥のような）「関係」を経験すること、ときに肯定することと、有償の肯定／否定とは直線的には関わらないし、実際そう多くはない書きものはそれで金を得ている人たちによって書かれたりもするのだが、しかし無関係ではない。こうしたことを巡ってどのように考えるか（杉田［2008a］［2008b］、市野川・杉田・堀田［2009］、前田［2009］他）。

★11　実際に起こってきたことは、本文に記していることよりも複雑である。まとまって書かれたものはないが、有償／無償の問題を含め、介助・介護をどう捉えるのかについて、様々なことが語られてきた。書きものとして残っていないものを集めてくるのは難しくはあるが、やっておいた方がよいことだと思う。（本書でも堀田がその幾つかを引用している。私もそれらを見てまた考えてみるかもしれない。）なお、障害者運動の歴史についていくつか書籍が刊行されてきている。田中［2005］、山下［2008］、角岡［2010］、博士論文（定藤［2010］）がもとになっている定藤［2011］、またわらじの会編［2010］等。

★12　とくに人相手の仕事である場合に、さらに様々が起こる。そのいくつかについては第2節で述べた。自らがその負担をあえて引き受けるという人に対してものを言いにくくなるといったことがある。またそんな人が少なければ、別の人に代わってもらうことも難しくなる。つまり、特定の人だけが行なうなら、その仕事に依存することによってその人に支配されてしまう場合があった。そこで、仕事をする人に払う関係にもっていくことによって「対等」な関係にするという戦略が取られる（cf. 岡原［1990］）。ただ、この解決策を、本人が交渉のための資源を有することによって可能になるものだと考えるなら、そして例えばその資源は政府を介して支出されたものであるなら、資源をもつことによって力を強くするという解決策では、納税者に権限があるということにならないか。それを望まないのであれば、本来は別の枠組みで考えるべきであるということである。

★13　私が記憶しているところでこのことを述べているのは市野川［2000］であり、それに言及して次のように記したことがある。

「市野川［2000］で介助を行なう義務に言及されている。例えばリバータリアンは徴税までも強制労働と批判するのだが、実は強制労働がなぜ問題であるのか自体そう自明ではない。だから強制労働と言われて引き下がる必要はない。義務としてのボランティア、これが語義矛盾だとすれば強制労働は、一つには供給されるべき財の不足との関連で言われる。ただあしあたっての量の確保について言えば、ボランティアに頼らないと大きな問題が生じると私は考えない。むしろ、本文に述べるように、論点は、直接に関わらず委ねることによって「連帯」が、分配すること負担することへの動機の調節が困難になるのではないかという懸念についてどう考えるかだと思う。」（［2000b→2000c:354］）

★14　関連して、例えば「生と死」を「学校」で「教育」することについて、これはよくないと思えるとして、その何が気にくわないのか、整理しておいてもよいように思う。一つに、何を知ろうと、あるいはどのように考えようと「自由」であるのに、なにか特定のことが知らされること、教えられることが問題だというのだろうか。

一つに、教えられることの「中身」が、誤っていたり偏っていたりしていて、それが問題だということなのだろうか。一つに、それが知識として教えられること、体験されるとしても「擬似体験」として与えられることが問題だということだろうか。一つに、知らされたり教えたりすることはよしとして、その場で「学校」というよからぬ場であることが問題なのだろうか。とくにそれが「成績」や「進学」やそんなことと結びつき、そのことがかえって、教えられるべきことが教えられることを妨げていることが問題なのだろうか。

★15　註13に引用した文章は、「直接的な行為の義務から関係の形成・維持を求めていくべきでないかという疑問がある」（「遠離・遭遇――介助について」［2000b → 2000c:317-318］）という文への註としたものである。そしてその文の後に次の引用が置かれている。

「それは「役所の仕事」だと万人が信じるようになれば、見知らぬ他人たちのあいだの共同体の絆はおそらく弱体化することになるだろう。福祉国家が育んだ文化の逆説は、高齢者、病人、障害者の見舞いに訪れるのはソーシャルワーカーやそれに類した人たちだと、誰もが当然のことと決め込むようになった結果として、隣人たちは、ひとしく淋しく暮らしている者たちの世話をすることも自分たちの義務だとはおよそ思いもしなくなったということなのだ。福祉国家はつねに社会的結束と相互責任を強化してきたわけではない。それはさまざまな形の社会的孤立や無関心を促進してもきたのだ。「それは役所の仕事だ（It's the council's job）」という言い方は、新しいタイプの道徳的無関心を指し示すものとしてわたしたちの用語集のなかに入り込んでいる。」（Ignatieff［1984 = 1999:222-223］、［2000b → 2000c:318］に引用）

このようにもっともに聞こえる話を聞いたうえでどのように考えるのかである。そうして考えたことをその本（収録された文章）のその後の部分に書いたし、本章の本文のこの後でもいくらかのことを記した。

★16　「距離」を巡る考察として（も）安部［2011］（加えて安部［2009］）。関連する部分を含む拙文に［2011b］。

★17　ゆえにその仕事には「高い倫理性」が求められ、それが「専門性」の一部を構成するとされることになる。それに対して「消費者主義」が対置され、おおむねそれは有効に作用するのだが、それでも、それだけではなかなかうまくいかない場合があって、それを補うべく、やはり、供給者側には「高い倫理性」が必要だということになる。そして、そのことを認めつつ、「だからといってはならない」と言うことはむろん可能なのである。

★18　このことをわりあい早くに述べたのは岡原［1990］。関係において様々なもめごとが起こる。それがどのような水準で解決されるのか、されようとするのか、あるいはされることになっているのか。その方法として、理念の主張・共有、感情的なつながり、対価の支払いといった幾つかのやり方があることが示されている。社会学的な記述としてはそういうことになるだろう。そして、むしろ対立を顕在化させることの方が大切であることがあるとまとめられている。それもそのとおりではある。それと同時に、議論を次に進める必要もまたある。

本章は、現実に生じている問題――人の不足、関係における非対等性――からだけでないところから、有償／無償について検討しようしたものであり、基本的な立場は、［1990b］、増補版で［1990b］を書き換えた［1995a］、そして［2000b］から変わっていない。

★19　もちろんここには、労働者の交渉力の弱体化を含め、賃金を低く押さえるという動因が働いている。連載における議論においては、集合性の獲得・保持といった手段等を用いた労働者の側の交渉力の保持・強化は常に肯定されるわけではない。しかし現実に行なわれていることは、中位あるいは下位の条件で働いている者たちの条件をさらに引き下げることであるから、それは、否定され批判される。

★20　そうした企業を排除する結果、需要が満たされない場合はありうるし、実際にある。わりあい近い過去に起こったことでもある。コムソンという企業が他がしない仕事をしてきたこと、その撤退が深刻な問題を引き起こしたことも実際にある。だから需要に応ずることができるかどうかは考える必要があるが、その需要が満たされるような状況を作れるのであれば、維持できるのであれば、非営利の組織にまかせてもよいということになる。

★21　このことについてもいくらかのことを考えてきた。『私的所有論』［1997］（第8章5節4「他者が他者であるがゆえの差別」）、『良い死』［2008b］（第2章3節「好き嫌いのこと」、第4節「会ってしまうこと」、第5節「思いを超えてあるとよいという思い」、第6節「多数性・可変性」）。

★22　例えば公的介護保険の導入にあたり、介助（介護）する家族に支払うべきである否かという議論があった。

基本的には支払うべきであるとなる。ただそれを批判・否定する主張にももっともなところがある。一つに、支払いが安く設定されることに対する批判があった。一つに、とくに他の選択肢が用意されていない中で、家族・女性をその仕事に縛りつけることになってしまうというのだった。

★23　二〇一一年に起こった震災に関わり、いくつか文章を書かせていただいた。電気で動く人工呼吸器を使う人と電源の話といったものが多かったが、ボランティアについて註ですこし触れた文章もある。

「ボランティアはけっこうなことだが、もっと距離感をもって考えると、それは緊急時に適したかたちである。そういう人をいちいち把握し、「公平に」支払うといったことに事務コストがかかるということがある。それ以前に、ふだんいらない人手が一時的にいりようだということがある。そうした事態に即対応できる人間たちや、調整の体制を日頃から一定用意しておく必要はあるが、現場の人数が足りない時に、いったんいつもの仕事をやめてという人がいりようなことがある。ただそれがいったん一段落すれば、とくに遠いところの人たちは、たいていの場合、なにかしたいと、するべきだと思うのなら、金を送るのがよい。

代わりに、現地の人たちの人手が、今のところ、あるのであれば、余ってしまっているのであれば、その人たちに――その仕事は今までのその人の仕事ではないことが多いから、それはときに嫌なことで、面倒なことで、また周囲の工夫も必要にはなることは考えにいれたうえで――働いてもらい、それはそれとしてきちんと払うのがよい。そしてその仕事は必ずしもフルタイムの仕事である必要もない。あいてしまった期間、時間。そしてその仕事の多くはやがてなくなるだろうし、それは好ましいことでもある。そして、それはそれとして、所得保障はする。かの地の人たちに生活保護に対するより強い抵抗感があるという話がもし本当なら、その抵抗をどうやって減らすかだ。ただ実際には、まったく逆向きの言説が全国的に流通している。」（[2012a]）

★24　そうではあっても、その仕事――この場合は、みなが行なっているとした上での、「家事」の仕事――を支払われるべき＝受け取られるべき労働時間に算入するなら、支払い＝受け取りの額は変わってくる場合がある。この場合に（この部分についての）税を定額とするのであれば、出入りは同じになり、事務費用だけがかかるから、意味はない、むしろ無駄だということになる。ただ、徴収を累進的に行なうといった場合には違いが出てくる。すると考えておいた方がよいのか。

　ただ私たちの論の場合には、基本的に等しい受け取りをまず設定し、それに働いた分についての上乗せをするというのだった。すると、基本的には、こうした仕事について報酬を払うべきとして計算するのかどうかはそれほど重要なことではなくなるはずである。そして、労働として評価すること／しないこととは別のことではあるが、どんな仕事でも自分でできない人はいる。そしてそうした人の方が生活のために必要とするものは多い。むろんそれはそれとして計算して必要なだけを支給すればよいのではあるが、他方で、その仕事をしない分についてては出さない（仕事をする他の多くの人には出す）といった方法をとるのは煩雑なことに思われる。（→第2部第1章）

★25　『良い死』［2008b］では、働ける人の割合が少なくなっているのだからいつまでも人を生かしておくなどという贅沢なことはできないのだという説について、第3章「犠牲と不足について」で検討している。

第3章　ケアと市場

堀田義太郎

1　問題の所在

「ケア」★01は一方で、「せずに済めばよい」と感じられる負担である。しかし他方、にもかかわらず人は、ケアを必要とする他者を前にしたとき、それを「しなければならない」と感じるはずのものでもある。ケアには、そしてケアをめぐる考察には、おそらくこの「せずに済めばよい」という思いと、「しなければならない」という感覚との対立ないし葛藤が、つねにつきまとうことになるだろう。

これまで、この対立は家族内でのジェンダー分業として処理されてきた。主に女性が後者の義務を家族の中で負わされてきた（あるいは自ら負ってきた）ことで、主に男性はケアをせずに済む生活を享受してきた。だが、それではケアが必要な人びとに十分なケアは提供されない。また、集中的なケアが必要な人の家族（とくに女性）には過度の負担がかかる。家族に負わされてきたケア負担の社会的な分担方法として、現在日本を含むほとんどの国や地域で採択されているのは、ケアを有償労働として位置づけるという方法である。つまり、ケア活動に賃金として支払われる費用を、税等を通して生産労働者が分担し、具体的な個々のケア活動の担い手は、労働市場を介して募集／調達するという方法である。

たしかに、これ以外にケア活動とその負担を広く分担できる方法は（人間を直接「徴集」する以外には）ないように思われる。だが、ケア活動を労働市場を介して分担するという方法には、いくつかの問題が必然的に伴う。

ケアは、一方が他方に「提供」する活動である。ケアを受ける側はそれによって何らかの利益を得るが、提供する側はケア提供活動において、また提供活動を通して、時間的・身体的その他さまざまな点で多かれ少なかれ負担を負う。問題は、誰が・誰に対して・なぜ・どの程度のケアを・何を媒体として提供すべきなのか、そしてその提供を誰が誰に要請する資格をもつのか、である。従来も今も、家族がその成員のケアの大部分を担うことは、単に「家族だから」という理由で当然視されてきたし、制度もそれを前提にしてつくられている。だが、それでは必要な人に必要なケアが提供されない。他方、ケア活動とその負担を労働市場を介して分担する制度では、ケア労働者が必要な人に対して、貨幣を媒体として必要分を分担して提供することになる。以下では、この制度の必要性とそれに必然的に伴う問題点を、その要因とともに明らかにすることを通して、ケアを誰がどの程度・何を媒体として提供すべきか、という問いの意味を確認する。

ケアを労働市場に委ねることの必要性と問題点を見るためには、まず、ケアを労働市場で貨幣を媒体にして分担する制度が必要になる理由を確認しておく必要がある。

2 ケアの有償化が必要とされる理由★02

まずは、ケアの有償化が必要とされる理由について、これまで論じられてきたことをまとめておこう。まず、その第一の理由は、有償化しないかぎり、とくに現在の〈働いて金を得なければ生きていけない社会〉では、必要な人に十分／適切な（adequate）ケアが保障されなくなってしまう可能性が高いからである。では、なぜ、たとえば家族のケアに頼ると十分に適切なケアが保障されない可能性が高いのか。

単純に、家族がケア提供者として適切であるとは限らないし、家族のいない人もいるからである。いずれの場合でも、ケアが有償化されていなければ、家族に代わるケア提供者を得られる可能性は高くない。完全にボランティアに頼らざるを得なくなるからである。ボランティアを得ることができない人には十分なケアは保障されない。ボランティアを得ることができたとしても、辞められたときに代わりを見つけることが困難な状況では、ケア提供者がケア関係から退出しないようにその意向に配慮せざるをえず、ニーズ表出や指示を抑制せざるを得なくなる。ボランティアに対して、「やることが終わったから帰って」とは言いにくい（丸岡［2006:80］）。

また、仮に家族がケアを十分に提供できる余裕があったとしても、さらに、たとえボランティアの数が十分に存在したとしても、それだけでは十分なケアが保障されるとは言えない。ケアされる側は、相手に一方的に負担をかけているという感覚をもち、要求を差し控えざる（遠慮せざる）を得なくなることがあるからである。それは、ケアする側とされる側の関係（以下：ケア関係）の構造的な非対称性に起因する。ケア関係の構造的非対称性には、（a）その関係からの「退出可能性」（齋藤純一［2003］）に関する非対称性と、（b）負担の非対称性がある。

（a）「退出可能性の非対称性」とは、ケアが必要な人は他者からケアを受けずに生きるという選択肢をもたないが、ケアする側は他者をケアしなくても生きていける、という非対称性である。ケアが必要な人は、その身体的・精神的状態から逃れることができず、ニーズをみたすためには、ケアを提供されないという選択肢を原理的にもたない。それに対して、ケア提供者は、他人をケアしなくても自分自身のニーズをみたすことができる。ケアが必要な人はケア関係そのものからの退出可能性をもたないが、ケアする側はケア関係そのものから退出できる。「できる／できない」という非対称性がないところに、ケアの「必要」は生じない（もちろん「できる」人同士でケアしあうこともあるだろうが、その場合には、どちらかを「ケアが必要な人」とは呼ばないし呼べない)。だから、ケア関係から、「あることを自分はできて、かつ、それをできない人がいて、自分がその人に代わってそれをする、という形式」(岡原[1990:141])を除去することはできない。

(b)「負担の非対称性」とは、ケアする側はケアすることで負担を負うが、ケアされる側はケアされることで、ケアされない場合に被りうる負担(ニーズの放置)を回避できるという非対称性である。ケア提供者は「負担を負う」側であり、ケアされる側は負担を負わせる側である。もちろん他方、ケアが必要な人はケアされないと負担が生ずる。また、その負担の内容そのものが——第5節で詳述するが——、ケアする/される側双方に、ケア遂行機会を減少させる感情をひきおこす(星加[2007:237-238])。ケアへの否定感情は、それを相殺する媒体がなければ、ケアする側にケア提供を躊躇させ、ケアされる側に要請をためらわせる要因になる。さらに、〈働いて金を得なければ生きていけない社会〉では、家族であれボランティアであれ無償のケア提供者は、その時間の労働時間を削っていることになる。

仮に家族やボランティアが本当は負担を感じていなくても、ケアされる側が遠慮することがある。もちろん、たとえば家族に対しては遠慮せずに要求を出せる場合もある。しかしそれも両義的である。それは逆に、ケアを提供する家族が「遠慮せず」に(「我慢しろ」「ちょっと待て」等々の)要求を出せる場合もあるということでもあるからだ。ケア関係の維持に対するイニシアティブは、退出可能性をもつケアする側にある。提供者側は提供しない/差し控えるという切り札をもつのに対して、ケアされる側はニーズを放置されることを覚悟しなければならないからである。

たしかに、「負担」の非対称性については、それを相殺する媒体によって部分的には解消しうる場合もある。そうした媒体として、たとえば従来、家族に期待されてきたのは「愛」である(ボランティアには「奉仕」)。だがそれは、特定の個別的関係性のなかでだけ解消されても仕方がない場合がある。特定の家族やボランティアはなんらかの理由でいなくなる可能性があるからだ（たとえば病気・怪我・死亡した場合）。そうした個別的な依存関係からの退出可能性を保障するためには、その他に選択可能なケア提供者が存在している必要がある。ケアされる側の否定感情も、ケア提供者を選択できるようになれば、退出可能性においてある程度の対等性が保障されることで軽減される（要求が出しやすくなる）。

つまり、退出可能性における非対称性が解消されない限り、ケアする側の「恣意的な干渉の可能性」（齋藤純一［2003］）が残される、ということである。これを解消するためには、積極的にケア関係に参入するケア提供者が複数人存在していなければならない。〈働いて金を得なければ生きていけない社会〉では、奉仕や理念に基づくボランティアでケアが十分に保障されることは現実的に難しい。他方、もしケアに対する対価が充分に保障されれば、ボランティアでは生活維持のために困難だった人もケアを続けられるようになるかもしれず、またケア活動を「仕事」として位置づけて参入する人も出てくる可能性はある。有償化はこの意味で、たしかに退出可能性における非対称性を部分的に解消する可能性を高める（立岩［1995a:243］）。家族も、自らがケアを担う場合にも生活手段獲得のための追加労働の必要がなくなり、また他のケア労働者に委託できる選択肢が保障されていれば、他の仕事を選択することも可能になる。

つまり、ケア活動の有償化が要請される理由は、金がなければ生きていけず、働かなければ金が得られないという状況があるからである。その状況でケアを無償のままに留め置くことは、①ケアを受ける側がケア提供者を選択できるだけのケア提供者が集まらないし、②ケアをしたいと思っている人も自分の生活を優先せざるを得ないため、ケアを継続することが困難になる。この二つの理由は現実的には区別できないが、分析的には区別できる。①は②とは異なる態度を許容するからである。つまり①は、①《必要なケア提供者の調達のためには、それを「せざるを得ない人」を使えばよい》、という態度を許容する。他方、②に対応するのは、②'《「有償化されればやってもよい」という人が参入できるようになるだろう》、という想定である。

ともあれ次に、ケア活動を既存の労働市場における個々人の職業選択の対象として位置づける方策に伴う諸問題を簡単に確認しておこう。

3 ケア活動の有償化に伴う諸問題

ケア活動を有償化することとは、それを市場で調達可能なものとして位置づけることである。有償化の前提は、「働かなければ生きていけない」という条件である。現在のケアの社会化は、具体的な行為負担の担い手を市場における個々人の選択に委ね、その労働に支払われるべき費用負担を、支出可能な社会成員から徴収するというかたちをとっている。それによって、たしかにケアされる側は選択肢が得られる可能性が高まるし、「ケアをしたい」と思っている人はケアを続けて生活ができ、「ケアを仕事にしたくない」人は他者に委ねることができるようになる（と、ひとまずは言える）。それにより、ケア関係からの「退出可能性」における非対称性は、部分的に解消されうる。

だが、ここで「働かなければ生きていけない」という条件をより詳しく分析する必要がある。この制約は第一に、「労働に基づく（work based）」財の配分基準が人々に適用されている、ということを意味する。そこでは働ける人にとっては、《労働しない》という選択肢は一般的には存在しない。この制約を前提にしている限り、ケアの有償化は、先のシナリオとは別の方向で、「退出可能性」における非対称性を解消する制度にもなりうる。つまりそれは、ケア労働に従事する人をケア関係から事実上退出困難にする、つまり「辞められない」ようにする制度でもありうる。ケアの有償労働化は、ケア関係からの「退出可能性における非対称性」を、生きるために労働せざるを得ないケア労働者の「退出可能性」を事実上否定することによって、均衡させる方法にもなりうる。

第二に、「働かなければ生きていけない」という条件下での競争を通して、個々人の職業選択機会は序列化されている。現在の労働力市場では、すでに個人間における職業選択機会の格差を媒介にして、様々な職種の負担が個々人に配分されている。こうした諸条件によって必然的に生じうる事態を、「手段化」という語で三つに分けて確認しよう。

(A) ケアされる側がケアする者を単なる「サービス提供手段」としてのみ位置づけ消費すること。
(B) ケアする側(ケア労働者)が、ケア提供活動を「貨幣獲得手段」としてのみ位置づけること。
(C) ケア関係にない人間が、ケア労働者を、自らの「ケア負担回避手段」としてのみ位置づけること。

(A) ケアされる側にとって、ケア提供者が労働に見合った対価を得て、職責を負ってケアを提供することは、ケア関係の非対称性を解消するために必要ではある。だが、ケアの分担を労働市場に委ねることは、退出可能性における非対称性を逆転する可能性をもっている。つまり、ケアされる側が、生活維持のためにケア労働から退出できない労働者を、「消費者」として「買う」といった態度をも許容する。

ケアされる側の意向でケア提供者を辞めさせることが可能になることは、たしかに、ケアの質を高めるための手段でもある。ケアの質を確保するためには、準雇用関係を成立させることは有効である。ケア関係の非対称性が一種の契約関係によって解消する可能性が高まるからである。だが、たとえ「準」

であっても雇用関係は対等な関係ではない。「過少な要求」を強いられていた状況を解消するための雇用契約関係は、「過剰な要求」を許容する非対等な「上下関係」でもありうる（西浜［2002:141］）。

そしてこの「可能性」自体は、ケア活動の性質からして不可避的である。ニーズを十分にみたすケアが供給されるためには、ケアの「質」を評価する権利は、第一義的にはケアを提供される側に保障されるべきだろう。だが、評価基準をケアされる側が有するということは、「趣味」等によって――たとえば容姿や年齢によって[★03]――、ケア提供者を辞めさせることも許容せざるをえないということである。いくらでも他の理由が付けられるからである。そしてそれが「過剰な要求」であるか否かを客観的に判定して、ケアされる側の要求を第三者が否定することも容易ではない。

（B）それとは正反対の可能性もある。ケアの有償化＝分業化は、ケア労働を単なる「貨幣獲得手段」としてのみ位置づけるケア労働者の存在を許容する。もちろんそれには、「ヘルパーに過度な負担を担わせる」（齋藤曉子［2007:211］）ことを回避するというメリットもありうる。だがそれは、ケア関係において個々のケア提供者に要求される規範に照らして適切ではない。

ケア提供者には、単に相手に配慮するだけでなく、相手の個別的かつ潜在的なニーズに継続的に配慮し、それに応ずるための態勢をとっていることが要求される。こうした、相手の個別的かつ潜在的ニーズに積極的に配慮しつつ行なわれる具体的な行為手順等々を、あらかじめ一般的に規定することはできない。貨幣獲得手段としてのみケア労働に従事するケア労働者にとって、個別性の高い要請は、対価設定された行為の範疇に入らなければ行なう価値がない。また、指示されたこと以外の作業をするのは面倒である。

指示されたことしかしないとすれば、指示を出せない、あるいは指示を表出させること自体に援助が必要な人のケアは過少になる。たとえば、子や知的障害者や認知症高齢者などの、「認知的な活動に制約」のある人に対しては、顕在化されたニーズに対応するだけでは不十分である（岡部［2006:117］）。潜在的ニーズを引き出すことが負担にしかならない場合には、貨幣獲得手段としてのみケア活動を位置づける人は、それを差し控えるだろう。先述した「ケア遂行機会を減少させる」ような要素は、負担回避のために活用されるだろう。じっさい、ケア提供者が、相手の個別的かつ潜在的なニーズに継続的かつ積極的に配慮してこれを満たすために身体を動かす態勢をもたない場合には、規格化された行為と明確な指示のある行為しかしなくなる（丸岡［2006:83,85］）。★04

（C）さらに、ケアの有償化は、具体的なケア提供負担の回避手段として貨幣を支出し、既存の労働市場における職業選択機会の格差を利用して、他人に負担を負わせることを許容するだけでなく、「正当化」さえする。《金を出せばやる奴がいるだろう。自分はやらないが》、という態度である。ケア負担を労働市場で「それをせざるを得ない人」に任せて自らはその負担を回避することが許容されるだけでなく、正当化される。

もちろん、分業システムのなかで生活している限り、それはすべての労働について指摘できる。じっさい、私たちは日常的に、他人を目的達成のための手段として扱っている（立岩［1997］）。たとえば私たちは、不味い料理を出す店には行かないし、頭の悪い教員に給料を支払う必要はないと考えている。バスや電車やタクシーは、目的地に時間どおりに到着するための手段に過ぎず、運転手等はその目的達成のための手段としてしか位置づけられていない。むしろ、完全に自動化され機械化されたほうが安全ならば、人間の運転手は必要ないとさえ考えている。

では、それらに対して、自分のケア負担軽減手段として他人を金で雇うのに問題がある、となぜ言えるのか？　通常の市場でのサービスや商品の売買は、相互に他方を自己の諸目的にとっての手段として位置づけているという点で対等だが、ケアの受益者（ケアされる人）とケア提供者は対等ではないからである。ケア労働の場合、事実上の雇用者である貨幣費用負担者は受益者ではない。ケア労働の受益者は、ケアされる人である。ケア労働者が待遇改善交渉のためにたとえばストライキをした場合、不利益を被るのは、ケアされる人である。そしてこの構造は利用されてきたし、現に利用されている★05。

逆に、ケア労働者が貨幣費用負担者と対等に交渉できる位置にある、と考えるならば、ケア労働者のストライキによってケアが必要な人が死んでもそれは致し方なしということになるだろう。もしそれがたとえば「ネグレクト」等で処罰されるとすれば、ケア労働者は雇用者と「対等に交渉する権利」を事実上剝奪されているということである。欧米では、ゴミ収集労働者、公立病院の看護師、学校の用務員、消防士や警察官もストライキをして労働条件を改善していったのだが、それは、公務員とはいえ雇用者すなわち貨幣費用負担者との間に「緊張関係」があるということを示している（熊沢［2007:194-5, 203］）。では、ケア労働者と「ケアされる人」との間ではどうか。そこに、通常の公務員と貨幣負担者との間に成立するような利害対立が生じる、と言えるか。おそらく言えないだろう。

ケア活動とその負担を労働市場を介して分担するという方法のなかでは、ケア労働者に対して、一方で、ケアされる人の福利実現という公的な目的を委託された代理人としての役割を期待しつつ、他方では、労働市場での職業選択機会の格差にもとづいて処遇し、受益者を前にした個々のケア労働者の自発性・利他性を利用することが許容される。

4　ケア労働に対する分配的正義論のダブルスタンダード

ケア活動を有償化することは、〈働かなければ生きていけない〉という条件がある以上、たしかに「必要」ではある。だが、この条件が、上記の三つの事態を生じさせる。この点は、従来の社会的正義論の枠組みそのものにかかわっている。

福祉制度の規範的正当化をはかる従来の社会的正義論は、分配対象を貨幣に限定し、具体的な活動の担い手を市場における各人の選択に委ねている。ケア活動に支払われる対価は、市場で生産労働者が得た対価から税等として支出される。この枠組みでは、ケア労働者の行動には二つの基準ないし規範が課されることになる。第一に、ケアが必要な人の福祉への分配的正義の実現を委託された一種の「代理人」としての役割。つまり他者の福利実現である。費用負担の目的は、ケアが必要な人にケアを提供することだからである。ケアが必要な人がいなければケア労働者は必要なくなる。ケア労働者にはこの目的が委託されている。しかし第二に他方で、労働市場においてはケア労働者は、合理的な自己利益実現と生活資源獲得を目指して取引交渉（bargain）する主体として、他の人びととの競争関係に置かれる。費用負担者は、ケア労働者を、労働市場のなかで単なる「調達」の対象として位置づけることが許容される。

もちろん、大雑把に言えば、この二重性は公務員一般に妥当する。だが異なるのは、貨幣費用負担者との間での相互便益関係に基づく「対等性」の程度である。前節で簡単に見たように、ケア労働者と貨幣費用負担者との間には、通常の公務員とその雇用者すなわち貨幣費用負担者との間に成立し得るような対等性が存在しない。貨幣費用負担者は――警察や消防や法律家や医師や教員や公務員とは異なり――ケア労働の受益者ではないからである。

警察・消防・教員・その他の行政の労働者は、雇用者たる貨幣費用負担者に自らがもたらしうる利益を「切り札」にして、対等に交渉することが可能である。貨幣費用負担者は、警察・消防・教員・医者・法律家、そしてその他の行政労働者の受益者だからである。だが、ケア労働者の受益者はケアを受ける人であって、貨幣費用負担者ではない。ケア労働者と貨幣費用負担者との間には相互便益関係が成立していない（だからリバタリアンの「超最小国家」においても、司法・治安維持・医療等のサービスは存立しうるが、ケアは家族に委ねられる）。

医療は一般的に、「健康な労働能力の形成、維持、増進、回復に寄与するサービスとして、社会的生産の発展にとっても有益かつ不可欠な労働」（芝田編［1977:19］）だと思われている。さらに、リスク論的観点からも次のように言える。医療は、①誰もがつねに、そのサービスが必要になる可能性がある。また、②その技術サービスの「質」がサービス受益者に与える影響が甚大である。リスクの大きさは、それが実現する可能性と、実現した際の損害の重大さの乗で決まる。そして、リスクヘッジのために人が投資するコストのなかには、そのリスクが実現した際に、損害を軽減する能力を有する人間の「調達可能性」に必要なコストも入る。これらを合理的に計算して、人びとは、①誰もがいつでも、②一定の質でそのサービスを受けることができるように、「安全安心」の手段として、医業提供者が安定的に一定のレベルで技術を供給可能な体制を維持するために支出するだろう。

もちろん、医師・看護師・ヘルパーの間にある、リスクヘッジのための投資対象としての価値の差は、たしかに程度問題である。だが、程度の差は重要である。たとえば、ヘルパーに医療行為が認められない理由は、医療行為にはリスクが伴い、ヘルパーはそのリスク制御技術の養成訓練を経ていないため、ケアされる側の利益を損なう可能性があるからである。逆に、リスク回避方法の簡単な行為、たとえば「吸引」をヘルパーが行なうことを禁止することは、禁止がもたらしうる効用と不効用――吸引が日常的に必要な人は一人暮らしができない――の程度の比較考量で、合理的ではないと言える。これらはすべて程度問題だが、私たちはじっさいに「程度」に即して評価を下し、線を引いている。どの程度のリスクにどの職種が対応しており、それにはどの程度の専門性の養成が必要になるか、を計算している。★06

ケア労働者は、生産労働者＝貨幣費用負担者との間での相互便益性が低く、貨幣費用負担者に対する依存性が高い。この意味で、ケアの社会化は「私的な依存から公的な依存」(Bussemaker & Kersbergen［1994:24＝2003:27］) への転換でしかないという指摘、また「公的家父長制」(上野［2006:116］) が温存されているという指摘は妥当である。ポイントは――これらの論者の意図とはおそらく逆に★07――この依存関係自体を解消することはできないということである。むしろ依存関係を認めた上で議論を展開する必要があるだろう。

分配対象を貨幣に限定し、労働市場の競争を前提にしてケア労働者を調達するという枠組みでは、ケア労働者にダブルスタンダードが適用されることになるのだが、この枠組みにはそれに伴う諸問題を扱う論理は具備されていない。その一つの要因は、市場等における日常的・非制度的な行動を問題化しないという理論構成にある。では、ケア労働は、分業体制を前提にした労働市場における労働ヒエラルキーのどこに位置づけられるのか。

5 労働市場におけるケア労働

1 非日常性と専門性

労働市場でケア労働が低賃金に抑えられている原因として、しばしば、本当は専門性があるのに、女

性職だとみなされているため、その専門性が適切に評価されていない、という点が指摘される。★08

たしかにケアは次節で見るように、ハードである＝辛い部分があるという意味では「難しい」。だがそれは、その仕事が技術的に「誰にでもできるものではない」ということではない。★09 そして事実として、ケアが日常生活支援である以上、「普通の仕事はなくならない」（立岩［1999:148］）。日常生活支援業務には、実際に誰にでもできることが多い。行為類型自体は、誰もが日々自らについて行なっていることと変わらないからである。食事・排泄等々の日常的なケア労働を医師や看護師ができるようになるために要する時間と、医者や看護師の労働をケア労働者ができるようになるために要する時間は明らかに異なる。

また、とくにホームヘルプにおいては一つの場所の経験の蓄積や熟練が、むしろ別の場所では邪魔になることとさえある。また、専門的知識を振りかざさないこと、「出過ぎない」（立岩［1999:148］）ことが求められる場合も多い。個別性に配慮し、個々の行為に注意深さが求められるということは、普通の人にはできないということではない。逆に、ケアされる人のニーズ充足方法の個性をつかむために、あるいは人間関係を構築するために、一定期間のＯＪＴ（仕事をしながらその仕事に必要な技術等を学ぶこと）を要するという難しさの方が大きい。

ニーズ充足方法の個別性の高さは、ニーズそのものの日常性に比例する。逆に、非日常的なニーズ、たとえば医療的介入が必要なニーズについては、人は普通――非日常的である以上――その充足方法を知らないし、また自分でコントロールできない場合が多い。つまり、ニーズとその充足方法が非日常的なものになればなるほど、それを充足する側に要請される専門性の程度が高まる。逆に、たとえば人工呼吸器の痰の吸引ケア等も、呼吸器を装着した状態が「安定」しているならば、日常業務の一環として一定の慣れによってほとんどの人ができるようになる。もちろん、「安定」していない状態とは非日常的状態であり、医療の対象である。日常性・専門性・行為者の裁量性に関しては一般に次のような関係が成立する。ニーズとその充足方法の日常性が高ければ、充足方法に関してケアされる側が要求できる範囲は大きくなり、それに比例して、ニーズを充足するケア労働者が保持すべき知識・専門性に対する要求は低くなり、またケア労働者に許容される裁量性も低くなる。

2 分業・効率性・序列化

では、分業体制におけるケア労働の位置を確認しよう。まず確認しておくべき点は、分業とは、効率的に生産性を高めるための労働内容およびその評価の序列化・階層化を伴う労働の細分化だ、ということである。

分業化は「効率化への要請」によって進められる、「知識の集中的な蓄積と集団の機能的な組織化」(真木［1977:122］)である。分業は、「この共同の事業を組織し、統括する部分」を析出する(ibid.:121)。そしてそれは「総体の意味を統括する者と、この者の企図の全体化のもとに一分岐として包摂され要素化される労働者との、垂直的な分業」(ibid.:121)をもたらす。

分業体制では、計画・構想が、実行に先立ち実行を規制する。実行する側が頭を使えるのは、限られた範囲内である。実行するだけの仕事の極には、単に指示に従うだけの単純労働がある。計画し構想する者は少数でよい(むしろ少数でなければならない)。この少数者は全体を把握している必要がある。逆に、部分的業務をこなす者は多数必要である。部分的業務をこなす者は、全体の計画・構想を知っている必要はない。

事業を組織し統括し、企画を立て・構想する側の裁量性は高い。裁量性の高さに従って、要求される能力も高まる。分業を統括する仕事にはチームスポーツの監督と同じく、統括対象——個々のプレイヤー――の力量とその全体のなかでの配置を知り、最高の生産力――得点力等――を発揮させるための知識と判断力が必要である。逆に、個々の業務の担い手には、自らの担当する個別業務についての能力があればよい（プロの場合は異なるが）。裁量性に応じて報酬序列が決まるのは、裁量性の高低と要求される能力の高低は比例するからである。そして、それらと労働市場における労働力供給可能性の高低が反比例する。企画の全体構想を立て、そのパーツとなる具体的課題を設定し、組織しその遂行を指示できる者と、その下で働く者との間では、要求される業務遂行能力は異なる。要求される職務遂行能力が低ければ低いほど、それを担うことができる人間の数は増え、労働力需要に対する供給可能性は高くなる。

そして分業体制の下層になるほど、「日々の仕事の営みのなかでの裁量権の不在、つまり、自分の仕事において創意や個性を発揮できない、機械そのものからの要請や上司の命令にしたがって働くだけであるというしんどさ」（熊沢［2007:2］）は増す。その典型が単純労働すなわち、「許されている限りの判断の適否が製品の質や量に影響を及ぼす余地はきわめて小さい」（ibid.:20）労働である。それに対して、「システムを設計、企画、管理する仕事」は、「仕事の内容や裁量権という点で、恵まれた仕事」である（ibid.:4）。

分業体制のなかでは労働内容において「恵まれている程度による階層性」（ibid.:2）と、報酬が比例する。逆に、必ずしも「辛さ」に応じた対価は設定されない（土木・建設作業員の対価はその辛さに見合わない）。そして、私たち自身の職業選択の自由の行使がこの序列を支えている。★10

分業体制を前提にした労働市場での「有利な待遇」を賭けた競争は、人々が忌避する労働を、それを「せざるを得ない」人へと落としていく。では、序列化され細分化される労働ヒエラルキーのなかでケア労働はどのような位置に置かれるのか。この点についてはマイケル・ウォルツァーの指摘は今でも妥当である。

> 経済界の分野のほとんどにおいては、分業はそれ〔辛い仕事を楽にできるような労働形態を目指すこと〕とは非常に異なる形で展開している。最も辛い経験の仕事は統合するのではなくて、分離することをずっとしてきている。これはとりわけ、人間のサーヴィスの領域、老人と病人に提供する介護について、そうである。こうした仕事の多くは相変わらず家庭内で行われ、そこでは介護の仕事は他の仕事の範囲と重なっており、その介護の仕事の困難さは、介護によって生まれる人間的結びつきによってやわらげられている。しかしながら、それはますます制度的な仕事になってきている。大きな介護制度——病院、精神病院、老人ホーム——の中では、最も辛い仕事、汚れる仕事、最も直接的なサーヴィスと監督は最も下位の従業員に委ねられている。医者と看護《ママ》婦は社会的階層制の中で地位を守り、そうした仕事は助手、雑役婦、付添人に移す。（Walzer〔1983 = 1999:278〕）

そして、「すでに私たちは、介護制度の辛く汚れた多くの仕事をするために外国人を補充しなくてはならなくなっている」（ibid.：280）。現在の日本では、このような傾向はたとえば、「「希少な若年・女性労働力を単純労働から解放し、生産性の高い職業に振り向ける」（深川〔2002〕）という考え方」（安里〔2007:37〕）に示されている。

逆に、労働市場における職業選択において、多くの人が「最小限度の支出の増加分で最大限度の「効用」の増加分を獲得すべく、合理的に行動する主体」（久場〔2002:24〕）として行動しないならば、こうした労働の階層化は緩むだろう。だが、労働市場とは、少なくとも今のところは、「働かなければ生きていけない」という制約下で「労少なくして益多し」という規則に従って、分業体制のなかでより良い

待遇を目指して競争が行なわれる場である。そこでは「合理的経済人」仮説は端的な現実である。[★11]

ここでこれまでの議論をまとめておこう。ケア活動への支出の第一義的な目的は、ケアが必要な人の福祉である。ケア労働者は、分配的正義を実現するための担い手として位置づけられている。ケアが必要な人の福祉を第一の目的としてこの労働に就くことが期待されているし、実際、賃金はケアが必要な人の福祉を目的として設定されている。

他方、労働市場のヒエラルキーはケア労働を劣位に置く。労働市場では、分配的正義の担い手という点は評価されない。労働市場に調達可能性が委ねられる限り、その対価は公定価格だとしても労働市場における労働力需給関係を反映する。[★12] そして、対価はそれを「せざるを得ない」人によって需要が満たされる程度に抑えられる。そしてそれは、競争の結果として正当化される。問題は、ケア労働が忌避される理由が「賃金だけの問題ではない」（安里［2007:37］）という指摘を認めた上でどうするのか、である。

そして、この序列化に「専門性」を対置することには限界がある。たしかに専門性が必要な場面はあるだろう。だが、実際にはケア労働には専門性の不要な仕事が多く含まれている。むしろ、《専門性などなくても評価されるべき側面がある》、と言う必要があるだろう。

では、何によって評価すべきか。それはより直接的に、仕事の辛さ・負担だろう。では、負担を評価することはいかにして可能か。またその評価を何に反映すべきか。そもそもケア活動の負担・辛さとはいかなるものか。

6　ケア負担の諸要素

冒頭でケアは「せずに済めばよい」と思う活動だと述べた。ここで、いかなる仕事も「せずに済めばよい」などという一般化は無意味である。もちろん、たしかに、「どのような仕事でもそれなりのしんどさを免れない」（熊沢［2007:25］）だろう。だが、そのような「安易な職業平等観」（ibid.:26）は役に立たない。「仕事の内容に規定された労働者の第一次的な階層構造」（ibid.:25）があるからである。

つまり「人々の行なう様々な活動のなかで、やはりその活動の差異を認めざるを得ない」（江原・小倉［1991:103］、江原の発言）。そして、「嫌になってもしなければならない、やらないわけにはいかない、義務的で労苦が多い、拘束的で、自分の思うままにはいかない」ような活動については、「そうではない活動と区別するような具体的なカテゴリーをたてざるをえないだろう。なぜならそうした活動に対しては社会的に対処する必要がある」（ibid.）からである。もちろんここで「社会的対処」とはなにか、が問題になるのだが。

では、ケア活動に随伴する負担とはどのようなものか。それは、それぞれ密接に関係し合っているが、次のようにまとめることができる。★13 ①義務的性格が強く拘束性が高い、つまり行為者に許容される裁量性が低い。②日常的身体規則を侵犯し、ダーティーな仕事を伴うため、心理的抵抗感を惹起する。③定型的であるが、個々の行為には相手の感覚に対する注意深さを要求される。

① 義務的性格が強く拘束性が高い――行為者に許容される裁量性が低い。

ケアは義務的性格が強く拘束性が高い活動である。たとえば、〈趣味も仕事になると辛くなる〉し、勉強しようとした矢先に親に指示されるとやる気が失せる。それは、人の指示によってであれ、経済的状況によってであれ、「しなければならない」という制約が課されること自体が、辛さの構成要素だからである。ところで、ケアは、ケアする側のペースや都合で行なったとき、ケアにはならない。相手にニーズがあるときにはすぐにそれに対応「しなければならない」。個々人のニーズに迅速・柔軟に対応することが、ケアする者には要請されている。つまり、ケアは「趣味」とは異なり、したがってたとえ「仕事」でなくても、また報酬がどれほど得られても、そこから「義務的性格」を除去できない活動である。

また、ケアは行為者に許容される裁量性が低い。ケアする側は、具体的なケア行為を行なうタイミングを決定できない。ケアの目的は、ケアされる側にとってもコントロール困難な生理的・精神的ニーズの充足だからである。ケアする側の都合で、たとえば決まった時間に排泄をさせること等をケアとは呼ばない。他者のニーズをケアする側の意向で生成消滅させることは——「他者のニーズ」である以上——基本的に不可能である。つまり、ケア提供者の裁量の余地は、そのタイミングに関しては基本的にない。またその方法についても裁量の余地が少ない。ケアでは、行為者の意思や意向とは無関係に生ずるニーズを受容し、それに従属した行動が求められる。またそのためにつねに待機状態に自分を置く必要がある。この点で、ケアはたとえば「教育」とは異なる。教員は生徒や学生を集団として扱い、テストし評価する側である。★14

② ケアは日常的身体規則を侵犯し、ダーティーな仕事を伴うため、心理的抵抗感を惹起する。

すでに示唆してきたように、ケアは日常的身体規則を侵犯し、しばしばダーティーな仕事を含む。ケア行為は、他の職業等では許容されない身体接触を含む。それはケアする側／される側に心理的抵抗感を惹起し、ケア行為に対する否定的感情をもたらす。ケアに含まれる「排便・入浴・着替え等の活動」

は、「社会的文化的に共有されている身体規則」を侵犯するため、「感情規範（その場の社会的状況において、経験すべき感情状態を社会的に規定する規範）にも抵触しかねない行為」（岡原［1990:126）である。

他人の排泄行為を見る（他人に見られる）、他人の裸体を見たり触れたりする（他人に見られたり触れられたりする）、他人の性器に触れる（他人に触れられる）、などなど。そのような身体的な関わりは、当惑、不快、嫌悪感、不浄感などを喚起しやすい。（岡原［1990:127］）

ケア活動では、これらの心理的抵抗感や否定感情をコントロールすることが強いられる。その状況を望む人はあまりいない。「掃除や洗濯は誰でもできるが、他人の汚物の処理、毎回食事を作って食べさせてあげるのは……普通の人にはなかなかできない」（明山→笹谷［2000:184］）。もちろん家族も「他人」である。

③　ケアは定型的だが、個々の行為には相手の感覚に対する注意深さを要求される。

ケアは医療行為とは異なり、「日常生活」のニーズ充足であり、ケアできる人が日々自らに対して行なっている行為である。日常生活のニーズ充足方法は、特別なニーズを有する人でない限り、一定の類型のなかに収まるが、その具体的な手順ややり方は、個々のケアを受ける側の感覚に沿う必要がある。もちろん、明らかに「不適切」なケアというものはある。だが、誰が見ても不適切な行為さえしなければよい、というわけにはいかない。具体的なケア行為の適否や価値は、ケアされる人の感覚に従って決定される。ケアは、第一に、ケアを受ける個人から独立したところに評価されるべき対象や財を生み出すことはないからであり、さらに第二に、ケアは、身体接触を伴う点でつねに相手に対する「干渉」

（齋藤純一［2003:192］）という性格をもつからである。

たとえば、相手の身体に触れてそれを「動かす」場合、その具体的な手順や強度、方法に関する細かい要求に従う慎重さが必要になる。直接的な身体接触は、文脈次第でつねに「単に不快嫌悪の情を催させる行為」つまり「暴行」になりうる。身体を移動させ・持ち上げ・服を着せ・洗い・寝かせる等はすべて、やり方次第でつねに相手を「モノとして扱う」（山根［2005:13］）ことになる。ケア行為のなかにはつねに、相手の意向にその都度配慮しなければ不快感を惹起しやすい身体接触が含まれており、接触が不快にならないためには、接触方法・強度・目的などが、「触れられる側」の制御下に置かれている必要がある。★15

この点、たとえば規格化されたマッサージや理容／美容とは異なる。これらは満たすべきニーズの範囲があらかじめ限定されており、接触する範囲と時間およびニーズ充足方法も限定されている。また、医療的侵襲とも異なる。医療的侵襲の必要条件は、介入が必要かつ可能な範囲に対する医学的診断である。医師には診断と治療行為において、体得された専門知識と技術――ニーズ充足方法の非日常性に応じて高まる――に基づく一定の裁量権が認められている。だから、患者が望まない場合にも、処置について「説得」することも認められる。医師にとって必要不可欠の条件は、診断と治療を適切に行なう能力を体得していることであり、これをもたない医師はいかにコミュニケーション能力が優れていたとしても、それこそ「話」にならない。

これらの規格化されたサービスについては、その提供方法の適切性を評価する基準が、サービス提供者の専門性に担保されており、その技能をもつ提供者の裁量性と行為制御イニシアティブが高い。またこれらは、そのニーズが充足される空間が、サービス提供者がイニシアティブをもつ場所として準備されている。たとえば、「病院での医師・看護婦と患者との相互作用や、施設での職員と入所者との相互作用」のなかでは、身体規則の「侵犯が問題化されずにすまされている」。それは、「巧妙な装置がそれらの空間に制度化されている」からである。「つまり、当事者の間に権力の不均等配分をもたらす、非対称的な関係を作ること、そのための適切なカテゴリー化を人々が自然に行うこと」である。(岡原[1990:127])。それに対して、日常生活のケアには、ニーズとその実現方法を媒介する様々な「装置」が存在しないため、当人意向に対する慎重な配慮がその都度求められる。

こうしたケア活動に固有の負担は、賃金等のケア活動を取り巻く周辺状況の問題とは区別される。だから、たとえ賃金と労働条件が十分に整ったとしても、①相手のその都度のニーズや要求に応じて、②ときにダーティーな部分を伴いつつ、③定型的だが直接的な身体接触を伴うためその適否が相手に委ねられる行為としてのケアに随伴する負担そのものはなくならない。

では、それを社会的に分担する必要があるとすれば、誰が・誰に対して・どの程度・何を媒介にして提供すべきか、またそれを誰が誰に要請する資格をもつのか。

7　ハードワーク・分業・負担の配分

「辛い労働」と「分業」そして《それをせざるを得ない人》との関係については、たとえば次のような議論がある。

一般的にいえば、格差が常に悪であるわけではない。まったく格差のない社会、つまりすべての人々にまったく同じ量の資源が配分されるという意味での平等社会の下では、人々に著しく困難な労働や社会貢献へのインセンティブを与えることが難しい。特に分業を基礎とした近代産業社会では、仕事の内容や、必要とされる努力の性質と質に違いが生じるのは避けられないから、この問題は深刻である。（橋本［2006:193］）

この一節についてはもちろん即座に、多くの労働を「著しく困難」にしているのは分業による細分化と序列化であり、また必要なことは賃金を含む労働条件の改善ではないか、という指摘が可能だろう。そしてそれは多くの場合正しい。ある種の困難や負担が分業の結果として生じているとすれば、他方には当然、それによって恩恵を受けている人びとがいる。分業によって生ずる困難を解消するためには、それに対応する分業によって生ずる恩恵を放棄しなければならない。

だが、分業化できず《せずに済めばよい》仕事はそれでも残される。真に「深刻」な問題とは、「分業を基礎とした近代産業社会」とは別に存在する「困難な労働」を、誰が・いかにして担うかである。問題は、それを回避することに対する利害関心が、逆に分業化を駆動し、分業体制を維持しているような負担である。分業の一部は確実に、「生命の労苦と困難という重荷」（Arendt）に密接にかかわる《せずに済めばよい》仕事は回避したいという私たち自身の利害関心や欲望によって、維持されているからである。「分業」は「人々を物理的な必要の直接的拘束から解放する」（Walzer［1983 = 1999:257］）。だが、物理的な必要から解放された人間など存在しない以上、誰かが「物理的な必要」を充足する仕事をしなければならない。

分業を基礎とした労働市場に委ねるかぎり、この重荷を他人に負わせて自らはその負担を回避するという態度は、許容されるし正当化される。そもそも、労働市場では諸個人の選択の意図も目的も問われないからである。

問題はこうである。一方で、特定の人が《生きるためにその仕事をせざるを得ない》ような状況はなくなった方がよい、と私たちは考えている。しかし他方、人びとの生存にとって必要な仕事のなかには、誰もが《せずに済めばよい》と思うような仕事がある。つまり、誰かがそれを《せざるを得ない》仕事がある。

ここで仮に、《生きるためにやりたくない仕事でもせざるを得ない》という人が存在しないような状況が、成立しているとしよう。つまり、働ける人びとも「働かざる者、食うべからず」というルールに必ずしも従わずに済むような状況が、仮に成立しているとしてみよう。先の引用で橋本が述べているのは、そこでは、辛い仕事・困難な仕事には誰も就かなくなるのではないか、ということである。それに対して、《やはり「せざるを得ない人」にやらせるために「格差」が必要になる》等と言うならば、何も考えたことにはならない。

では、たとえばそうした仕事向きで、それを苦に思わないような誰かが自発的に担ってくれるだろう、と期待することは妥当か。ここで問題は「事実」としての妥当性ではない。仮に事実としてそのような期待が成就しうるとしても、他者に委ねることが「よい」か否かという点での妥当性が問われうるからである。ここでの前提は、そのように期待する当人は《せずに済めばよい》と思っているということである。自分は《せずに済めばよい》と思うことについて、他人に期待することは妥当だとは言えないだろう。自分の負担回避のために他人の自発性に期待しているのだとすれば、それは労働市場で調達すればよいという立場と区別されない。

では、全員でその負担を分担すればよいのか。だが、どのようにしてか。

分業の結果ではないような困難や負担があり、その分担が必要であるとすれば、そのために放棄すべき「恩恵」とは、分担できるのに《せずに済んでいる》ことそれ自体である。では、誰のいかなる困難・負担を解消し分担するために、誰が何をどの程度いかにして担うべきか。そのために個々の「辛さ」を比較し評価するための基準を、誰がどのように設定するのか／すべきか。もちろん、それを正確に計算・測定できるような客観的尺度などない。だが、にもかかわらず人は、「割に合わない仕事」が存在することを知っているし、人に課すべきではない負担や困難があることを知っている。負担の比較考量・計算はつねに不正確にならざるを得ない。だがそれは不可避的でありまた必要である。

誰のいかなる負担をどのようにして担うべきか。それを計算するためには、誰がいかなる困難と負担を負っているのかに対する「生きいきとした知識をしっかりと持つ」（Walzer［1984 = 1999:271］）必要があるだろう。その上で、どの負担が市場に委ねて調達してよいような「取るに足らない負担」であり、どれが分担すべき負担か、またそのために何をどこまですべきか、等々の問いに答えを出す必要があるだろう。

これらの問いはその性質上、各人が自分自身に差し向けるべき問いであり、答えを人に与えてもらうことを期待すべきではないだろう。

★註

01　本稿では、他者の生存と生活を維持成立させるための「日常生活支援」を全般的に指す語として「ケア」という語を用いる。また、個々の具体的な行為を指す語として「ケア行為」を、より総体的な行為集合を指す語として「ケア活動」という語を用いる。なお、「仕事」と「労働」の区別は本稿の目的にとっては不要なのでとくに区別しない。

★02　以下の議論は、「ケアは必要ないが働けない人」が除外されているという点で包括的ではない。この点を草稿段階で指摘してくれた高橋慎一氏（立命館大学大学院）に感謝する。

★03　それに対して同性のケアは妥当な要求であると言えるだろう（性志向と性自認が交差する場合は複雑だが）。第5節で確認するが、「性」が問題になるということ自体が、ケア関係が通常の身体規則を侵犯する、ということを示している。

★04　これらの点に関してはたとえば、Himmelweit［1995 = 1996］、久場［2002:48］などを参照。久場は、「〝ケア不在〟の賃労働（care-less labour）」という表現を用いて、ケアには「男性の既存の雇用モデル」では処理できない部分がある、と指摘している。

★05　一九七三年五月三一日、重度心身障害児施設の島田療育園でのストライキについて次のように回想されている（本間［2002］）。「施設開設数年後から、重症心身障害児（者）施設の苦難は続いた。奉仕の精神や忍耐だけで働きつづけることは困難、「我慢できぬ人手不足」で、働く側も、園児も、経営側も、横一線で苦しみを味わわされている。「子どもと職員に人間らしい生活を！」と一九七三年五月三一日には島田療育園でストライキが行われた」（本間 ibid.:499）。「入所者の人権を守り、働き甲斐のある職場にしようと、労働組合を作り運動を進める施設が少しずつ出てきた。処遇改善は、職員のためだけでなく、……入所者の人権擁護を求める項目が掲げられた」（ibid.:508）。ケアされる側（受益者）の人権が掲げられていることが、二当事者間での利益交渉とは異なることを示している。

★06　個人間分配問題を異時点間の個人内負担配分の文脈に移し替えるリスク論によってケアを社会的に位置づけようとする議論は、「せずに済めばよい」という選好の前提にある自己利益に基づく合理的計算に依拠していることと自体に限界がある。また、ケア労働者の社会的承認をめぐって「傷つき易さ」（における相互性）に依拠する議論として、たとえば Dodds［2007］。また、異時点間の個人内分配の合理性から個人間分配を導出しようとする、より包括的な議論として北田［2003］。それに対して、こうした、「異なる境遇」にある個人間での分配問題を「異時点間における個人内分配」の文脈に置き換える議論の問題点については後藤［2005］。後藤が指摘する通り、個人間分配問題を異時点間の個人内分配の問題に置き換える議論には限界がある。

★07　たとえば上野［2005:140-145］は、「再生産」という分析概念を分析対象の範囲が歴史的に拡大されたことに合わせて「拡張」して、高齢者のケアを根拠づけようとしている。だが、かつて「再生産」概念で分析されていた「家事」と呼ばれる範囲が拡大したということは、その拡大部分を「再生産」概念で分析できると主張するための根拠にはならない。家事は再生産労働である、と言うためにはもちろん「生産性への寄与」という相応の理由が必要になる。問題は、その理由が、現在「家事」と呼ばれるものすべてに——とりわけ高齢者介護に——妥当するか否かである。

★08　枚挙にいとまがないが、たとえば、「市場経済では、この生存や生活の基本にかかわる「日常生活の支援」や人間関係的な行為は、女性の「家庭内の経験」、あるいは「女性の天性」とみなされ、教育や訓練、また資源の配分や投入を節約しうるものとされる」（久場［2007:161］）。「ケアの値段が安い理由には、ジェンダーが深く関与している。女が「ケアする性」だと考えられているからばかりではない。この背景には、（1）ケアが女の仕事と考えられており、（2）しかも女なら誰でもできる非熟練労働だと考えられており、（3）さらに供給源が無尽蔵だと考えられている、という三つの前提がある」（上野［2006:115-6］）。また、笹谷［2000:210］、森川［1998:398］、染谷編［2007］など。

★09　たとえば、「専門的介護へのニーズが質・量ともに高まり続ける在宅介護労働市場において、主婦を典型とする住民が、非専門介護者という位置づけのもとで専門的介護に従事することになる」（森川［1998:413-414］）。だがこれは、専門的介護へのニーズが満たされていないということなのか、専門性がない人が専門的介護をしている、ということなのかが不明である。もし後者だとすると、その作業にそもそも専門性は不要だった、ということになる。森川は例として気管切開患者や点滴を受け続けている人の介護を「特別な資格のない住民が行っている」（ibid.:415）ことを挙げているが、より詳細な吟味が必要だろう。たとえば、気管切開人工呼吸器装着患者のケア（吸引）は慣れれば小学生でもできる。
★10 Siaroff［1994］による「各国のジェンダー比率」（大沢［2004:26］）あるいは「女性の置かれた地位を浮かび上がらせるような指標」（深澤［2003:27］）における、「管理的職業従事者の女性比率」（大沢 ibid.）という項は、管理職と被管理職との間にある労働内容の格差に応じた賃金格差を前提としている。この指標はあくまで現状分析ツールだが、これは、「キャリア志向の階層に入っていけるかどうか」は「ケアの負担」の解決如何にかかっている、という「女性労働のなか」の「階層化」（竹中［2007:74］）が、経済効率や収益性の低い「労働集約的で付加価値の低いサービス生産」（久場［2002:44］）の分業システムにおける位置に直接関わっていることを示している。
★11 「経済的行動主体」を相対化しようとする議論としてはたとえば久場［2002］（特に前半）。
★12 この点について足立［2007］は制度的な公定価格が市場の労働需給関係を必ずしも反映しない、と述べている。もちろん上方硬直的だという意味ではその通りだろう。だが、下方修正に対する柔軟性を看過すべきではない。まず言うまでもないことだが、「制度的公定価格」の基本的な決定基準は、当該制度内部（たとえば日本）の市場における財・労働の需給関係で決まる諸財の価格以外にあり得ない。でなければ、国家間格差や労働力移動は問題にならないだけでなく、そもそも価格決定基準自体がなくなる。また、公定価格にも、労働力需給関係が価格低減を許容する水準に至った場合には、価格削減圧力がつねにかかる（たとえば二〇〇六年九月一三日の「教職員給与の在り方に関するワーキンググループ（第4回・第5回）」における財務省主計局の資料5「雇用情勢の変化」を参照）。また、外国人労働者が参入しても価格は下がらない（足立［2007:161］）という指摘についても、何を基準にとるかで「下がる」と言えるか否かは変わる。たとえば、外国人労働者は「家族生活に就労が制約されることもなく、場所や時間を問わない就労が可能である」（安里［2007:43］）ということは、国内労働者基準で支払われるべき賃金を基準にすれば、下げられていると言える。
★13 たとえば春日［1997］は、労働と休息の区分が明確ではない、機械化・効率化が不可能であるため相手のニーズにつねに応じられるように待機していなければならない、そして、相手の行動を予測しにくいため気を休める暇がない、という点を指摘している（春日［1997:187-8］）。また、内藤は、ケア行為について、「他者を「ケアすること」において、その適否は、ケアを受ける相手の欲求・必要性が満たされたか否か、即ち他者に委ねられている」（内藤［2000:65］）とし、ケアを行なう人について、「a. 自分を他人の必要性に合わせていく存在であり、b. 自分の思慮や行為の適否は、相手の必要性が満たされたか否か、すなわち他者に委ねられている」（内藤［1996:17］）であると述べている。この内藤の指摘はほぼ妥当である。

★14　たとえば、「学校教育という制度は本質的に標準的・固定的な領域である。学校教育とは通常、カリキュラムとして定められたひとかたまりの知識や能力の習得を、子どもや若者に一括して要請する場所である。単に教師と生徒の人数費という面だけをみても、個々の子どもや若者の個別性や独創性に対して十分によりそい伸ばすだけの細やかさ、敏感さや柔軟性を欠いている」（本田［2005:258］）。

★15　山根［2005］は本論のような言い方が、社会的要因に起因する「ケアの失敗」をケア提供者個人に自己責任として押し付ける効果をもつ、として批判している。言説効果に対する批判としては確かにその可能性はあるだろう。しかし本論で論ずるように、山根が最低限の規範として挙げる「モノとして扱わない」というルールは、実質的には《行為の適否の判断基準が基本的に相手の感覚に委ねられていることに留意して行動せよ》といった規範になる。

第4章　ケアの有償化論と格差・排除

——分配パラダイム・制度主義の意義と限界

堀田義太郎

1　ケアの有償化論を検討する視点

1　問題の所在

介助・ケアの「有償／無償」をめぐる問題とは、そもそもどんな問題なのだろうか。基本的な問題設定としては、ケアニーズに合わせた適切な人材の安定的な供給・確保という目的を達成するためにはどうすればよいか、という問いがある。

本書で立岩は、この問いに対して次のように答えている。仮に「無償」にするとして、大きく二つの可能性が考えられる。①個々人の自発性に委ねるか、②徴兵制のように強制的に担わせるかである。だが、①個々人の「自発性」に委ねると、必要に対して量が不足してしまうだろう（量が不安定になる）。また、②「強制」については、それを正当化するほどの強い根拠を見出すことができないし、もし仮に強制が正当化できたとして、ケアを嫌々行なう人が出てくるだろうから質が低下する可能性がある。そして、ケアのような対人的な仕事では、「その仕事が自分に合っていると思い、引き受けることにした人が仕事をする形態の方がよい質の仕事を得る」ことができる（立岩・本書一五一頁）。したがって、「一方でその仕事を担う人を確保し、その人に対して支払いながら、それを自らが行ないたい人については、それを可能にしていく、容易にしていくという方法」が、積極的に動機をもつ人（well motivated）を安定的に確保するための方法として適している。つまり、ケアという行為を仕事として個々人の自由な職業選択の対象として位置づけ、その対価については税等の方法で強制的に徴収するという方法が支持される。

ケア労働を仕事として選択する人のケアがおおむね質が高く、強制すると質が低下する可能性が高いという想定が妥当だとすれば、立岩が論ずる通りだろう。それでも有償化に反対するとすれば、現実的な制約を考慮しない空理空論のように思われる。

ただ、有償化に反対する立場が非現実的だとして、以上のような有償化「論」についても何も言うことはない、ということになるのだろうか。そうではないだろう。以下では、この立岩の議論を一つの典型として位置づけた上で、その規範的な主張の射程を検討したい。まず、立岩の議論を典型として位置づける理由は、それが、ケアをどう分配すべきかについて、その論拠を明示しつつ説得力のある説明を与えており、他の議論にも広く共有されうるロジックを備えていると考えるからである。また、「規範的な主張の射程」とは要するに「べき」の射程のことである。既存の状態をよしとせず、それに何らかの異議申し立てをする議論はつねに「こうすべきだ」という主張を伴っている。以下で検討するのはその「べき」の射程であり、具体的には、誰に何をなぜ（何のために）どのような強さで要求しているのか、という点である。それは、ケアの分配をめぐる議論が何を問題にしているのか、あるいは何を優先しているのか、という点を考えることでもある。

もちろん、立岩の議論は、ケアニーズの充足あるいは物理的なケアの安定的な確保という観点から、有償化の「必要性」を論証することに主眼があり、必ずしも、それだけで「十分」だとまで主張しているわけではない。そして「必要性」についてはその通りだろう。ただ、立岩の議論では、個々人の日常的な行動や意識変革に向けた主張は、有償化を否定する議論とほとんど同一視された上で、基本的に斥けられていると思われる。ケアの望ましい分配のあり方を考える上で、物理的なケアの安定的確保という目的はたしかに不可欠である。そして、その目的を実現する可能性が最も高いのは有償化だと言えるだろう。だが、もし物理的なケアの確保を超えた目的があると考えられるならば、有償化だけでは不十分であり、むしろ個々人の行動や意識の変革に向けた主張が必要だと言えるかもしれない。
以下ではそれを、大きく「格差温存」と「排除批判」という二つの観点から確認していくことにする。

2 有償化論の規範的主張の射程——分配パラダイム、制度主義

まず、上のような有償化論が、誰に対して、何をどのような強さで要求しているのかを確認しておこう。有償化論の規範的主張の宛先は〈貨幣費用を負担できる人々〉であり、その要求内容は〈貨幣費用の負担の強制〉である。この議論は、より広く社会正義をめぐる議論文脈から見れば、その主流の立場、つまり「分配的正義（distributive justice）」論に含まれる。

ケアの有償化は、家族内でとくに女性に無償で委ねられていたケア費用を、社会的に分担することを意味する。社会的分担というのは、費用を支払うのは「社会」だとされるからである。社会的に分担する理由は、ケアは基本的な生活に関わって社会的に保障されるべき財だと考えられるからである。日常生活に世話が必要な人に対するケアあるいはサポートが社会にあるべきだ、という主張に反対する人はほとんどいないだろう。この主張を支える理由としては二つの候補がある。一つは、ケアは再生産労働として社会秩序維持や生産力の維持に役に立っているからだ、というものである（たとえば上野千鶴子［2011］）。もう一つは、よりシンプルに、ケアは、基本的な生活——それを「人権」と呼んでも「基本的ケイパビリティ」と呼んでもよい——のために必要な要素だからだ、というものである（たとえばNussbaum［2006］）。後者の方が明らかに射程が広いし、また妥当だろう。前者からすれば、まったく世の中に役に立たない人が仮にいたとして、その人はケアしなくてもよい、という議論を排除できないか

らである。そして、それはもっともらしくないからである。

その上で、ケアが基本的に提供されるべき財であるとして、有償化論はそれをどのように達成すべきだと主張するのか。それは、家族内で無償のケア提供者が担えばよい、とは言わない。家族も社会の一つのユニットであるとすれば、家族に無償でケア提供を委ね、それをサポートするような制度を作ること（家族に限界が来たら施設等で集団ケアをすること）についても、社会的分担と呼べないことはない。じっさい、かつては日本でも諸外国でも、障害児者のケアについて、家族の受け皿として施設が作られ、そこに収容されるという方針をとっていた。これに対して、有償化論は、家族に無償で委ねて、後は施設という方策を批判する。その理由は、ケアされる側とケアする（委ねられる）側にとって不利益が及ぶからである。つまり第一に、家族＋施設では質量ともにケアニーズを満たせないことが多く、第二に、家庭内の無償のケア提供者（主に女性）の福利が損なわれ、そしてそれが女性全般の社会的地位に悪影響をもたらすからである。これらについても、基本的に妥当だと言えるだろう。この点で、脱家族・脱施設という障害者の主張は、育児・高齢者も含めてケアの分配を考える際の一つのモデルになる。

では、ケアを家族でも施設でもない形で社会的に分担するとして、誰がどのように担うのか。そのために誰に何がどこまで要求されるのだろうか。この点について、有償化論は、万人に対して①「ケアを担うべきだ」とも、②「仕事としてケアを担うべきだ」とも主張しない。立岩が論ずるように、有償化論は、①の主張の「べき」を「強制」とすると「嫌々行なう」人がいて質が低下する可能性があるし、他方、「慈善」とすると量が不足する、と考えるからである。その上で、②のようにも主張しない。仕事として自発的に担おうと思う人の存在が前提だからである。したがって、この主張の宛先には「仕事として担おうという人」は入らない。つまり、有償化論とは、〈必要な質量のケアが得られるようにするために、それを仕事としてならば担おうと思う人を雇うための貨幣費用を社会全体で負担すべきだ〉

という主張である。仕事としてやりたいと思う人はやればよく、そうでない人は、貨幣費用くらいは負担すべきである、と。

このように、有償化論とは、ケアする人／される人以外の〈貨幣費用を負担できる人々〉に向けた貨幣費用負担要求論である。これは、「強制／自由」と「貨幣／行為」という二つの二項対立の枠組みによって整理することができる。この二つの組み合わせで「貨幣費用負担の強制×行為選択の自由」という図式ができる。規範的な要求は貨幣費用負担に対する法的強制力の正当化に限定され、実際の行為については個々人の「自由な選択」に委ねられることになる。たしかに、この「強制／自由」と「貨幣／行為」というセットは分かりやすいし、制度政策にも落としやすい。

そしてもちろん、この図式を採用すること自体に問題があるわけではない。この図式を採用した上で、第三の項目として非強制的な要求の領域を（たとえば「不完全義務」として）認めて、これをインフォーマル（日常的）な場面での個々人の行為や選択に対して当てはめることも可能だからである。だが、自覚的にそのような主張を行なう議論は少ない。

先述したように、規範的主張の射程を主に貨幣の徴収と（再）分配に限定する議論は、典型的な「分配的正義」論である。そして、以下でも簡単に見ていくように、「分配」に限定する立場に対しては（ある意味では当然であるとも言えるのだが）、かねてから批判もある。その典型はアイリス・M・ヤングによる「分配パラダイム」批判である（Young［1990］［2006］）。また、規範的な議論の主眼を、主に税の強制的な徴収の正当化に置き、行為や振る舞いについては基本的に個々人の自由であるとする議論に対しては、その「制度主義（institutionalism）」（Murphy［1998］）を批判する議論もある。もちろん、分配パラダイム批判と制度主義批判とのあいだには議論水準も含めてズレがあるし、これらの批判は必ずしもケアだけに焦点化しているわけではないが、「貨幣費用負担の強制×行為選択の自由」という図式に対しては、これらの批判の主要な論点がストレートに当てはまる。以下では、これらも念頭に置きつつ、有償化論の理論的特徴を示すために、文脈に応じて「分配パラダイム」や「制度主義」、あるいはこの両者を含む、より限定された立場を指して「分配一元論」[★01]といった用語を使うことにする。

ところで、貨幣費用を負担できる人々に対して拠出すべきだという主張に限定することは、ふつうとくに問題にならない。他の社会的サービス、たとえば医療や消防、教員や警察などの公務員について、私たちは貨幣費用を負担して、やりたいと思う人がその職に自発的に就けばよいと考えている。ケアについても「物理的な補助」の獲得に関しては、有償化論に何の問題もないし、機械で足りるならばそれでよい、ということになる。

では、その上でさらに考えるべき点があるとすれば、何が問題になるのか。

3 格差と排除

見たように、有償化論の規範的な主張は、貨幣の強制的徴収の正当化と再分配、そして制度的な基盤整備に限定されている。だから、第一に、ケアという活動を選択しない人々の（日常的な）行動は、基本的に貨幣費用を支出するか否かという観点からしか評価されない。第二に、ケアを仕事として選択する人々は、その存在が前提にされているだけであり、その選択や行動は評価されない。第三に、有償の労働に含まれないような活動や態度等もとくに問題にならない。

それに対して、もしこれらの個々人のインフォーマルな選択や行動が重要な意味をもつと言えるとすれば、有償化論の射程は狭いということになるだろう。では、どういう理由で、これらが「重要な意味をもつ」と言えるのか。先に述べたように、格差と排除という二つの観点があると言えるだろう。

○格差

格差とは、基本的に賃金を中心とする労働条件の格差を指す。「賃金格差」はもちろん有償化が前提であり、そのなかでの貨幣の分配の問題である以上、一見して「分配パラダイム」によって解決されるだろうと思われる。問題は、上でまとめたような有償化論が格差を是正できると言えるかどうかである。この論点は、とくにフェミニズムからの批判の射程に関わっている。

有償化論では、積極的にケアを仕事として選択する人々の存在が前提であり、ケアをしたくない人々の選択は問題にならない。ケア労働者の調達という目的の達成は労働市場に委ねられ、対価はこの目的を達成可能な水準に設定されるとすれば、格差は温存されるだろう。自発的にケアを選ぶ人が多ければ、労働市場では対価は低下する。ケア労働には「代替可能な労働力があふれている」ため、「労働市場の逼迫が賃金上昇を惹起する可能性は極めて低い」（新川［2002:208］）と言えるとすれば、対価は低水準に留まるだろう。また、それに性別分業が連動して格差が維持される傾向がある。じじつケア労働者には圧倒的に女性が多い。そして、非正規という雇用形態や低賃金という特徴は、家庭内での性別分業と連動している。

問題は、こうした賃金格差は分配という方法だけでは解決できないのかどうかである。家庭内の性別分業をはじめとして個々人の日常的な行動、職業選択の動機やその背景状況を問題にせず、また、職業間のヒエラルキーを形成する個々人の価値観やエートスを不問に付すならば、格差は温存されると言えるのかどうか。

それに対しては、賃金や待遇を、性別分業からも個々人の価値観や日常的な行動選択等からも独立して改善可能だという議論もありうる――後述するように本書の立場はそうだろう。とすれば、その上で、たとえば性別分業それ自体に問題があるのか否かが問われるだろう。以下で見ていくように、たとえば、労働市場における格差是正の方策として、個々人の生活維持のための資金を無条件で保障し、その上で家庭内のケアを含めてディーセントな賃金を与えるという提案もある。たとえば、月額二〇万円を無条件に保障し、その上でケア労働の賃金が時給二五〇〇円（一日八時間週五日の働き方で月収四〇万円）くらいになれば、正規のケア労働者の月収はＢＩとの合計で六〇万円になる。本書の立岩の議論で想定されているのは、具体的にはこのような状況だろう。そして、その財源確保のために累進税率を強化し、高所得者の所得が実質的に下がるならば、格差は緩和されると言えるかもしれない。それは、「再生産が生産以上に重要視され高く評価される社会」（上野［1990→2009:108-9］）と呼べるかもしれない。その上で、仮にこうした状況が成立しても性別分業が残るとして、それ自体に問題があると言えるかどうかが問われるだろう。

○排除

格差をめぐる論点に対して、「排除」を批判する立場は分かりにくいかもしれない。とはいえ、それは、非明示的ではあるが性別分業をめぐる指摘にも含まれている。性別分業を問題にする議論には、仮に賃金等における格差が完全に是正されたとしても、性別分業が残るとすればそれ自体に問題がある、という示唆を含んでいる。その場合、個々人に感受される福利とは別のことが問題になっていると言えるだろう。たとえば、性別分業を批判する議論のなかにも、自立／自律した個人モデル批判などにはこの論点が含まれている。

ただ、排除批判の関心をより明確に示しているのは、とくに障害者運動の主張である。たとえば、山下浩志［2010］は、スーザン・オハラ氏をゲストとして開催された一九九三年のシンポジウムでの「エレベーター」をめぐる次のようなやり取りを紹介している。

司会を務めておられた子供問題研究会の代表の篠原睦治さんが、物理的な構造やシステムが整備されると、施設や設備がなかったときに存在した人と人が出会う関係、手助けする関係が、風景から拒否されてしまうという関係になってくるのではないかという質問を、オハラさんに投げかけた。「アクセスを用意してあるのだから私は関係ない」という意識が市民の中に定着していくのではないだろうかと。オハラさんは、「もしエレベーターがなくて、駅で乗客の手を借りるようなことになったら、私は人間としての尊厳を傷つけられたと感じる」と答えた。（山下［2010:15-6］）

このやり取りは、日常的な場面での相互行為や関係性からの排除を問題にする立場と、物理的障壁の解消に問題を限定する立場が対立する可能性を示している。

制度主義としての有償化論は、ケアニーズという点でみれば物理的障壁の解消に問題を限定する立場であり、それは、日常的な場面での関係性からの排除を問題にする立場とは対立する可能性がある。仕事として特定の人が担うことで、その他の人々が何もしないことは当然視されるだろう。これは元も子もない批判だと思われるかもしれないが、一定の意義がある。

この排除批判と格差批判は重なりうるが区別される。つまり、市場や家族内での非制度的な場面での行動様式や価値観等が、ケア労働者の待遇格差と性別分業の要因だと言えるとすれば、両者は重なりうる。ただ、もし仮にケア労働が高収入の仕事になり、また完全に性別分業が解消されたとしても、その上でなお「排除」をめぐる論点は残るという意味で、両者は区別される。

格差批判が「貨幣費用負担の強制×行為選択の自由」という枠組みの「不十分性」に関わるのに対して、排除批判はその「不適切性」を指摘する議論だと言ってもよいだろう。

従来のケアの分配をめぐる議論は、そのほとんどが労働条件における「格差」に焦点化している。労働条件の最大の要素は賃金であり、格差を問題にする議論が基本的に想定しているのも賃金格差である。たとえば、性別分業が賃金評価に連動しているという議論は非常に多い。もちろん、両者がどのように連動しているのかは重要である。だが、個々人の生活水準の一定水準での安定を目的にするならば、基本的にはケアに対する、あるいは職業選択等の自由の実質的な保障のための生活基盤に対する貨幣の（再）分配を強化するという方向性にとくに問題はないだろう。それに対して、賃金が仮に十分な水準になったとして、それでもなお、ケアという活動を特定の人間が分業として担うこと自体に問題があるという立場もありうる。それは、性別分業に固有の問題があるのかどうか、という問いにも関わるだろう。

以下で見ていく論点はいずれにしても、個々人の価値観や日常的な行動様式をどのように位置づけ評価するか、という論点に収斂する。とはいえ、それが要請される理由は異なる。

格差是正という観点からは、そのために本当に個々人の日常的な――たとえば家庭内や職場等での――行動や価値観の変容が不可欠だと言えるのかどうかが問題になるだろう。もし、不可欠だと言えるとすれば、「貨幣費用負担の強制×行為選択の自由」というアプローチだけでは不十分だということになる。それに対して、第二の論点はより根本的である。それは、貨幣獲得という利害関心や法的強制に基づくのではなく、それらとは別の動機に発する行為要求であり、貨幣や強制力のみに限定する議論は不適切だということになるからである。

問題は、制度主義としての有償化論である。とくに立岩の有償化論は、貨幣の徴収（と法制度整備）にもっぱら規範的主張の射程を限定しており、貨幣以外の要素を媒介にした関係性は――前提にされてはいるが――規範的な評価や主張の対象にはされていない。以下では、これらの側面が重要な意味をもつと言える理由について、この観点から探っていく。

2　ケアする側／ケア労働者の位置――格差批判

1　性別分業と格差

まず、格差批判から考えよう。格差批判とは、ケア労働と他の労働とのあいだの労働条件や待遇の格差を批判し、これを是正すべきだと主張する議論である。問題は、これらの是正にとって、非制度的な個々人の行動や価値観の変容が不可欠だと言えるかどうかである。その最大の批判対象は「賃金格差」だが、ケア労働の待遇の低さについては、ケア労働の担い手の性別の偏りとその背後にある性別分業体制の結果である、という説明が主流である。

性別分業について、たとえば牟田和恵［2010］は、ケアの社会的分担方法が「男女一対のジェンダー家族」を前提にしている限り、性別分業は解消されないと指摘している。牟田によれば、女性がケアを担うことで二次的依存状況に置かれるのは、家族のなかに「大人が一対、二人しかいないことの必然的帰結」（牟田［2010:205］）である。そしてそれは、ケア提供者に「経済的保証」が厚くなされたとしても変わらない（Ibid.: 207）。さらに、もし恵まれた状況にある人々が「育児休業制度や保育園をフル活用しつつ、夫婦ともフルタイムで「やりがい」の点でも報酬の点でも仕事を一生続ける」ことができるとしても、それは「より経済的に不利な立場にある女性に育児負担を押し付けること」（Ibid.: 204）でしか可能にならない。そして、それがそもそも「望ましいライフスタイル」だと言えるかどうかは疑問である、と述べている（Ibid.）。また、山根純佳［2010］は、グローバルな経済格差を背景として移民（多くが女性）労働者にケア労働が安価なままで担わされるような状況を想定して、次のように述べている。「フェミニズムがめざしてきた「女性のケア負担の解消」が、旧来と同じような階級構造の再生産によって乗り越えられるのだとしたら、それは不幸な結果だといわざるをえない。社会化されたケア労働を担うのが女性であれ、移住労働者であれ、ケアを買う人、売る人に二分された社会はのぞましくない」（山根［2010:297］）。

これらはもちろん有償化論の限定性を指摘するという文脈で提示されているわけではないが、賃金格差と担い手の限定性という観点から見れば、次のような問いが生ずるだろう。牟田の議論については、ケア労働者の「経済的保証」が仮に厚くなったとしても性別職域分離そのものに問題があると言えるのかどうか、さらにフルタイムの労働者がケア労働者と分業して仕事を続けることが望ましくないとして、その理由は賃金と労働条件における格差以外にあるのか否か、が問われるだろう。山根の議論についても、それは「階級構造の再生産」だけに対する批判なのか、あるいは、ケアを買う人と売る人に二分された社会は必然的にケア労働と他の労働との「階級構造の再生産」を伴うと考えられているのか、さらにはケア労働の賃金や待遇等とは別に「買う人、売る人に二分された社会」そのものが批判されているのかといった点が問われるだろう。

これらの点について、従来の議論は、基本的に性別分業がつねに格差を伴うとされ、両者が区別されることはほとんどなかった。こうした問いを念頭に置きつつ、ここではまずは、家庭内の性別分業と労働市場におけるジェンダー経済格差（川口章［2008］）を伴う性別分業との悪循環についての指摘を確認しておこう。フェミニズムにとって、ケア労働の分配は理論的・実践的な課題の核心にある。フェミニズムの主要な課題は、家庭内の性別分業と労働市場におけるジェンダー経済格差を伴う性別分業との悪循環を切断することであり、家庭内の性別分業の中心にあるのが育児を中心とする「ケア」だからである。

まず、労働市場において性差が「業績主義による選別に関与して」いるのは明らかだ（江原［1988:115］）、という認識が前提である。女性は雇用の際にも昇進の際にも低く評価されるが、その主な要因は、家庭内のケアが無償で女性に配当されていることにあると指摘される。家庭内でケアが無償で女性に配当されていることと労働市場における女性差別や低評価とを連関させるメカニズムは、おおむね以下のように説明される。

まず、既存の雇用環境は、家庭内での性別分業・家族賃金体制を前提として、ケア労働とくに育児を回避できる者、つまり単身者および男性の生活パターンをモデルとした働き方が標準とされている。そこでは、ケアを担う者はケアと仕事を両立させることは困難である。この状況で、女性はとくに出産する場合には一時的な休職ないし退職を迫られる。こうした休職・退職に関する統計を根拠に、女性は一般に（とくに「長期能力蓄積型」のセクターでは）雇用において不利な処遇を受ける。このような処遇が、女性に対して、「結婚して家庭で扶養される」というライフコースを選択させる圧力になる。また同時に、女性のなかには「女は家庭」といった価値観を半ば内面化して、あるいは扶養控除等の制度によって家計単位でそのほうが合理的だと判断して（あるいは判断するよう誘導され）、家庭ケア役割を自ら選択する者もいる。こうして、半ば強いられて、半ば自発的あるいは合理的に、就職後も出産を契機に退職したり、育児休業を取得する女性の比率が高まる。そうした女性の選択は総体として統計に反映され、個々の女性に対する不利益処遇に根拠を与える。家庭内で女性が無償でケアを担う（担わされる）ことで、ケア - レスな男性の生活をモデルにした職場・雇用環境が維持される。そして女性は、正規雇用を標準とする雇用慣行のなかではキャリアの中断という不利な条件と、扶養控除のための年収の制約といった条件、そして「女性＝家庭役割」といった規範なども加わり、再就職しようとしても非正規労働に誘導される（逆に、男性は少々無能でもよい職に就けるようになる）。家族内性分業を前提とした雇用差別により、女性は男性に比して経済的自立が困難であり、男性に経済的に依存せざるを得ない地位に置かれ、周辺に置かれた低賃金不安定労働に従事することを強いられる。

その上で、「ケア労働」従事者の性別の偏りについては、次のように説明される。上のような悪循環に加えて「ケア＝女性の仕事」という観念と実際の家族内でのケア経験、扶養控除による制約等により、ケアが有償化されても、そこには安価な非正規の女性が配当されることになる。そして、労働市場でケア労働が低賃金に抑えられている原因は、本当は専門性があるのに女性職だとみなされており、実際に上記の事情で非正規雇用の待遇を甘受する人々が担い手として存在しているため適切に評価されていないからである。

フェミニズムのケア労働論の関心は、このように、〈格差を伴う性別分業の温存〉にある。たしかに、上のようなメカニズムが、ケア労働の劣位化の一つの大きな要因になっていることは事実だろう。そしてもし、家族内の性分業が残るかぎりケア労働は劣位化され続ける、と言えるとするならば、家族内での個々人――とくに男性――の非制度的な行動とその背後にある価値観が重要な要素として位置づけられることになるだろう。

これに対して、分配に限定する立場からは、性別分業と格差の問題を区別して、「格差」については再分配という枠組みで十分に対処できるという反論があるだろう。反論はおそらく次のようになるだろう。まずそもそも、格差批判が完全にすべての賃金を同等にすることを目標にしているとすれば、その目標自体が極端であり、適正な対価を設定すればよい。そして、それは再分配政策によって十分に可能である、と。第一の指摘、つまり完全にすべての賃金を同一にすることを目標にするとすれば極端だという指摘はたしかにその通りだろう。

適正な対価については、一つには、何らかの実質的自由が確保された上で個々人の自発的選択の結果として決定された対価であれば「適正」と呼べる、という立場がありうる。その一つの条件を確保するための強力な提案としてベーシック・インカム論がある。また、よりラディカルな立場として、個々人の選択に依拠せずに半ばトップダウン的に対価を決めてしまうという立場もありうる（たとえば基本的に「時間」を基準として決めるという本書の立岩の立場はそうであると思われる）。

いずれにしても現存しない制度なので予測の域を出ることができないし、「可能性」としてはどんな可能性もありうるので、結局のところどのような予測がもっともらしいのか（plausibility）というレベルの話にならざるを得ない。その上で、家庭内の性別分業とケア労働の貶価との循環については、様々な政策によって切断できる可能性があるかもしれないが、それも最終的にはやはり個々人の選択に依存するだろう。他方、トップダウン的に対価を設定すれば格差は当然ながら解消される。とはいえ、その方法では性別分業を解消することは困難だろう。仮に格差が完全に解消され、適正な対価になったとして、性別分業が残るとすればそれ自体に問題があると言えるのかどうか、という問いが残るだろう。

2　格差是正の方策――ベーシック・インカム論

フェミニズムは、ケア労働と他の労働との格差の一つの要因は、ケア労働を選択する女性が、既存の価値観や制度的・非制度的な条件によって低待遇に自ら甘んじている（そうせざるを得ない）という状況にあり、その背後には家庭内の性分業があると指摘してきた。それに対して、誰もが自らの生活を核として基本的な自由や自尊の感覚を保持できるような状況を保障した上で、各人が相互に互いに自由に結ぶ交渉を通してであれば、適正な評価が下されることになるという反論がありうる。

この点、ベーシック・インカム（以下ＢＩ）を、人々が各自の人生の目標を自由に追求するための前提条件としても位置づけることができる。ＢＩとは、すべての個人に対して就労・拠出・家族・資力を問わずに、無条件に一律に支払われる基本的な所得を指す（Fitzpatrick［1999 = 2005:3］、小沢修司［2008:223］）。ＢＩの前提は「労働市場の二極分化」状況である。「労働市場の二極分化」とは、現在の労働市場は「中心」と「周辺」に二極分化しているという意味である。すべての人がまともな仕事に就くことはできず、少数の人は「中心」で正規雇用の安定した生活を享受できるが、多くの人が「周辺」の非正規雇用で不安定な生活を強いられているという状況を指す。ＢＩが必要とされる理由は、高所得の仕事を含めて「生活を維持しうるだけの賃金を保障してくれる雇用機会はますます減少」（小沢［2008:210］）しているからである。労働を通して生活維持できるのは少数の人でしかないとすれば、生活保障と労働とを対応させようとする完全雇用政策（就労を通した生活保障政策）には根本的な限界があり、「まともな職」に就ける少数者と、不安定な生活を強いられる（多くの）人々との間での二極分化は避けられない。現在の労働市場では「賃労働か貧窮か」という圧力が、「周辺」の人々をして低待遇に甘んじざるを得なくさせている。その要因は、グローバル化による雇用労働の流動化・不安定化、労働市場の二極分化と非自発的失業者の増加、労働貧民の発生等である。そして、ＢＩにはそれらの問題点を同時に解決する可能性が期待されている。

また、規範的な観点から見ると、「周辺」の人々にも「各人が等しく自らの善を追求する」ための平等な条件を保障するべきだとすれば、そのための実質的な条件が必要になる。この前提からは、ＢＩは、人々が各自の人生の目標を自由に追求するための条件、つまり「自尊の社会的基礎」として、人々に実質的な自由を確保すべきであるという価値に対応する具体的な提案として位置づけられうる（福間聡［2007］、田村哲樹［2008］）。

この目的を達成するためには、ＢＩの額は、基本的な生活を維持するに足る額である必要がある。これをT・フィッツパトリック（Fitzpatrick［1999 = 2005］）は「完全BI」と呼んでいる。たしかに、もし、基本的な生活が保障されるとすれば、賃労働への圧力は軽減されるだろう。そして、自発的に差し出そうと思えるものを提供し、交換に供することができるようになることは、その交換比率を正当化するための一つの条件だろう。

では、完全BIが導入されて、誰もが基本的な生活を維持できるようになった状況下で、人々が自由に下す選択の結果が適正だ、ということになるのだろうか。第一に、BI単独では、家庭内性別分業の解消には期待できないだろうし、したがって、家庭内性別分業と格差との循環も残されるだろう。第二に、BIに他のいくつかの方策を組み合わせれば家庭内の性別分業が解消される可能性は高まる。ただ、いずれにしても個々人の行動次第だということになるだろう。とはいえ、「完全BI」はやはりケア労働の条件向上の一つの条件にはなりうる。さらに第三に、個々人の選択に依拠せずに「公平」な対価を設定するという立場を取るならば、賃金格差は是正可能ではある。第一点をまず確認し、第二・第三の点はそれぞれ項を分けて見ていこう。

第一点、つまりBI単独では性別分業解消と格差解消に対する効果はあまり期待できない、という点について。BIが男女間の様々な格差解消に資する可能性に関して、フィッツパトリックは次の四点にまとめている。①女性の自立を促進する（個人支給のため）。②稼得労働の価値を引き下げ相対的に無償労働の地位を引き上げることで性分業を弱める。③受給資格が家計に無関係のため就労継続・開始が容易になる。④「同棲規則」による私生活への調査をなくす。他方、フェミニズムによるBI批判の論点は、①BIは脱商品化するが、女性の脱家族化を促進しない（性分業を解決しない）、②労働市場の分断の解消に役立たずむしろ分断を固定化する、③階級格差を固定し、女性間の差異を無視する、という三点にまとめられる（Fitzpatrick［1999=2005:175-201］）。

ＢＩ擁護論は、とくに家庭内の性別分業について次のような可能性に期待する。完全ＢＩによって賃労働に依存しない生活が十分に可能になれば、これまで「賃労働か貧窮か」という二者択一のなかで否応なく長時間労働に従事せざるを得なかった人々（主に男性）も、自分の生活や家族との時間を優先して、賃労働以外の活動に従事するようになるかもしれない。それによって、過重な労働を少数の労働者が占有せざるをえなかった（残業を断ることができないような）状態は緩和され、ワークシェアリングも進むだろう。また、女性は男性に依存する必要がなくなり、家事やケア労働から退出するカードを得る。これらが複合的に作用することで、家庭内で女性に無償で押し付けられていたケア労働を、男性がシェアする可能性を開くかもしれない。

これに対して、批判者は、仮に市場労働の地位が相対化されたとして、さらに人々の価値観が「脱生産主義」的になったとして、家族内性分業が解消されるとは限らないと指摘する（Fitzpatrick［1999＝2005］）。それは結局のところ、個々の男性の日常的な選択に委ねられているからである（Fitzpatrick［1999＝2005:192］、田村哲樹［2008:100-102］）。また、たとえば扶養控除のような制度が撤廃されたとしても、労働市場での統計的差別が一挙になくなるわけではないだろう。こうした既存の社会状況や価値観がある以上、第一に、多くの男性が無償労働や社会活動に参加するようになるとは思えないし、また第二に、ＢＩが労働市場からの退出の自由を可能にするとして、それを発揮するのはむしろ「主に女性とくに既婚女性であり、逆に労働市場に参入するのは主に男性」になると考えられる（Fitzpatrick［1999＝2005:192］）。この意味で、「労働市場からの退出には、ジェンダー的な含意があるのは明らか」だ、と（Ibid.: 193）。

では、このどちらのシナリオが妥当だろうか。堅田香緒里が述べるように、もちろん完全ＢＩには、「労働のジェンダー分割を相対化し、女の脱家族化」（堅田［2009:14］）をもたらす可能性はあるだろう。ただ、やはり堅田も注記するように、完全ＢＩだとしても「それのみで十分」だとは言えないだろう

(Ibid.)。とくに「育児」からの退出については、仁平典宏が江原由美子の議論を引いて指摘するように、ケアの「必要度を強く認知している成員」つまり女性が「やらざるをえない」と認識して、家庭内で担い続けるという可能性が高いだろう（仁平［2011:36-7］、江原［1991:115］）。この点は、フェミニズムの批判論が指摘する通り、女性を家族内性分業に誘導する社会構造や価値観が残る限り、BIが保障する労働市場からの退出の自由といっても、既存の労働市場で周辺に置かれた女性を家庭に向けて退出させることになり、家庭内の性別分業を解体する可能性にはあまり期待できないだろう。

BI単独では、家庭内性別分業とケア労働の貶価との悪循環が切断されることにはあまり期待できないとして、では、第二に、他の政策との組み合わせによってそれが可能だと言えるだろうか。

3　家庭内分業解消のための政策セットとその評価

「完全BI」と他の政策の組み合わせには様々なものがありうる。以下、BIと「ケアの有償化」の組み合わせ、それらに、ケアユニットとしての家族の脱カップル単位化（家族の多元化）を付加した組み合わせ、そしてさらに、職場環境の整備の組み合わせについて考えていこう。

まず、先のBI単独案では、家庭内のケア（育児）が――もちろんBIとは別に――有償化された状況はとくに想定されていない。では、完全BIに加えて、家庭内のケア労働も含めて有償化すれば、家庭内の性別分業と格差は解消されると言えるか。結論から言えば、この「完全BI＋有償化」のセットにもあまり望みはないと思われる。ケア労働を有償化することは、それを労働市場に委ねて個々人の職業選択の対象として位置づけることである。その上で、各人は完全BIを前提として、ケアしたいと思う人が、望むだけの追加的な対価を得てケア活動に従事すればよい、ということになる（ケア労働に従事しなくても生活は保障される）。

これについて、完全ＢＩによって「ケア労働」一般の賃金・労働条件の向上に期待する議論は次のように想定する。完全ＢＩが導入されるとすれば、仮に家庭内の性別分業が残るとして、ケア労働に安い賃金で従事するか否かは（女性を含めて）個々人の自由な選択に委ねられることになる。完全ＢＩによって生活が保障されることで、低賃金・不安定な職に従事せざるをえなかった人々は、労働条件の向上を求めて交渉するための「切り札」を得ることになる。ケア労働者も「発言と退出（voice and exit）」のカードを切りやすくなるため、賃金や労働条件に対する交渉力が増し、「賃労働か貧窮か」という圧力によって低待遇を甘受させられていた場合には、条件向上が期待できる。また、ケア労働者が十分に集まらなければ（あるいはストライキを起こせば）、ケアニーズという基本的ニーズを満たすという目的達成（人材調達）のための対価は自動的に向上するだろう。

このような想定は、もちろんＢＩの「額」に依存する。一般に、額を曖昧にしたままでＢＩの効果等を問うことには意味がない。たとえば、二〇一二年現在の日本の物価を前提にすると、月額一〇万円程度では生活の部分的な足しになるだけの「部分ＢＩ」（Fitzpatrick［1999＝2005］）であり、切り札として役に立たない（二〇万円くらいならば切り札になるかもしれない）。

その上でしかし、ここでも、「中心」の労働市場の逼迫と男性モデルの職場環境等が残る限り、これを前提にして労働市場から退出して、子のケアに従事するのは大部分が女性になる可能性が高いだろう。そして、ケアの対価は、必要に応じた供給者が集まるに足る水準になるだろう。親が自力でケアすることも他人に委ねることも「自由」だとされたとしても、親が自発的に子のケアを担う場合、対価は（他人が担うのに比べて相対的に）安くなるだろう——ただ、以下で論ずるように、それを「望ましくない」と言えるかどうかは自明ではない。

さらに、「完全ＢＩ＋有償化」に加えて、ケアユニットの多元化政策を加えればどうか。これは、カップル（夫婦）を超えたより多人数の集団のあり方をケアユニットとして優遇・支援する政策である。これは「ケアの絆」政策とも呼ばれる（田村［2011］、Fineman［2004＝2009］、牟田［2009］［2010］）。この政策を支持する議論の前提は、カップルをケアの基本単位とすること自体に問題がある、という認識である。これは、生物学的な親に排他的に「扶養義務」を課すことを否定し、ケアを自発的に選択する人々に対価を与えて義務を分担させるという形になる。その基礎になる構想は契約モデルだろう。この点、野崎［2003］は、「親子関係を宣言することを、権利義務の発生要因」にするというアイリス・M・ヤングの発想に基づき、親子の権利義務の基礎を、生物学的関係性ではなく個々人の自発的選択と契約に求める方がよいと述べている（野崎［2003］）。また、安念潤司［2002］は、個人の自己決定権と契約を重視するという立場から、子の養育義務を生物学的な親に課すのではなく、「子の養育の権利務は契約によって決める」というあり方を支持している（安念［2002:29］）。もちろん、これらの議論では「ケア提供者＝親」の人数は二名には限定されないだろう。

これは、ケア関係を個人の自発的な選択に基づかせる点で、ケアする／しない権利を確保する立場（上野［2011：ch. 4］）にも近いとも言える。ただ、「ケアの権利」に関する議論ではしばしば曖昧になっていることだが、ケアする／しない権利よりも、ケアされる権利が優先される。第一に、野崎も指摘するように、子などケアされる側の「ウェル・ビーイング」の観点から、ケアの内容すべてをケア提供者の自由な選択の対象にすることはできない（野崎［2003:121］）。野崎は、ケアする自由は「権利というよりもむしろ責任であり、子どもの利益を増進するような仕方でのみ行使しうる信託（trust）である」（Ibid.）と述べている。そして、ケア提供者の意向とは独立に、その行為が「子の利益を増進」しない場合、あるいは子の利益に反する場合には「公的介入が求められる」（Ibid.: 125）ことになる。第二に、「ケア関係」をケア提供者の自発的選択に基づかせるとすると、ケアの「引き受け手が誰も現れない場合」が生じうる（安念［2002:29］）。親も含めて他の誰もケアを引き受けないような子が残される可能性であるが（安念の議論ではケアを有償化してそれにインセンティブを与えるという状況が想定されていないが、有償化したとしても「完全ＢＩ」で生活が保障されるならば、ケア労働へのインセンティブはＢＩによる労働からの退出可能性によって相殺されるのでその可能性は同様に残る）。これに対しては、安念が述べるように、「養育の引き受け手が誰も現れない場合のデフォルト・ルール」（安念 Ibid.）が必要になるだろう。要するに、個別のケア関係内部でも、ケア関係の成立に関わる場面でも、ケアされる権利の方がケアしない権利等よりも基本的に優先される。したがって、ケアする義務が一般にあると言った方がよい。

多元的な家族論あるいは養育関係の自発的選択モデルに戻ろう。このモデルでは、子は、高齢者や障害者と同等に位置づけられ、そのケアは（生物学的な）親にとっても職業選択の対象の一つになる――もちろん、その職に就かないことも選択できる。ただ、「完全ＢＩ＋ケアの有償化」に家族の多元化政策を加えたとして、問題は「夫婦と子」というケアユニットを脱却する人々がどれくらい出てくるのか、になるだろう。生物学的な親に自動的に扶養義務が課されなければ、少なくとも、そのケア負担の一部あるいは全部をケア労働者に委ねる（生物学的な）親は確実に増えるだろう。ただ、子のケアの「必要度」を他人よりも親の方が強く認知し、また「夫婦と子」という単位のプライバシー確保を選好する人々が多いとすれば、そこに既存の社会状況が加わって、扶養義務が否定されたとしても「完全ＢＩ＋有償化」は、むしろ女性が「家庭に退出」することを促進するだろう。そして、その蓋然性の方が高いのではないか。

では、「完全ＢＩ」「ケアの有償化」に「多元主義的な家族政策」を導入し、さらに「普遍的ケア提供者モデル（Universal Caregiver Model）」が提唱するような、ケアフレンドリーな職場環境整備を付加するならばどうか。普遍的ケア提供者モデルとは、「男性を女性＝主要なケアワークを行う人びとに近づける」ために、「女性の現在のライフ・パターンを万人にとっての規範とする」（野崎［2000:83］）という提案である。この四つの政策セットは、性別分業解消と格差是正にとって最も望みが高いだろう。とはいえ、当然のことだが、すべてが個々人の選択を水路づけるための環境整備である以上、最終的には個々人の選択に依存することになる。

BI論も含めて、基本的に再分配と制度整備アプローチは、それらが保障された後の個々人の日常的な選択には干渉しないので、個々人の選択がいかなる価値観や社会的状況を前提にしていようが（たとえば既存の価値観等に「適応」していても）、それは自由な選択だとされる。個々人が何をどの程度の対価で「やりたい」と思うかは、その人の価値観や当人の状況に応じて異なるが、それはとくに問題にならない。もちろん、完全BIを保障し、ケア労働をすべて有償化し、親子関係を自発的選択モデルにして、職場環境を整備することは、性別分業の解消と格差是正に資するだろう。ただ、最終的には個々人の選択・行動によって決まるので、ケア活動に従事しようとする人々が対価を含む労働条件以外の要素、たとえば「必要度の認知」を動機に含むような場合、それはやはりケア労働の対価抑制・格差温存の要因となるだろう。

この点は、個々人の選択に依拠する議論の射程を考える上で一つの論点になるだろう。一方で、ケアが十分に提供されるべきだという観点からは、ケアに積極的に従事しようとする人々、つまりケアの「必要度」を認知する人々に「期待」される。他方で、しかしそれは、格差是正を目的とする立場からすれば、対価抑制要因になる。BIを基盤にした個々人の選択・交渉を通した格差是正シナリオの前提は、貨幣獲得を目的として行動する合理的・利己的な個人であり、そこでは格差是正という観点からは、ケアという活動自体に対する価値付けは、むしろ対価抑制をもたらす要素として否定的に評価されるだろう。だが他方、ケア活動に対する積極的な動機付けや「必要度の認知」を対価抑制要因として排除して、「貨幣獲得手段」としてのみケア労働に従事するような態度を奨励するとすれば、それは、「やりたくない人」にケアを強制することで指摘されているのと同様の問題が生ずるだろう。したがって先述したように、自発的に担うことが対価抑制になるとして、それが「悪い」ことだと言えるかどうかは自明ではない。★02

育児に関する「親と他人」の例が分かりやすいが、一般に「やりたい人とやりたくない人」ではその活動に伴う労苦・損失についての評価に差が生じ、したがってその労苦・損失を補填する（compensate）に足る対価の見積もりにも差が生ずる。何をどの程度の労苦・損失と感じるかは、諸個人の忌避感等に比例して高まる。任意の活動・職業に対する諸個人の忌避感等は、その人に開かれている選択肢とその人の状況、価値観に応じて変わる。そして、個々人に開かれている選択肢や状況の違いは、完全ＢＩによって基本的な生活が保障され、賃労働への圧力が軽減ないし解消されたとしても残る。そして、労働市場のなかですでに「中心」の職に就いている人々の多くは、ケア労働の担い手になることを選択しないのではないか。

また、これらの諸政策・制度にはそれぞれに正当化根拠が必要になるので、これら諸政策を総体として正当化できるかどうかは別の問題である。たとえば「完全ＢＩ」（月額二〇万円）の正当化が困難だと考えられるならば「部分ＢＩ＋有償化」になるかもしれないし、「完全ＢＩ＋ケアの有償化」のセットで十分であり「職場の改変」までは不要だとされるかもしれない。ただ、少なくとも上記の政策セットが実現しない場合には、労働市場のなかですでに「中心」の職に就いている人々（多くが男性）がケア労働の担い手になることは期待できないだろうし、家庭内でケアを担っている女性がそのまま有償のケア労働の担い手になる蓋然性が高いだろう。

4 「BI＋公平な対価」という方策

家庭内性分業を解消するための政策セットの射程については以上のように考えられるとして、格差是正についてはどうか。家庭内性分業と労働市場の性分業の解消が容易ではないとしても、ケア労働と他の労働との格差是正は別の方向性から可能かもしれない。それは第三の、個々人の選択に依拠せずに「公平」な対価を設定するという方向性になるだろう。

対価の適正さトップダウン的に設定するという議論は少ないが、本書で立岩はそのように述べていると解釈できる。立岩は、「一方でその仕事を担う人を確保し、その人に対して支払いながら、それを自らが行ないたい人については、それを可能にしていく、容易にしていくという方法」こそが、もっとも適切な方法だ（本書第2部第4章三三六頁）とする。その上で、どの程度、いかなる理由で支払われるべきか、そしてそれを決定するための基準・条件はなにか、という点について次のように述べている。ケアに限らず、一般に支払う理由は大きく二つに分けられる。一方で、生きるために必要な財やサービスを調達するための手段として、財やサービスを生産する労働に対する「「動機付け」を与える」ために支払う必要がある。他方で、その労働に伴う「苦労・労苦に応じ、報いる」ために支払う必要がある（本書一四四―五頁）。そして、前者の労働者・人材調達手段として支払うという理由は消極的な理由であり「仕方のないこと」である（本書一四五頁）。むしろ重要なのは後者、すなわち労苦に応じて支払うという理由の方である。

人材調達手段として、つまり「必要なだけを得るための道具」としてどれくらい支払うべきか（本書第1部第2章一三五頁）という観点だけからすれば、必要な人材を調達するという目的さえ達成されればそれでよいということになる。この場合、対価は人材調達手段としての有効性だけで決まる。もちろん、必要に応じて得るために、こうした観点を採らざるを得ない場面もたしかにある。他方で、後者は、このような観点からの対価設定基準とは区別される価値、すなわち「公平性」という価値に基づいている。公平性とは、実際の仕事に伴う「労苦・苦労」に報いるための支払いを要請する価値である。

このような立場からすれば、個々人の選択や決定を通して決めるという考え方自体が採用されないかもしれない。前項までの議論では、基本的に、個人に実質的自由を保障するための制度を整備し、その状況での個々人の選択の集合的帰結として決まる財やサービスの価格が「適正」だと捉えられている。それに対して、立岩の立場は、むしろ半ばトップダウン的に（ケアを含む）財やサービスの価格や賃金を決める立場であると解釈できるからである。立岩の提案は、「公平」な賃金について、ケアに限らず基本的に「時間」を基準として決定し、それに特別な苦労が伴う場合には上乗せするというものである（本書第2部第4章三二二頁）。もしすべての職業についてそのようにするとすれば、それは市場メカニズムを否定することになるだろうが、ケア労働など対価が「公的」に決定されているものについては可能かもしれない（ただ、立岩の議論ではすべての職業が対象になっているようにも見える）。たとえば、代議士や裁判官、役所の職員、国公立の教員等の給料と、ケア労働者の給料を同等にする（前者を下げることも当然含まれる）ことは、難しいかもしれないが不可能ではない。その場合、もちろん対価の具体的な額が問題になる。どの程度の額が「公平」なのかを、誰が、どのような基準で決めるのかが問題になるだろう。

具体的には、第1節で述べたように、月額二〇万円のＢＩを無条件に保障し、その上でケア労働の賃金が時給二五〇〇円（一日八時間週五日労働で月収四〇万円）くらいになれば、正規のケア労働者の月収はＢＩとの合計で六〇万円になる。一日六時間週三日という働き方の場合、ＢＩと合計で約三八万円になる。そして、その財源確保のために累進税率を強化し、他の（ケア‐レスな職場で働く）高所得者の実質的な所得が下がれば、社会の「中心／周辺」への二極分化あるいは階層化は緩和され、ケア労働者はより社会の「中心」に近いところに位置づけられる、と言えるかもしれない。これが本当にケア労働の対価として「適正」だと言えるかどうかは分からないが、格差の中核にはそもそも賃金格差がある以上、その是正は有償化論・制度アプローチによって可能だろう。

5　残る問題——機会からの排除

ケア労働と他の労働との格差については、とくに本書の立岩のようなラディカルな立場からすれば、少なくとも賃金については是正可能だと言えるだろう。その上で、フェミニズムの主張に即すならば、問題は、格差が是正されたとしてなお性別分業そのものに問題があると言えるのかどうか、である。

たとえば、正規のケア労働者の年収が七二〇万円だとして、高所得者に対する累進税率の強化により格差がほとんど解消したとしよう。しかし、それでも家庭内の性別分業は残るとして、それに問題があると言えるのかどうか。性別分業という状態そのものに問題があるとは言えないだろう。たとえば、工事現場等で肉体労働に従事する人の大多数は男性であり、性別による偏りはケア労働に限らず存在する。もし性別分業に問題があるとすれば、肉体労働従事者の大多数を男性が占めているという状況も是正の対象になるのではないか。もしそう言わないとすれば、状態としての性別分業そのものが問題ではないということになる。

ここであらためて、第2節の最初の問いに立ち返ることができるだろう。つまり、仮にケア労働者に対する「経済的保証」が厚くなったとしても性別分業に問題があると言えるのかどうか、あるいは仮にケア労働と他の労働との間の「階層構造」が解体されたとして、ケアを「買う人、売る人に二分された社会」そのものに問題があるのかどうか。完全ＢＩと適切な対価が設定されたとして、それでもたとえば、女性の多くが家庭内で育児を自らケア労働者として担うことを選択して（またその後、ケア労働を選択するとして）、そしてそれが労働市場における性別分業をもたらすとして、そこにどのような問題があると言えるのか。仮に、「中心／周辺」の分断が待遇レベルで緩和されて、男性が占める職が、賃金や待遇の面で「中心」と呼ばれるような魅力を失っており、ケア労働がむしろ「中心」と呼ばれうるとしても。

ここで想定されるのは、ケア労働者の「手取り＋ＢＩ」額の方が、男性労働者モデルの企業や組織に勤めている正規職の男性が得られる「手取り＋ＢＩ」よりも基本的に高くなる、という状況である。それは、「再生産が生産以上に重要視され高く評価される社会」（上野［1990→2009:108-9］）と呼べるかもしれない。たしかに、そのような「女王支配」（Ibid.）的な状況が実現することは考えにくいかもしれない。ただ、重要なことは、仮にそうした状況が成立したとして、それでもなお、労働市場における性別分業に問題があると言えるのかどうかである。そしてそれは言えるだろう。そのような状況でも、男性はたとえば男性労働者モデルの企業を辞めてケア労働を選択することができるが、女性がそれらの企業や組織に勤務する「機会」が制約されるからである。そして、仮にこの「機会」のなかにとくに魅力的な選択肢が含まれていないとしても、性別に基づく機会制約そのものに問題があると言えるだろう。肉体労働従事者の大多数が男性だという状況と、ケアに関わる家庭内・労働市場の性別分業が異なるのは、後者が性別を理由にした制約だからである。なお、ここで前者の状況を「能力に基づく差別」だとして批判するならば、その立場からは両者の区別はなくなるが、その立場では、ケアできる（能力をもつ）者に対する要求根拠も掘り崩されることになる。

もちろん、現状ははるかにその手前にあるので、性別分業そのものをめぐる論点が独立して取り上げられることはない。ただ、上のように言えるとすれば、とくに性別分業を問題化する議論には、単なる再分配の「不十分性」ではなく、再分配という方法の「不適切性」という論点も含まれていることになる。そして、この論点は、「貨幣費用負担の強制×行為選択の自由」という図式を採用する議論（有償化・制度主義的アプローチ）のなかでは基本的に看過されるだろう。

3　ケアされる側の位置——排除批判

1　格差批判から排除批判へ

ケア労働と他の労働との格差はある程度は是正できる。その上で、もし賃金や地位の格差等とは別に、ケアを特定の人や労働者に委ねて局所化すること自体に問題がある（場面がある）とすれば、それは有償化論／制度主義の「不適切性」に関わると言えるだろう。

性別分業という観点からは、仮に格差が是正されたとしても、家庭内の性別分業や職場のあり方が問題になると言えるだろう。とくに家庭内の性別分業については、個々人（とくに男性）の日常的な行動選択に関わっており、これは有償化論・制度主義的アプローチでは扱うことができない。

また、ケアという仕事の特徴から、それに従事する人間が性別で大きく分かれること自体についても問題化できるかもしれない。たとえば、伊田久美子は次のように述べている。

生に仕える不自由な職務において、感情労働と肉体労働は本来切り離すことはできない。「関係性に依存する」情緒的紐帯は易々と人の自由を奪う権力関係に変化する。だからこそ、この労働が不自由な下位身分の者によって供給され、「労働」が格上げされた近代以降は「労働」とみなされなくなったのである。劣位の者の美徳はつねに共通しており、それは利他的忠実と従順である。ジェンダーがとりわけ女らしさの規範としたのは、まさにこの「美徳」である。こうした感情労働は他者の生に仕える劣位の労働の一部であり、切り離すことは不可能である。（伊田［2009：243］）

ここで指摘されているように、ケア労働から「従属的」で「奉仕的」であるという性質を除去することはできないだろう。ケアにおいては、一定程度「自己を他者の欲求に順応させることが求められる」（Kittay［1999=2010：126］）。もちろん、ケア労働にも「業務だからする」という態度は必要である。だが、ケア労働者には同時に、カネで業務をこなすという態度以上の、ケアされる側を裨益する積極的な態度が期待されている。相手を裨益する態度自体は、教育等の他の対人関係業にも当てはまるが、ケア労働には、相手のニーズと指示を待ってつねに待機状態に自らを置き、他者に配慮することが要請される。ダーティーな仕事を含み、相手に配慮しつつ、そのニーズに受動的に応ずる仕事としてのケアは、一言で言えば、他人に「奉仕」する仕事である。ケア提供者に期待されているのは「自発的に他者に奉仕する態度」である。こうした性質をもつ労働に従事する人の性別に全体として偏りがあること自体が、賃金とは別に問題化されうるかもしれない。

また、これとは別に、個々人の行動選択そして価値観の変容に向けた主張は、より広い観点から見れば、フェミニズムによる「自立した個人モデル」に対する批判のなかにも共有されていると言えるだろう。自立した個人モデルとは、依存状態は望ましくない・脱するべき状態として、個々人が手持ちの資源を用いて相互便益を前提に取引交渉しあう状況を、社会関係の基礎に据える発想のことである。こうした発想を批判する立場にとって、ケア労働者の制度的保障はやはり両義的だと評価される。ケア労働者の制度的な保障を目指す立場と、自立した個人モデルを批判する立場にはもちろん重なる部分もあるが、相違点もある。

相違点はたとえば、職場に幼児等を連れてくるのは仕事の邪魔になる、という現行のルールに対して、職場のあり方を変える方法を例として明らかにできるだろう。①職場や学校はケアを要する人を除外して成立する場だから、ケア労働者を配置するなり託児所を別途用意するなりして、場のルールを乱さないようにすべきだと考えるのか。それとも、②人々の意識を含めて、その場のあり方そのものを変えるべきだと考えるのか。ケア労働者の制度的保障を主張する立場は、①を批判する論理をもたないだろう。場所と人を分けることで、現行の職場等のルールは温存される。それに対して、自立した個人モデル批判からすれば、②場と人の行動のあり方そのものの変更も射程に入りうる。実際、ケアを要する人に対する場所と人を別に用意して場のあり方そのものは変更されないならば、自立した個人モデル批判の目標が達成されたとは言い難いだろう。

この観点からは、ケアの分業化の問題性も指摘されうるだろう。ケア労働の分業化により、ケアする人は、既存の「ケア‐レス」な相互行為のあり方に、ケアを要する人を適合させるための「媒体」として位置づけられる。それを機械が達成するならば機械でよい、ということになる。

そして、既存の社会で「標準」とされる相互行為からケアを要する人が「排除」されることは、ケア労働者の性別や待遇とは別の問題である。「貨幣費用負担の強制×行為選択の自由」という枠組みからは、ケア労働者を、他の人々がケアを分担することを免れるために配置される存在として位置づける発想は批判されない。こうした位置づけ自体は、仮にケア労働を男性が一〇〇％担うとして（とりあえず同性介護の原則は措くとして）、そして十分に対価と地位が保証されたとしても変わらない。性別分業や格差の是正は、「金を貰っているならそれくらいやれ、それがお前の仕事だろう」と、ケアされる側だけではなく第三者（費用負担者）が言うような状況を変えることはない。たとえば、言語障害のある人の発言はつねにケア労働者が通訳すべきだ、ということになるだろう。この点、ケア労働の分業という枠組みでは、ケア労働者は周囲の配慮負担を軽減するために金で雇った者としてしか位置づけられないだろう。そして、既存の価値観を前提にする以上、賃金等に比例して職責も高まるため、むしろ「そんなに貰っているのだから、仕事としてやるのが当然だ」と言われることになるだろう。それに対して、個々人の価値観・欲望と日常的な行動を問題化する立場に立つとすれば、賃金格差等とは別に、ケアを要する人のニーズを処理するのはケア労働者の仕事だ、という考え方を――全面的に否定することなく――批判する観点が得られる。

そして、この点をおそらくもっとも明確に指摘してきたのが、障害者運動のなかで展開された一連の議論だった。その論点は、ケアに伴うある種の態度や契機が社会的に共有されること自体の望ましさ、という点に収斂するだろう。たとえば、前田拓也［2009］は、ケアを必要としない個人というアイデンティティ――「健常者性」――の変容という契機の社会的な共有という観点から、有償化をそのための有効な手段として評価している。ただ、前田も指摘する通り、ケアに伴うある種の契機や態度の社会的共有を促進する手段という観点からは、有償化／制度主義には両義性がある（前田［2009:327］）。たとえば、こうした健常者性の変容という契機の社会的共有という課題は、「貨幣費用負担の強制×行為選択の自由」という図式のなかでは問題にならないだろう。制度主義としての有償化論では、ケアという活動を選択しない人々の行動は、基本的に貨幣費用を支出するか否かという観点からしか評価されないからである。また、渡邉琢［2011］が活写する神戸のメインストリーム協会の「社会を変えていく仲間になる」（渡邉［2011:398］）といった方針も制度主義としての有償化論の枠組みでは省みられることはない。あるいは山下幸子［2008］が述べるような、「健常者中心に考えられているこの社会が人々に及ぼす影響と、その社会のなかで人々がいかに考え行動するかを考えることの重要性」（山下［2008:184］）についても、制度主義的な観点からは除外される。田中耕一郎［2005］は、イギリスのダイレクトペイメントに対する障害者運動の批判と日本の障害者解放運動の共通点として、「介助行為を通した健常者の意識変革の延長に社会変革という目的」（田中［2005:106］）があったと指摘する。田中によれば、こうした観点から、「障害者の生活ニーズを充足させるべく取り組む種種の要求運動に孕まれる陥穽」（Ibid.:204）が指摘された。こうした指摘もまた、「貨幣費用負担の強制×行為選択の自由」という図式にとっては、ほとんど意味をもたないだろう。有償化論／制度主義では、以上のような諸論点は単に扱われないだけでなく、その意義を否定することも（分業として）許容されるだろう。

2 障害者運動の問題提起

賃金格差の是正は有償化論の内部の問題であり、制度アプローチによって解決できるとして、その上で残る問題があるとすれば、それは、ケアを要する人を排除するような価値観や行動様式の変容であるだろう。この観点は、上で見たように、次のような問いに関係する。たとえば、職場のあり方を変えるという目標は、個々人の行動そのものではなく、ケア労働者を職場に配置してケアを要する人に張り付けておけば達成されたと言えるのか否か。費用を負担するのが誰であれ、そしてケア労働者の待遇がよいとしても、人々の働き方や日常生活の行動・振る舞いのあり方は変更されず、ケアを要する人に対してケア労働者を割り当てるだけでよいのか。

もちろん、日常的な相互行為の場面からの排除を批判する立場が、つねに有償化論と対立するわけではない。有償のケア労働者が存在することが、ケアを要する人の社会参加にとって有効な方法になることも多いからである。とはいえ両者が対立する場面もある。まず、排除を批判して日常的な関係性を重視する議論とはどんなものかを確認しておこう。それは先述したように、とくに、障害者運動の文脈で主張されてきた論点である。

> 階段をスロープにすることも結構な話だ、が、階段があったとき、声をかけるとすぐ手を借《マ》し《マ》てくれる人間関係の創造は、最も大事なことである（「川口に障害者の生きる場を作る会」、渡辺鋭気［1977:90］に引用）

あらためて確認すれば、有償化論の規範的主張の射程には、たとえばここで言われるような「人間関係の創造」などが入ることはない。このような議論は、過剰なあるいは暑苦しい要求だと思われるかもしれないが、やはり重要な指摘だろう。ケアを物理的な補助としてのみ位置づける限り、機械で足りるならばそれでよいということになる。そしてもちろん、物理的補助の確保という目的の方が優先順序は高い。だが、とくに障害者をめぐる議論や主張には、単に物理的補助の確保だけではなく、より広範な要求が含まれていた。たとえばそれは、以下のような主張である。

> 我々を、不幸な、恵まれない、かわいそうな立場にしているのは権力であり、いまの社会であります。その社会をつくっているのは他ならぬ「健全者」つまりあなた方ひとりひとりなのです。あなた方は、我々をはじき出した学校で教育をうけ、我々の姿のみられない職場で働き、我々の歩けない街を闊歩し、我々の利用できない乗物、エスカレーターなど種々の器物を使いこなしているのです。このように考えれば、ひとりひとりが、いや他の人はとにかくとしてあなた自身が差別者、抑圧者といえましょう。
>
> このような自己反省をした時に「では何をすべきか」「何をなさねばならないか」が問われ、そ

の答は、「自ら行う者＝ボランティア」となるはずです。そしてその行動の方向は障害者解放であり、我々障害者自身の自己解放の闘いと手を取り合ったボランティア自身の自己解放でありましょう。（横塚晃一［1975:122-123］）

根深い差別体験は、決して〝上〟からの制度改革で克服できるものではなく、それはまさに「障害者」との日常の世界における「向き合い」と相克のなかでしか獲得されない。（渡辺鋭気［1977:79］）

「健全者」の自己変革は「障害者」からの外部注入によってのみ可能だというのではない。自己変革のための基本的な力は「健全者」自身のなかにある。それが有効に発揮され、「障害者」差別の克服を〝わがこと〟として取り組むためには、両者の日常的な緊張関係、触れ合いが大事である。（Ibid.:89）

根本から地域の中でどんどん、いまの価値観を変えていかなくちゃいけない。たとえば、女の人が美しい、じゃあどこが美しいんだということになるわけだ。口紅つけてるのが美しいかとか、美しくないとか……。障害者が何もつけないで（笑）歩いても美しいと思えば美しいと思うまで価値観を変えなくちゃいけない。価値観を変えるために、障害者が地域の中にいかに住むかっていうことをぼくたちがやっただけのことです。（八木下浩一の発言、高杉真吾［1977:134-4］に引用）

真に「障害者」と共に生きるということは、とりもなおさず、この社会構造とその中で培われた人間の意識を根本的に変革するよう要請されること。（楠敏雄［1982:35］）

これらはあくまでランダムに拾ったものであり、時期はもちろん文脈も異なるし、その内容にもズレがある。しかしここでは共通点に着目したい。それは、法的強制や禁止にも、貨幣の支払いの有無にも、友人・家族等の既存の（いわゆる「親密性」を含む）関係性にも依拠しない、個々人の態度と行為に対する評価と要求が含まれているという点である。また、それが特定の集団だけに向けられているわけでもないという点でも共通する。

もちろん、これらの主張をどう評価するかは、それ自体が検討を要する問題ではある。たとえば、「障害者解放」とか「差別」だという表現のなかの「差別」の内容は曖昧であるし、「ひとりひとり……が差別者」だとか「「健全者」の自己変革」あるいは「意識を根本的に変革する」といったフレーズが指示する具体的な内容は不明である。この点、これらは、それぞれの歴史的・社会的文脈を背景にした運動のなかでしか意味をもたない主張である、という評価も可能ではある。この見方からすれば、とくにいまさら取り上げる意味はないということになるだろう。もちろん、いかなる主張も特定の文脈をもっているし、文脈のなかで考えることは重要である。では、これらはやはり、特定の運動の文脈でしか意味をもたない表現であり、現在の観点から見て、たとえば「差別禁止法」と物理的障壁の解消という内容に還元される主張なのだろうか。これらには「歴史的エピソード」以上の意味はなく、今では内容的には見るべきところのない主張なのだろうか。★03

また、有償化論の立場からは、上のような障害者運動の主張は次のように解釈されるかもしれない。ケアが不足している時代には、その要因はすべての人が障害者を無視しているからだと考えざるをえなかった。ケア不足の解消が最優先事項であるとすれば、金で解決できるならばそれでよいということにもなる。そして、それは実際に可能である。それに対して、上のような万人に対する「関係性」要求は、ケア不足といういわばローカルな問題を「社会全体」の問題と混同していたにすぎない。たしかに、かつては社会全体の構造——たとえば「資本主義」——が、障害者を施設に追い込んでいるのであり、それを根本的に変革しなければ障害者は施設から解放されない、と思われていたのかもしれないが（そのような認識を支える雰囲気があったとして）、しかしこれは誇張あるいは誤解だったのだ、と。

たしかに、上記のような議論の背景には、障害者解放とは「資本主義の阻害された人間関係までも全面的に変革していくという思想の営みなのである」（渡辺鋭気［1977:49］）という主張が一定の力をもっていた時代がある。それに対して、すべての人の意識や行動、価値観が変わらなくても、ケアを必要とする人が地域生活を送ることが十分に可能だとすれば、こうしたラディカルな主張は、時代的な認識の制約の産物だったということになるだろう。この観点からは、現在、人手を使わざるをえないのも、単に現状では機械がすべてを代用できない段階だからにすぎないということになるだろう。

では、人々の意識が変わらなければならないという発想は、かつての、物理的構造を変える具体的な方法が見えなかった時代の産物にすぎない、ということになるのだろうか。当時はそう考えざるを得ない状況であったかもしれないが、今から見ればやはり、物理的補助という局所的な問題を「社会全体」の問題として過大評価していた、ということになるのだろうか。たしかにそのように整理できる部分もあるかもしれない。

だが、私はそれだけではないと考える。上に引用した主張には重要な論点が含まれていると考えるからである。これらの議論が示唆するのは、ケアを、（1）物理的障壁の解消やサポートの獲得の問題としてのみ考えるか、あるいは（2）「人と人」の関係のあり方をも含む問題として考えるかどうかが一つの分岐点になる、ということである。もちろん、両者は一般に、（1）物理的サポート獲得の方が、（2）関係性の変容よりも優先度が高く、また、（1）は（2）が実現しなくても達成可能だ、という関係にある。（2）が存在するところでは、多くの場合（1）は実現されるかもしれない。だが（1）はサービス業者を雇うことによっても実現可能であるし、将来的には機械によっても実現可能になるだろう。機械が処理できない段階では、人手をあてにせざるを得ないが、それは現状の制約によるものにすぎず、手段としての有効性だけが基準になるだろう。（1）の実現のために人手をあてにせざるを得ない現状では、その効率的な調達が問題になる。そして、人手を得るために有効なのは有償化である、と。

このように見るならば、これら（2）に関する主張、つまり法的強制にも貨幣にも親密性にも媒介されない行動選択に対する評価や要求が、現在のケア分担をめぐるほとんどの議論で無視されていることも理解はできる。だが、これらは重要な論点を示唆している。それは一言で言えば、個々人の日常的な行動やその背後にある価値観そのものの変容の重要性を指摘した点にあると言えるだろう。

3　日常的行動選択の重要性

以上のような非制度的・インフォーマルな場面における個々人の行為や態度等の重要性は、必ずしもケアには限定されないが、規範的な議論の文脈においても指摘されている。それは、「分配」と「制度」に限定する従来の議論枠組みを、とくに社会的相互作用プロセスと関係性の重要性という観点から批判的に検討する議論である。これらはとくに九〇年代以降、フェミニズムの主張とも呼応しつつ一定の文脈を形成しているが、その要点の一つは、従来の分配的正義論が、非制度的でインフォーマルな関係性における個々人の行動や振る舞いがもたらす不利益を看過する、というところにある。

分配アプローチに対する明示的な批判を行なった議論の嚆矢と呼べるのは、I・M・ヤングである。ヤングは、それまでの主流の議論を「分配パラダイム」と呼び、「抑圧」あるいは「差別」批判という観点から、分配的正義論の限定性を指摘した（Young［1990］［2006］）。その主要な論点の一つは、分配アプローチは再分配が必要とされるような結果をもたらすプロセスを軽視している、という点にある。すなわち、分配に焦点を当てることは「第一に、分配が生ずるプロセスにあまり注意を払わない。第二に、利益と負担の分配の焦点化は、分配パラダイムのもとではうまく扱えないような構造的なプロセスの重要な側面を曖昧化する」(Young [2006:91])。この「プロセス」のなかには、所有権や権威、意思決定権力、職務などの割当て、法的ないし社会的権威、日常の慣習等の構造的諸関係に関する既存のセット、そして文化が含まれる(Ibid.: 92-3)。たとえば、相互行為の慣習や行為に対する価値づけ、マスメディア等での表象等が、特定の人々や特定の振る舞いを劣位化することがある(Ibid.: 94-5)。

この議論では必ずしも「貨幣費用負担の強制×行為選択の自由」という図式そのものに対する批判が主題化されているわけではない。とはいえ、ここで指摘されている問題点は、ケアと排除をめぐる論点に引きつけて解釈すれば、「貨幣費用負担の強制×行為選択の自由」という図式を越えた諸問題を示唆していると言えるだろう。それは、単純な話だが、ケアを必要としない人を「標準」とする慣習や文化、価値観や言説構造を前提とした日々の相互作用のプロセスの重要性の指摘である。

またヤングの議論も踏まえつつE・アンダーソンは、資源主義批判の文脈においてではあるが、「ある種の不正義、例えば集団スティグマ化やステレオタイプ化といった抑圧的な言説規範、そして仲間はずれによる事実上の集団隔離」などの不正は、「諸個人に対する特定の資源の分配によって構成されているわけではないし、したがって、それによって改善されうるものでもない」と指摘する(Anderson [2010:89])。それらは、文化的価値観や言説構造の歪みなどによって構成されているからである。こうした不利益は、物理的な「資源の再分配によっては直接的に対処されえない」(Ibid.: 89)。そして、インフォーマルな相互行為や文化的価値観、言説構造に起因する問題にとくに深刻な形で直面するのは障害者である(Ibid.)。

同様に、L・テルジは、とくに障害者を念頭に置いて次のように述べている。たしかに、資源分配論においても「特定の社会的・環境的編成のデザインによって強いられる不利益」を考慮に入れることは可能である。しかし、障害者の不利益にとっては、さらに、「平等な地位に対する文化的・社会的規範とそれらの果たす役割」（Terzi［2010:163］）が重要である。たとえば、「他者の反応」つまり「他者が障害者を見る見方や行動の仕方など」（Ibid.:163）による影響を少なく見積もるべきではない。この点、資源分配論は、「障害を持つ人々の社会的に不平等な地位の形成に大きく関わる文化的要素や個々人の態度といった要素を過少評価する傾向にある」（Ibid.）。じっさいこれらは、規範的な主張の射程を貨幣費用負担の強制に限定する有償化論／制度主義では対象にならない。

日常的な相互行為として想定されているのは、法的強制にも貨幣にも親密性にも媒介されない行動選択の場面である。子と障害者はもちろん異なるが、いずれにしても、ケアが必要な人とケア提供者が、日常的相互行為から排除されるという点では共通する。だが、最初に確認したように、「貨幣費用負担の強制×行為選択の自由」という図式では、ケアという活動を選択しない人々の行動は、貨幣費用を支出するか否かという観点からしか評価されず、有償の労働に含まれないような活動もとくに問題にならない。有償化論は、その理由は様々であるにせよ、個々人に積極的な行為を要請する理論ではなく、社会成員に対して要請されるのは貨幣費用負担に限定されるからである。

この図式からすれば、たとえば言語障害をもつ人は介助者を介してでなければ会話に参加できない、といった状況は問題にならない。あるいは、たとえば、介助者がいないと面倒だから、職場・旅行・学校・飲み会等々の場に「参加したいならケア労働者を連れて来い」といった態度もとくに問題にならない。ケア労働者は、あくまで、他の人々のケア負担を解消するための媒体として位置づけられるからである。

他方、排除批判論は、そうした日常的な相互行為や関係性に内在する問題を指摘した。では、日常的な相互行為を問題化する立場は、日々の行動を、法的な強制力によって統制すべきだ、という立場になるのだろうか。そうではないだろう。強制には本質的に馴染まない部分があるからである。これは、物理的なケアを強制することについてしばしば指摘される問題とは、水準が異なる。物理的ケアの強制が問題視されるのは、相手に不利益をもたらしうるという蓋然性レベルの話であり、したがってつねにそうなるとは言えない（逆に、ケアに積極的な思い等をもつ人ならばつねに良質のケアを提供できるとも限らない）。それに対して、ここで求められているのは尊重であり、強制による態度変更は相手を真に尊重していることにはならないからである。

とすれば、日常的相互行為プロセスやそのなかでの態度を問題にする立場は、非制度的な個々人の振る舞い（conduct）や行為（behavior）そしてその背後にある価値観等の改変に向けたアピールを、規範的な主張に含める必要があるだろう。もちろん、これはケアの場面で有償化そのものを全面的に否定し、万人が無償で担うべきだという主張に必ずしもなるわけではない。とはいえ、規範的な主張の射程をめぐって、有償化論には再検討されるべき点がある。

4　まとめとごく簡単な案

以上の議論をあらためてまとめるならば、三つの論点に整理できる。

第一に、従来の有償化論のほとんどが、「貨幣費用負担の強制×行為の自由」という枠組みを採用する「制度主義」の形式に収まっている。

第二に、この制度主義的アプローチには、日常的な個々人の行動を問題にしないという特徴がある。だが、性別分業をめぐる批判や障害者運動の議論は、非制度的で日常的な場面での個々人の相互行為や関係性の重要性を示唆している。とくに「排除」に対する批判が主張したように、もしそうした関係性の構築が一つの目的として重要性をもつとすれば、制度主義による分業という方法は、少なくともこの部分については不適切だと言えるだろう。

第三に、もし個々人の日常的な選択や行動の改変が重要な課題になると言えるとすれば、個人の行動や選択、欲求や価値観に対する何らかの道徳的なコミットメントないしアピールが必要になるだろう。もちろん、個々人の行為・動機・価値観や欲求に向けた主張と制度論的な主張は排他的なものではない。むしろ、個々人な行為の改変と基本的な価値の共有を基底とすることで、制度を評価する視点が得られるだろう。そしてそれは、ケアをめぐって指摘されてきたいくつかの論点、たとえば「排除」に対する批判を適切に評価することでもあるだろう。

最後に、人々の日常的行動や選択、そして価値観の変容が重要な課題になりうるとして、具体的にはどうすればよいのか、について簡単に見ておこう。障害者運動がかねてから重視してきたとおり、あるいはM・ヌスバウム（Nussbaum［2006］）も言うように、やはり「教育」の場面が重要になるだろう。★04 教育は、強制／非強制の峻別ができないような行為を多く含む特殊な場である。この場面では、「強制」はつねにケアの質の低下をもたらす、という議論の前提そのものが変わる。

公教育の場をできる限り（もちろん困難な場面はあるとしても）★05 統合教育にして、教育プログラムにケアに関わる時間を入れること、そして、若者に対するケア労働従事プログラムの導入などが具体的な案になるだろう。ケア労働従事プログラムとは、一定期間、若者にケア労働をさせるプログラムである。よく知られているように、ドイツでは、若者は二年間の兵役か三年間の別のサービスに従事するか、という選択肢を与えられる。この「別のサービス」の大部分がケア関連の労働である。ヌスバウムが言うように、それによって若者はこの仕事がどんなものかを学び、その重要性と困難さを学ぶ可能性がある。このプログラムには、若いころにケア労働を経験させることで、ケア活動に関する認識を深め、政治的議論と家庭生活においてケアを重視する態度（attitude）の形成が期待できる（Nussbaum［2006:213］）。また、公教育のなかでケアの重要性を教えることの目的は、ケアを忌避する傾向をもつ人々（とくに男性）の価値観と感覚を変えることである。この種の忌避感は生来の（innate）ものではない。それ自体、たとえば「男らしさ」と「成功」等に関する社会通念を前提として内面化されたものであり、したがって別様に教えることで変えることもできる。ケアニーズの認識を重要な側面として教えることにより、ケアに関わる仕事をより尊重することになるだろうし、それに対する支払いについての公的態度を培うことが期待できる。また、家族内でこの仕事を分担することに対する忌避感を減らすだろう（Ibid.: 213-4）。

このヌスバウムの議論に付加すべき点があるとすれば、前田［2009］が述べるように、ケアを通して、ケアを要する人々への距離感を減らし、人として同等に尊重する感覚を涵養するための一つの契機になりうるという点だろう。

もちろん、教育やケア活動に少し従事するだけで人々の価値観や意識が変えられるなどとは思えないが、少なくとも、個々人の選択・行動とその背後にある価値観が一定の重要性を持つとすれば、貨幣の再分配と職場等の整備などの政策セットに加えてこうしたアプローチが必要になるだろうし、また規範的にも意義を認めるべきだろう。また、教育の場面のみならず、より広く、いわゆる文化的な表象やメディアの内容についても同じことが言える。

註

★01　「分配一元論」という表現は、J・ウルフとデ－シャリット（Wolff & De-Shalit［2007］）による「貨幣補償一元論」という表現に示唆を受けている。ウルフ等の議論はリベラルな平等主義の議論文脈の中で展開されている。その主な論点は、平等の指標に関する厚生主義・資源主義もいずれも「貨幣補償一元論」に収斂するがそれはもっともらしくない、という点にある。ウルフ等はこの「貨幣補償一元論」を「補償パラダイム」と呼び、これを批判して、より多元的な不利益の指標が必要だと論じている。彼らの議論は必ずしも「分配的正義論」全般に対する批判ではないし、「分配パラダイム」そのものが批判されているわけでもない。ただ、ウルフは尊重（respect）という観点から分配パラダイムを批判する議論も展開している。このウルフ等の議論も含めて、制度主義・分配パラダイム批判論の検討は別の機会に行ないたい。

★02　もちろん「財源」という観点からは、自ら自発的に（貨幣獲得手段としてのみ従事する人よりも相対的に安価に）ケアを担う人は歓迎されるだろう。ただ、ここでは財源とは異なり、ケアされる側の福利という観点からの評価である。

★03　以上の主張とは異なるが、「青い芝」の行動綱領について、田中耕一郎は、「1979年に来日したアメリカＩＬ運動のリーダーであったロバーツ（Edward Roberts）が「それは（青い芝の会の行動綱領は――筆者〔田中耕一郎〕）――、宗教の問題である」という評価を下さざるを得なかった」（田中［2005:89］）というエピソードを紹介している。

★04　ヌスバウムの主要な関心は、ケアを社会的に分担するための規範的論拠を提示することと、とくに家族内でケア関係にある者の福祉を改善するための政策提言にあり、制度政策的アプローチを越える主張をしているわけではないが、個々人の態度や価値観の変容を目的に含めている点は重要である。①ケア労働を行なう家族成員への資力調査なしのダイレクトペイメント、②若者に対する強制的なケア労働従事プログラム、③公教育におけるケアの重要性の強調、そして④職場の変革である（Nussbaum［2006:212-5］）。ヌスバウムはケア労働従事プログラムの利点として、ケアを安く調達できる点も挙げている。ヌスバウムの議論の前提には、人格に関する卓越主義的（perfectionism）アプローチがあるのだが、個々人の行為や選択が重要だとすれば、そうしたいわゆる「内面」へのアプローチは避けられないだろう。九〇年代以降の正義論では、共同体主義や徳倫理そしてフェミニズムなどによる批判を部分的に踏まえつつ、個々人の意識や価値観等に着目する議論が、相互に独立した形ではあるが一定の文脈を形成している。これらについては別に検討したい。

★05　たとえば、聾教育をめぐる諸問題については上農正剛［2003］を参照。

第2部　近い過去を忘れないことにし、今さらながらのことを復唱する

第1章　あの「政権交代」はなんだったのか

＊第2部の各章は『現代思想』に連載された文章をそのまま掲載する。書誌情報以外の加筆部分は〔　〕で囲んだ。本章は第47回（[2005-(47) 2009-10]＝二〇〇五年から始まった連載の第47回・二〇〇九年一〇月号、以下同様の記載方法を採用）「政権交代について」。ただし註2は新たに加えた。

時期としては、第3章とした文章の一月後に書かれたものだが、なにがどうしてこうなったのかについて書いた文章をまずもってきたらよいと考え、第1章とした。（なお天田城介に問われて話した時にも似たようなことを述べている（立岩・天田［2011a］）。）

いつのころからか楽観的になることに、すくなくとも悲観的にならないことに決めたので、とくに悲観はしていない。そして、たぶん問題は、いくらかは「言論」の水準にある。もし私が「言論人」の一人であるとすれば、私（たち）が非力なのだ、ということもある。それでも、私はこんなふうにしか書けない（書かない）のだが。

1　選択で選択されなかったこと

この〔二〇〇九年の〕九月に発行された『税を直す』（立岩・村上・橋口［2009］）は、もちろん「政権選択」に関わる本として、その時期だから書かれて出された本である。その紹介は、前回、本誌〔『現代思想』〕九月号に掲載された「『税を直す』＋次の仕事の準備」で行なっている〔→本書第2部第2章〕。わかりやすい話をしているのでもあり、その中身についてさらに解説の要はない。ただ本号〔『現代思想』二〇〇九年十月号〕の特集が「新政権」でもある。今回のための原稿〔「資産としての職・1」〕を次号に回し、本の位置づけも含め、いくらかのことを述べる。

その本では、何にいくら使うか、そのためにどこからどれだけもってくるかを具体的に言うというより、基本的なことを忘れてしまうように社会が推移してしまったその経緯を述べた。すくなくとも知っておいた方がよいことを書いた。それは、基本的なかまえとして、社会的な分配をまともに行なう社会を構想し実現するのか、それともそうでないのかという対があることを確認しようということである。すくなくとも選択の対象として考慮されてよい選択肢、選択肢の幅が存在しないことが悲しまれるべきことであるという思いがあって書かれた。

とすると考えてもよいのは、なぜ、この普通の幅——と私には思えるもの——がここに、すくなくとも一定の大きさをもって、存在しないのかである。税制に即してその可能性を否定しようとするその短い歴史は本で概観したのだが、ここではまずおおざっぱに、またこのたびの選挙に関わる部分から、見ておく。

皮相なところで気になるのは、大きなメディアで、政治家が、また普段の仕事としては別の職種の人たちが、様々にやかましく意見を交わしている様だ。交わしているかどうかわからないがすくなくとも何かを語っている。その場でいったい何が語られているのか。まずほとんど政策というに足るものが語られていないことが多くある。そしてある程度の脈絡がある場合であっても、おおよそこのたびの本の「まえがき」で書いているようなことだけが語られている。つまり、一方の側が他を節約するからしかじかは大丈夫だと言う、すると他方の側はそれは楽観的すぎる、消費税を言わないのは大衆におもねっているといったことを言う。いったい、今時のメディアというものはいったいどうなっているのかと、人々が床屋で語るようなことを私もまず言うことになる。もっと違うことを言ってもよいのではないか。そう思うことはいくらでもある。(ただ床屋では、そうした場所で語られる様々やその場所の騒々しさやだらしなさに対する嘆きと、その場で語られる様々と同じ内容とが、同時に語られている。こうしていくらか面倒なことになっている。)

なんでこんなことになったのか。深読みをしたい人もいるのもしれないのだが、ごく単純に、とくに意図や悪意や、そんなものなしで、幅が狭まっているように思う。もちろん、その人たちの中には、政治の仕組みや政治家や政局について、たくさんのことを知っている人たちがいる。だが、一つに、ごく基本的なことについて、あるいはごく基本的なところから、ものを考えるという構えが失せている。他方で、有限性や危機という前提は自明にされる。知識や思考の不在がある。例えば、高齢化社会についての——たしかに根も葉もないといったものではない——心配について、『良い死』[2008b]に述べたようなことをいくらか話すと、それはそれで、なるほどとわかってもらえる。知りたくないことをわざと知らないようにしているというのではなく、単純に知らないでいるようだ。

そして発想について、視点について。まずきわめて単純なことである。平等が政治の目標のすくなくとも一つではあるという感覚が希薄になっている。かつてそれは、反対する人も含めて、しかし考慮される目標としては、普通のものとしてあったのではないか。

そんなことを言っていた（はず）の前の世代を持ち上げ、それと比べて、体制について語られなくなった後に大人になった世代の人々をけなそうとは思わない。むしろ、幾度か書いてきたように、それを言ったり問うたりすることを止めてしまったのは、前の世代の人たちだったと思う。★01 責任を問うてももう遅く、今さら仕方がないから問わないが、ある程度大きな要因としてそれはあると思う。

ではどうしてなくなったのか。東西対立が云々で、冷戦が云々で、「体制」の問題が消失したなどと言われるのだが、それが何を指しているのか、今でも私はよくわからない。それが、国家が生産・流通・消費の全体を管理統制しようとする政治経済体制の是非に関わる問題であるとすれば、その体制がうまくいかないということ、またよくないものであることは、実際にその体制――それはとうにおかしくなっていた――が「崩壊」するずいぶん前から、いくらでも言われてきたことだった。また、崩壊した国々に存在していた政治体制、そして政治の実態がひどいものであったことも、またずいぶん前から言われていた。

しかしそのような、たしかにその国々の政治経済体制の重要な部品ではあったその部品たちを取り除けても、残るものはあったはずである。残すと何が残ることになるのか。すくなくとも「平等」はあったはずだ。その方角に向かう一つの具体的な政治経済の仕組みとしては、あの退屈な、そして新しいものでもない「福祉国家」がまずは残ることになる。実際、「対立」の崩壊とは、そのような退屈な仕組みぐらいしか残るものはないという退屈な認識でもあったはずだ。けれどもそのようにもことは進まなかった。「福祉国家」がもう機能しない、機能しなくなるといったことが言われた。それについて、すくなくとも私は、その理由を示してもらったと思ったことがない。けれどもそうなった。どうしてか。

歴史的な検討は省き、そして項目だけになるが、いくらかのことは言える。一つに、近代の社会は最初から、普通に平等を志向するのと違う規範を正当とし価値を正当とする社会だった。そしてそれを批判する側であったマルクス主義の側にもそうした契機があった。その制約のもとに立ち上げられた福祉国家の理念と現実は、おおむね巨大な保険会社のようなものだった。加えて、社会防衛のためにも貧困をなんとかせねばならないというぐらいのことは言うし、実際に行なうのだが、行なうのはその程度のことである。ここでは説明を略するが、米国的な枠組み――ここには米国的な政治哲学の枠組みも含む――はほぼそこにきちんと収まる。二つの政党による政権の交代は、その枠組みの中での出来事である。そして、北欧的な枠組みもまた大きくはその中に収まる。その社会の仕組みとその実態はそれを揶揄し中傷する人たちが言うよりもよいものである。ただみながたくさん税を納めて、たくさん受け取るという仕組みがどれほど魅力的であるかという素朴な疑問にはもっともなところもある。

その上で何が心配されたのか。一つに、新たにそこに生じている問題とされるのが、成長の終わりといった認識であり、お金の心配だった。同じことを、立場が違う人たち、この体制を積極的に批判し否定したい人たちも、たぶんそうではないでなくできれば肯定したいという人たちも、心配した。成長の時代であればそれも可能だったが、その時代も終わったのだからというのである。これもわからなかったし、今もわからない。わからないから、そのことについて考えて述べてきた。たんに不合理な悲観・危機感があるとは言わない。短くすれば、自らが社会に課した制約が、限界と悲観を呼び込むものとなった『良い死』［2008b］第3章「犠牲と不足について」、『唯の生』［2009b］第3章「有限でもあるから控えることについて――その時代に起こったこと」）。そして、税制についてこの国に起こったことを記したのが今度の本になる。

それに比べればずっと小さな要因だが、正しくも国家が嫌いな人たちが、数は少ないがいたということもある。その人たちは、数は少ないが、体制を批判する側の一部であった。嫌いなのはもっともである。国家には限界があり、また十分に大きな危険性がある。しかしでは国家を使わないことにするか。だとして代わりにどうするのか。ある人たちは、より大きい範域を主張するのでなく、より小さな単位を肯定する方に行った。反グローバリズムという「ラディカル」な人たちの一部にもそんなところがないではない。そしてそれは、分権といったものによく考えずに肯定的になってしまうことにも無関係ではない。

そして国家嫌いとも関係し、この仕組みはなにか中途半端なものであるとされる。それはその通りである。たしかに混ぜものであり、折衷的なものである。ただその中の何がいけないのか。例えば、この体制のもとで実現されるそこその生活は、人をだますものであり、よりよい世界の到来を遅らせるものであるといった言われ方がなされた――私はこの種の常套句に当たっていたところがあると考えている。しかし、ならば、みせかけの中途半端なものであることがよくないのであって、本物の方はよいものであるはずである。そのよいものとして自由はあるだろうし、自由がよいのであれば、そしてそのための資源が有限であるなら、あるいはあるべきであるなら、それは人々に同じく分けられた方がよいだろう。そしてその上で、それよりさらによい本物のものがあるなら、それを言えばよいだろう。しかしそうならなかった。そして、そのぐらいは与えられてよいだろうものも、さほど追求されることがなかった。

2　長く変わらなかった事情

もちろんそれでも、言おうと思えば言いたいことを言えたのだし、実際、言われてきたのでもある。そして、世界には社会民主主義的な立場が一定の現実的な政治勢力として存在する地域もあったし、今でもたくさんある。しかしこの国には、なにやら動きようがないという雰囲気があった。何か言って、それが現実の変革に結び付くのであれば何かを言うだろうし、そのために考えもするだろうが、その現実的な可能性が見えず、そのためにその気になれなかった。個別の事案に反対し、時にそれが実現することもある程度のことだから、反対派は、せいぜいその程度のものを目指してやってきた。

なぜそうなのか。なぜこの国には「交代」がなかったのか。そうしたことを調べものを言うことを仕事にしている人たちがきちんとした分析を行なっているのだろう。そして基本には、前節でいくらか述べた「体制（選択）」の問題を巡って続いた混迷がある——この選択が消えれば、より「現実的」な選択肢の間の選択、交代は起こりやすくなる。ただそれに加え、既にいくらも言われていることも含め、いくつかを記す。

（1）一つに、今の方向のままでそんなに困らないと思う人たちが一定の数いたということだ。もちろんそのことはよいことである。政治では常に「庶民」が想定される。その人たちは聞かれればしかじかで困っていると言いもする。だが、実のところさほどでもなかったりする。なぜそうであったか。それは、人々が結局どんなところをよしと考えているかにもより、それは社会でよしとされるものに影響される。ただ、多く、人はそんなことを考えて生きていない。自分と他の人たちを比べての暮らし向きの違い、困難の度合いの違いがそう大きくは現われないならまずはよしとする。そしてまたよく言われるのは、だんだんと生活がよくなることが期待されそれが実現したということだった。実際、そんな時期もあった。そのことには、この連載の最初、第1回から第10回〔［2005-(1)～(10)2005.10～2006.7］〕に述べたように、身体の差異や経済の変動・労働力の過剰といった問題を、一つには家族が介在することによって、家族を介在させることによって軽減していたことも関わる〔立岩・村上［2011］『家族性分業論前哨』に収録した「家族・性・資本――素描」［2003］等で概述〕。それは日本だけのことではなかった。そして、これもよく言われるように、企業の側による対応があった。すくなくとも正規雇用者には安定があった。組合の運動がそれを獲得・確保してきた部分もあり、経営術として採用されてきた部分もあった。これも日本に限られないが、企業に属している限りで安定し、極端な格差が少ないことは、しばらく、この国の特質とされた。

（2）他方、それではなかなかうまくいかない人たちが、政治、おもには政権党を通して利益を得ていたということがある。多くの人たちがさして政治に関心を抱かなかった――繰り返すがそれはよいことである――時期にも、政治を介して供給される便益に生活がかかっていた人たちがいた。あるいは、おおむね無関心である人がときに関心・利害を有することがあった。様々な職能団体が、政権党を支持することと引き替えに一定の利益を得てきた。そしてそれにかなりの部分重なりながら、各地域の利害が関わり、「地方」における困難の軽減が求められた。与えられたのは例えば土建関係の仕事であった。あるいは、そう展望のあるものではなかったが、第一次産業に従事する人たちに対するなにかしらであった。そしてそれは、たしかに、ある人たちに、生活や生活の足しにするものをもたらしていた。それは田舎に暮らしていた人ならわかる。その人たちは選挙区に区切られる選挙制度や「一票の格差」に守られもした。地域間格差の「是正」、是正とまでは行かないとしても、その格差の拡大に対して、それをいくらかはゆっくりなものにする効果があった。それが根本的な改善ではなく、そう明るいことはないことはわかっていながらも、それに頼るしかないという状況が続いてきた。

（3）頼られるのは与党だけというわけでない。選挙制度如何にもよって、野党とつながっていても一定の利害を反映できるといった場合には、いくらかの利益を得ることができる。例えば労働組合が支持する政党が一定の勢力をもつのであれば、いくらかのものを手に入れることはできる。

そしてさらに多様な、様々な制度から除けられ困っている人たちがいる。それは数としては少ない人たちである。そして時には多数派との利益相反もある。少数派に味方することが、多数派の反感を買うこともある。それでもある人たちは、あえて、あるいは仕方なく、その人たちの味方をすることになる。私自身はそのことにまったく肯定的である。仕方なく、しかしやらねばならないことをやってきた人たちがいて、その人たちを尊敬している。だが、これは商売としては割にあわない。

そして他方に、当初は少数の人たちの問題のように思われても、やがて皆が同じように困ることになること、そのことがわかることについては、対応の早い遅いはあるにせよ——そしてそれがときにとても大きな意味があることを認めるとしても——結局はどんな政党にしても、対応することになる。例えば、政権側は公害の問題を積極的に取り上げようとはしなかった。しかし、問題が十分に大きなものと感じられるようになれば、いくらかの対応策をとることにはなる。また問題自体がそのように——例えば「地球環境問題」のように——「みな」の問題に変換され（てしまい）もする。

多数の人たちにとっての問題が政権党によって処理され、それでも残る少数派に対応しているなら、なかなか多数派はとれない。ただそれでも、（1）に述べる「安全保障」についても含めて、その主張を維持しても一定の議席がとれる選挙制度のもとでは、その人たちも一定の勢力を維持することができる。政権はとれないし、法を制定することもできないが、議席をとることはできる。しかし議席をとり、いくらかでも発言力を得るためには、選挙区で多数をとらなければならないような場合には、その行動もまた変わってきうる。

そして（1）（2）（3）は地続きでつながっている。これらを分かつものは、政治、政権党に頼るかそうでないか、頼るとしてどこに頼むかという違いなのだが、その違いは多く相対的なものである。例えば、直接に政治に訴えなくても労働法に保護されることはある。

（4）そして、経済の経営である。現実には、経済について、国家が主体になり、そして国際競争の主体となっている。その経営体として国家をみた時、これまでの政権の人たちの方が年期も入っているようではあり、また、上手ではないかという憶測があった。経営を考えるなら、労働者の側よりは経営の側を重視することの方がよいという判断もあった。ときには労働者たち自身がそのように思った。これまでの人を変えて、またやり方を変えてだいじょうぶなのかという懸念があった。

（5）そして一つに、軍事・外交、「安全保障」の問題がある。軍事的な脅威への対応というだけでなく、結局のところ、とりわけ米国との関係を変えた時に、実際問題としてうまくやっていけるのか、利益を得続けていけるのかという心配があった。私はやっていけると思うけれど、そのようには考えてこなかった人たちもいた（いる）し、そのように思うことにいくらかもっともな部分はあった。

一つに、暴力の行使を常によくないことであると考えるのか、そうでないのかといった「難しい問題」がある。正当な暴力を常に全面的に否定することの方が困難である。肯定する側に、あなたの家族が生命の脅威にさらされた時にも立ち上がらないのかといったことを言われる。ただむしろ平和派にとってこたえるのは、暴政のもとで抑圧され呻吟している民が彼の地にいる時に、その暴政を倒すことに力を貸さないのかといった類の論難である。もちろんそれに対して、軍事介入にどれほど実効力があるのか、他の方策に比べてどれほど効果的かといったことを言ってきた。ただそう歯切れのよい反論ではない。歯切れのよい言葉の方を好む人たちが多くなると、賛否の布置が変わることにもなる。そしてもう一つ、そんな正しいとか正しくないとかはよくわからないが、（4）経済関係その他を考え、国の経営のことを考えるなら、戦後に出来上がった体制で基本的にはよいようだと思う人たちがいる。

交代がなかったことについて、それを「（政治）風土」によってだけ説明するのにはやはり無理がある。（4）（5）といった要因がないあるいは弱いのであれば、一つに対立は、（2）対（3）といった構図になり、その時々の情勢で、労働者側の政党がとるかそうでないかといったことになる。また多くの人の利害に関わる問題について、それをどちらが上手に実行できるか否かが問われることになる。しかし、十分に多数の人の賛成を得ることができないことがあって、事態が推移した。交代がなかった。そのことをよいことだと思わない。ただ、選択肢が「現実的」なものになることによって、しばしば交代が起こることの方が常に望ましいのか。例えば「左」を切ることにおいて成立している米国のような言論・政治空間はよりよいのか。★02 そうだと予め決めておくことはない。

そして現実には、（4）（5）について民主党の対応が変わった。というよりそのような政党としてその党が形成された。そして、（2）について、前の与党の中に対応からの撤退があった。（3）について、やはり前の政権の時代に（従来は野党が守ろうとしてきた）「既得権」が奪われた。それらとも関係して（1）に変化があった。そこに交代が起こった。そう考えられる。このことを述べる。

3　所謂小泉改革

その前に小泉政権の時の自民党の大勝を簡単に振り返っておくのがよい。あれはなんであったか。一つに、中身のない、なにやら派手な動きに人々が乗せられてしまったのだと解することもできようし、それもまたいくらかは、むしろかなり、当たっているだろう。ただそれだけのことでもない。

そこに一つあったのは、(2) 政治によって得をしてきた層に対する敵意、さらに広く (1) 慣行その他によって守られてきた層に対する敵意のようなものだった。それはどこに発するか。「自由化」が消費者を益するものであることはある。ゆえに消費者としての (側面をもつ) 人々に「自由化」が受け入れられたという側面もあるだろう。ただそれだけのことではなかったはずだ。労働者そして／あるいは事業者である人々による支持があった。

既に (1) の状況は変化してもいて、「改革」を支持した人たちの少なくとも一定数は、事業者として労働者として、安定していた人たちではなかった。安定している人もいたが苦労していると自認する人たちだった。郵便局員たちや自治体職員は、そうでない人たちに比べて、例えば宅配を出来高で請け負っている人たちに比べて、「不当に」安定している人たちであると受けとられた。自分たちは不安定な中で苦労しているのに、その人たちは守られている、それは不当だと考えられた。そういう人たちが——正確にはそういう人たちも——「自由化」を支持したのである。既にあったものによって守られない人たちが、いくらかは守られていた人たちの「特権」を奪うことに賛成したのである。

そしてそれは、(1) と (2) がもううまくいかなくなっているという現実、認識とも関わるものだった。今でもそれで利益を得る人は一定の数いるのだが、それに関わらない多くの人にはその益はまわらないことになっている。それは与党の基盤を弱くするものでもある。実際には、一つ前の選挙では、護りたい人と壊してよいと思う人が同じ党に投票した。その結果、勝利した党 (の党首たち) は壊すことが承認されたとしてその方向に動いた。

そしてここでは政党の間の差も微妙になってくる。まず当時の与党内に「既得」のものを切られては困る人たちを支持基盤にする人たちがいた。それだけでなく、信条・心情として「行き過ぎた自由化」に反対という人もいる。その人たちは小泉改革に批判的だった。二通りの人たちが並存した。そうした中で、後の政権は右往左往することになり、それは見ていて格好のよいものではなかったが、いたしかたないところもあった。また当時の野党の中にも政府・自治体職員や郵便局やその労働組合を支持母体にする部分があった。しかし、やはり「改革」「自由化」が好きな人たちもいた。

そしてこうした動きと、（4）（5）に関わる人々の、また政党の動きとは連動している。ひどく雑駁な言葉で言えば、ある人たちはすっきりしたかったのだ。まず（4）「国際競争」について、それは現実にあるのだから、うまく立ち回ることが必要だとされた。「ぬるい」ことをやっていてはいけない、もっと競争力のある国家にしなければならないとされた。そして加えるなら、そうして力をつけるなら、やがてその利益は他の人たちにもいくらかは渡るだろうとも言われた。それをいくらかは信じた人、信じることにしようかと思った人もいたかもしれない。そしてそれは、（5）外交・軍事における、「原理主義」そして／あるいは「現実主義」にも連なる部分があった。夢のようなことを言っていないで現実的になるべきだと考えられた。また、論理として辻褄の合わない、どっちつかずのことを言うのでなく、すっきりさせるべきだと言われた。

そして、これらのことはもちろん、今度の選挙と一つ前の選挙の間にだけ起こったことではない。例えば「衰退産業」とどう付き合っていくかという問題――支持基盤でもある以上完全に無視することもできないが、国際関係もあり、全面的に支持もできない――は、ずっと政権側にあったものだった。そして、選挙民たちのこの時の意識・行動にしても、一過性の熱狂とだけ捉えるべきではない。だから通り過ぎるのを待てばよいというものではない。

4 交代を巡る諸事情

この夏〔二〇〇九年〕の終わりに起こったことについて、しばらく、様々に、ときにおもしろおかしく伝えられた混迷についてはとくに言う必要はない。今述べたことに変化があったとすればどこにあったのか。

もちろんその前提には、選挙制度がある。それは誰もが知るように小さな差が大きく現われる制度である。それは政党の行動自体を変えるものでもある。それ以外にはなにか。

まず一つは、簡単に言えば、政権が変わっても大きくは変わらないという判断があったはずだ。(5)外交・防衛について、いまの体制・政策がよいのかよくないのか、その判断を留保している人々も含め、政策は当面そう大きくは変わらないようだという判断が働いているだろう。そしてその上で、米軍の日本からの全面撤退とまでは言わないが、あるいは言えないが、日本が過分の貢献をしていると思っている人は一定の数いる。今よりは国際関係における「自主性」が強調されてよいぐらいのことは多くの人たちが思っている。そんな事情があるだろう。

そして(4)政治経済の「経営」についても、民主党が(組織)労働者を格別に重視するということではないようであることが、これもなんとなくではあるが、認識された。もちろん消費者保護・生活者重視といったことは以前から言われてきたのだが、そもそも労働組合をそう重視しない、与党から移ってきたような古い政治家がいる。また「市民」を代弁するとして政治家になった人たちも多い。組合を支持母体とする人の力はさほど強いものでなくなっている。

(3)組織労働者、そしてそこに括られない様々な少数派は、民主党の言っていることが様々にわからないところもあるから、本当は別のところに投票したい人もいる。しかし今の制度のもとで、しかも今度は勝つ見込みがあるとなると、そちらを選ぶことになる。その結果政権が変わったからといってうまくことが運ぶ保障はない。しかし、与えられている選択肢の中ではそうすることになる。

（2）について。第一に、政権党から仕事を得ようと期待する人たちが減ってしまっているということがあった。まず、よく言われるように、田舎に新たに作る建物や道路がそうたくさんはなくなってしまったということがある。以前からそのことに関わる批判はなされ、その批判はかなりの部分共有されるものになっている。もちろん依然としてこれを基盤とする人たちはいるのだが、以前と比べてその発言力は強くはない。その利益が少なくなってしまっている。それは「改革」の帰結である部分もあった。特定郵便局がなくなってそこを辞めた局長たちは、復職の現実的な見込みがなければ、もうそのために動くことはしない。（ただもちろん、各地に政治に頼ろうとする人は依然としている。いなくなることなどない。その人たちにとっては、ともかく仕事を与えてくれればよいのだが、その要望は、今度の政権党に向かうことにもなる。）

（1）このように推移してきた間に全般はどういうことになったか。様々な「既得権」の破壊があった。「改革派」はそれが理由だったのではないと言うのだが、職を失い、生活基盤を失う人たちが大量に現われる。それに「小泉改革」が——むろんそれ以前から進んできた変化が——関わったことについては、ある程度の共通了解になっている。そこで変化の方向には働いた。

ただ支持した側も、また支持された側も、何がよいと思っているかははっきりしない。何を支持したのかはわからない。一つに、前に述べたように、政治勢力の双方が両方の契機をもっている。これまでのつきあいを大切にしようという傾きの人たちが——双方でつきあっている人たちは、片方は自営業者が多く片方は雇用者が多いというように、同じでないとしても——いて、「改革」を掲げる人たちがいる。またときに同じ人に両方の契機がある。

だから、いずれの側においても、対応ははっきりしない。ただ、社会がうまくいかなくなったことに関わったのが自民党の側であったから、別の側に票が流れたということだ。

それでこんど与党になる側が何を支持しているのかもそうはっきりしない。もちろん「生活」はいくらも言われた。また「格差」といった言葉も使われた。「貧困」も言われた。いくつかの政策も示されたのではあった。だが、その問題について、正面からはっきりしたことが言われることはなかった。そしてそれにはそれなりの理由・事情もあった。その基本がどこにあるかについては、よくわからない。当の人たちにおいても見えていないのだと思う。混沌としている。だが、それはたんにおろかであるということではない。見てきたように、混乱するべくして混乱している。

加えて（3）に関わり、はっきりとした態度をとることが多数派を得ることにつながるのかどうか読めないと思ったところもあるかもしれない。貧窮のもとにある人たちが数百万という数いるとしても、しかしそれは過半を超えるわけではない。とくに利益相反があると想定される場合の少数派の主張にどこまで付き合うかという問題がある。不利益を受けている人たちが少数者でも、問題の解消について多数派の同意が得られれば、問題はない。しかしそうでない場合には違ってくる。貧者の要求をかなえることが自分たちを害すると考える人たちがいるなら、その方向にはっきりと向かうのは難しいと考えたかもしれない。

そこでいくらか及び腰ではあった。しかし対応が求められていることは明らかであって、なにごとかをしなければならないとは思われている。では何をするか。

5　答えなかったが問われるべきこと

まず、（2）に記したやり方、「公共事業」によるやり方がうまくいかないという理解はわりあい広く及んでいると考えてよい。すると、地域間格差を問題にしながらも、それを基本的には個人の間の格差として捉え、それを是正するという政策への移行については了解を得やすくなっているとは言える。国政選挙が地域の小さな選挙区において行なわれるという事情は変わらず、むしろ選挙区はより小さくなったのだったから、利益誘導がなくなることは考えられないが、それでも、今まで通りでよいとは思われていない。

無駄を減らすのだという。探していけば、無駄と見える部分は出てくるだろうし、不正も発見されるだろう。そして、それが税金によってまかなわれている事業・仕事ということになれば、それを権力者として摘発せねばならない側に立つことになる。実際、潔癖な人も多いし、その種のことに才能のある人たちもいる。嬉々としてそれに取り組む首長もいる。熱心に行なわないと、攻撃され、守勢に回らざるをえないということになる。面倒なことだが、言ってしまったのだから、仕方がないのかもしれない。ただそれがどれほどの効果をもたらすか。それほどのことにはならない。問題は、より基本的なこととして、何を行なうのか、行なわないのかである。

「既得権」という言葉には予め否定的な意味が付与されているのだが、既にあるものの皆がわるいわけはないのだから、評価の基軸にならないことは明らかである。とすると、本来であれば、どこから見ていくか、その場所を立てなおす必要がある。これが考えどころである。しかしたしかにこれはいくらか難しいところがある。

一つには、大きくは、所得保障という線で行くのか、労働や事業に関わる政策で行くのか、いずれか、いずれもであるとしてどのように組み合わせるのかである。実際に現われている問題の核にあるのは、しかしそのようには語られていないのは、このことである。つまり仕事が得られず、収入が得られない人がいる。これまである産業を、結果としてその産業で働く人の就労を支援し、結果その人の生活を成り立たせるといったことをしてきた。それがすべての産業に及ぶのでなければ、そこに選択が働く。選択してほしい人たちがおり、それに応えようかという人たちがいる。それはよいか。それは不公平であり特定の人たちの救済にしかならずよくないという人もおり、また他方に、農業なら農業を護らねばならない特別の理由があるのだからよいという人もいる。

むろん、労働政策にはとくに労働の種類を特定しないでなされる政策もある。しかしそれがよいか。既に働いている人に対する政策は、当然のこと働いていない人を対象にしない。では就職できるように就労支援をすればよいか。しかし就労支援をしたら人々はみな就労できるか。そんなこともないだろう。とすると、一つの方向として、所得保障は行なう。その代わりに、労働に対する保護については外す方向で行くという案がある。前回（[2005-(46) 2009-8]→本書第1部第2章、ただ『ベーシックインカム』（立岩・齊藤［2010］）に収録した部分は略）検討を始めた『ベーシック・インカムの哲学』（Van Parijs［1995＝2009］）は普通の意味で難しい本だから、こんど新しく議員になられた方々に読んでくださいとはなかなか言えないのだが［ただヴァン＝パレースの本の検討から始めた『ベーシックインカム』の方では基本的な論点は押さえられている、また後藤の解説（後藤［2009］）はわかりやすい］、ベーシックインカムの主張はそのような主張としてなされることがある。これはこれで、たしかにすっきりしている。

私自身は所得政策と労働政策の両方があってよいという立場だが、この立場に対する批判が一定の妥当性をもっていることは認める。どちらをとるか。このような問いがある。

このようなことを考えるに際しても、何をもとのところに置くかをはっきりさせた方がよいし、その方がわかりやすい。実際には、常に、すぐにそうたいしたことができるわけではない。しかしすくなくとも参照軸として、公平・平等があると決めることはできる。

すると、何を人々が得られるのがよいかである。得られるべきものに、労働から収入以外に得られる働くことの誇りといったものを加えると、所得政策だけでなく労働政策が正当化されるように思われる。けれども、かえって労働からの退出の自由を実質的に認めることの方が、労働（者）の尊厳を保つことになりよいといったことが言われる。こうした議論になる。そんな議論をするべきだと思う。

ただ、たいがいの場合、考えるべきはもうすこし単純なことのはずだ。例えば、ある人が同じだけを払って、同じだけを得るのであれば、それは何もなかったことと変わらない。さらにその得るものが政治的に決められてしまったら、自分で決めることよりもよくないと言えることも多々あるだろう。

さらにこのように考えていくと、実際には逆進的な分配とでも言えることが多々なされていることがわかる。今の日本に限ったことではない。多くの福祉国家の実態はそのようなものであった。

例えばこのたびの、高速道路の使用料を無料にするといった政策はどうか。まず、自動車を持っていなければ高速道路は使えない。もちろん食品を運ぶドラックもその道路を通るだろう。また、自動車をもっている人は道路を使い観光し、行った先でなにかを買ったりすることがあるだろう。それで直接に潤うのは特定の人たちであるとしても、波及効果があると言われる。その通りであると認めよう。しかし、この政策と――無料化して失われる収入と同じ額を支出してなされる――どんな政策を比べるかであり、どちらがより好ましいかである。例えばこれは、労働政策と所得政策を比べてどうかといった問題よりはずっと簡単な、わかりやすい問題である。

これから、先の政権が行なったのと同じように、この政権は不手際なことをたくさんするだろう。そして、内部に大きな差異を抱えているのだから、そして他党と連立すればなおのことだから、一貫性がないと言われもするだろう。それはまったくの事実でもある。ただ、だからこそ、立ち位置を決めた方がよい。

するど、それほどどうしようもない政策でもないが、しかし取り下げてもよい政策も出てくる。それはたぶん、約束を守らないこととして、その評判を落とすことになる。「マニフェスト」で宣言したことを取り下げるというのはたしかに格好のよいものではない。だが、一貫した立場から、考えなおしてこうしたということであれは、理解する人たちはいる。

6　期待される人材について

そんなことを考えてもらいたいその人たちはどんな人たちか。一つに、前々から政治家をやっている人がいる。すくなくとも私には、どこからどこを渡り歩いてきたのか、知らず言えないような人たちがたくさんいる。実際言うことを読んでも、どこの政党に所属しているのかよくわからない人たちがいる。ただそれは必ずしも節操がないということではないことは述べた通りだ。

そして、それより後に政治家になった人たちがいる。そして最近なったという人がいる。その人たちはどんな人たちであるのか。どこで勉強し、知識を身につけたのか。何を学んできたのか。それは政治を語り未来の社会を語り合う政経塾であったり、NPOであったり、両方であったりするだろう。国内の施設で働いたり海外を視察してきたといった人もいる。

その人たちは、しばらく政治がつまらない仕事であると思われ、流行らないでいた後に、そういうことではいけないと思ったのか、新しく出てきた。そして今、その人たちは、かつてのように煙たがれることはなく、そこそこに受容されている。また、かつてはそんな素振りも見せなかったが、「自らが参与する言論の」場所を変えて、熱心に政治を語ったり、それに参与しようという人もいる。その人たちには熱意があり、また良心的であり、真面目である。不正に対するいきどおりをもっている人たちではあり、なにごとかがなされなくてはならないとは思っている人たちである。

正義漢で無駄や不正に敏感なのは、むろんよいことである。そしてその態度は、何にせよ税その他を払いたくない人たちの気持ちに寄り添うものではある。ただ、そうした方向での努力がどれほどのものをもたらすかは計算しながらの方がよい。そしてその主張や行ないが、節約して減税、増税抑止のための節約という枠の中に収まり、別の話ができないということになればそれはよくないだろう。

そしてその人たちは、情熱をもち良心的である。この間の困窮者の増加については、そのままでよいと言っている人はいない。なにかすべきだとは思っている。とくに「悲惨」である人たちにおおいに同情するだろう。けれど、悲惨であろうがなかろうが、かわいそうであろうがなかろうが、同じぐらいの生活ができてよくはないか、よくないとしたらなぜか。そんなことを考えたことがなく、ゆえに答を用意していないとしたら、それはよくないと思う。あるいはその人は、その問いが手短かに示された後の、平等ではよくないという様々な理由は勉強したことがあるかもしれない。とくに勉強したことはないが、聞いて知っているかもしれない。ならばもう少し進んで、その理由がどのように繰り返されたのか、別の説もあることをどのような経緯で自分は知らないのかを知るとよいと思う。『税を直す』で、税の累進性を弱めるにあたって言われたこと書かれたこと、あまり言われなかったことを並べて検討した。そのどれを知っているか、どれを知らないか、確認してみるとよいと思う。

そして、議員活動をしばらくやってきた人たち、中堅と呼ばれたりする人たちには、熱意に加えて実績がある。例えば、公的介護保険制度の創設に尽力した人たちがいる。誤解のないよう繰り返すが、と幾度か繰り返してきたが、その制度はないよりもよいものだった。だから、その尽力は称賛されてよい。

ただまず、端的に、その制度の介護（だけ）で人は生きていけているのかである。そしてその制度を苦労して作るにあたって言われたことは、また実際に作られたものはどんなものであったのかである。詳しくは別稿――「軸を速く直す」［2009e］第2章「何が起こってしまったのか」、9「益に応じた負担あるいは応分の負担という気分」、10「代わりに」、11「所得保障と社会サービスは別のものではない」――に譲るけれど、その立派な制度を巡る言説とその制度そのものが、私たちの現実の可能性を制約し、暗くさせてしまうものでもあること、すくなくともありうるものであることに、いささかでも注意を払ってもらえればと思う。

★註

★01 「「近代（社会）を問う（問い直す）」という多分に大言壮語的な問いが示されたことはあった。私はそれを馬鹿にしてはならないと思う。いろいろな大切なことが言われた、少なくとも呟かれた。しかしそうであるがゆえに、どこをどう詰めていくか、理論的にも面倒なことになってしまい、それ以上に現実的な展望が見えない。それで先が続かなかった。／そんなぐあいになんだか疲れてしまって、暗くなってしまって、それでどうしたかというと、「別のもの」を探しに行ったのだ。［…］

そうした「知」の他方に、「総合雑誌」で語られているような事々がある。それは脂ぎっていて、手がべとべとしそうで、そのわりに硬直している。それはつまらないと学生は思う。「動機づけ」が希薄であるように外から見える人たちの中には、そこにある硬直性に嫌気がさしている、警戒している、そんなところがあるのかもしれない。だから手をつけない。私はその感覚は健全だと思う。」（［2000d→2006b:17-18］）

★02 規範的な議論が盛んでなかった日本の状況に「比べて、例えば米国の政治哲学はそれなりに元気に続いてきたのだが、それは革命運動・思想の不在による、あるいはそれと政治哲学との間の距離によるところがある。

一方の人たちにおいては基本的な方向は明確であり、そこに至る変革の実現性を考えるときに根拠が問われ、それがいま述べた場所に連れていった。それがこの国に起こったことなのだが、他方の人たちはそんなことまでは考えず、そして何がいったい正しいのかという悠長な議論をしていたのでもあり、同時に、予め可能な社会のあり方の範囲が限られた中で、つまりは二大政党的な枠組みの中で議論をしたのでもあった。どちらが「遅れている」のか、どちらがよいのか、簡単には言えない。ただ私は、考えるべきその相手が失せてしまったのではないのだから、先を急ぎそして行き詰まった思考を記憶しながら、いくらか戻ったところから、たしかにいくらか悠長であるかもしれない議論をしていく。」(［2004a:119-120］)

(2009/10)

[補] 言わずもがなのことをそれでも言う短文×3

＊一つめの短文は、『税を直す』（立岩・村上・橋口［2009］）を読んでくださったという記者の方から依頼をいただき、時事通信から配信された記事（［2009d］）をそのまま再録したもの。ただし題は各新聞掲載時と同じではない。
二つめのものは、談話というかたちで『京都新聞』に掲載された文章（［2009f］）をそのまま再掲した。三つめの文章（［2010e］）は『朝日新聞』に掲載された。二〇一〇年の二月頃——税制改革の方向が今（報じられているもの）とは違うものであった時期——依頼されてから幾度か往復があり、掲載されるまでにけっこうな時間がかかったような記憶がある。

1 選挙はあった。しかし

選挙は終わった。変化があった。ただ、この何十年もの間に、いつのまにかできてしまったものの上に、勝った方も負けた方も乗っていた。そこがつまらなかった。とくに今度与党になる側は、もっと勉強して、もっとまともなことを言えばよいのに、と思う。

この国は、税金という仕組みを使って、多いところから得て、少ないところに、必要なところにお金を渡すことをだんだんしなくなった。今度議員になった人は、いや前からの人も、このことをたぶん知らない。

消費税を巡る騒ぎの裏で、幾度も高所得者への税金を安くした。高くすると高所得者が働かなくなるとか、海外逃避が起こるとか、そして経済が悪くなるとか、理由は付けられ、繰り返された。しかしそれらは、考えてみるとあまり説得力がない。またこの政策は、レーガンのアメリカやサッチャーのイギリスのまねという面もあったが、それらの国が方針を変えた後も、日本は続けた。

こうしてじり貧になってきた予算の枠を前提にして、節約して財源を確保するのだと言う。たしかに無駄遣いはよくはない。私自身はたくさん削れると思う。だが実際にはなかなか難しい。そのお金で暮らしてきた人たちがどうなるかという問題もある。消費税はたしかに取りやすい税だが、多いところから高い割合で取る機能はない。

収入も資産も含め、多くあるところから多く得る。そして少ない人、また医療や介護など多く必要な人に渡す。税金はそのためにある。貯金や保険のようなものなら、わざわざ政府が担う必要はそうない。この基本が取り外された。外しても、合理化したり競争したり成長したら、結果的にはみなの生活がよくなるといった宣伝がなされ、信じてしまった人もいた。そして結果はひどいことになってしまった。

政府や税の存在意義の基本を是認するか、それともそうでないか。本当の対立軸はそこにあったはずだ。だが、今度の選挙ではそうはならなかった。これまでがあんまりだったから選挙の結果はこうなったが、民主党に投票した人の多くも、その公約が「ずれている」と思ったはずだ。

対立軸は基本的ではっきりしている方がよい。立ち位置がしっかりしていれば、個々の政策遂行の手際が少し悪くても冷静に見ていられる。そのためにも、歴史を知り、理屈を吟味し、あの時こうすればよかったのにと振り返り、これからはこうすればよいと思えたらよい。それが学者の仕事だとも思うから、私もその仕事をしてみている。

（2009/09/05　共同通信配信記事）

2　政権交代について

政権交代が実現したのには、変化を求める思いと、交代しても大きく変わらないだろうという読みと両方の要素があった。

変わらないだろうという面では、防衛や外交で、結局自民とそう差はないだろうと受け止めた上で、これまでよりはすこし自主性を重んじ、アメリカに文句を言うぐらいはいいだろうといった気分があった。国際競争下の経済運営についても、そう大きくは変わらないと思われた。選挙を受けた今度の組閣でも知られている顔が並んでいる。

他方、変化は求められたが、選挙の時点では、政党も国民も、どちらに向かうか、はっきりしなかった。

自営業・農業・土建業等の人たちが自民を支持してきた。他方、正規雇用の労働者の組合は野党を支持してきた。雇用が流動化する中で、既存の枠組みで保護されず不安定な状況で苦労している人たちが、政治や組織に守られていると見える人たちに反感を抱き、小泉改革を支持した。その改革では、自由化し合理化し競争し成長したら、結果的にみなの生活がよくなるという宣伝もされた。だが貧困がさらに広がった。支持した人たちは自分の首を絞めることになった。

自民は改革の宣伝で一つ前の選挙に勝ったが、結果はよくない。旧来の支持層もいる。揺れるのは当然だった。それに対し、業種や雇用形態に関係なく誰もが生活できる政策をとると言えば、はっきりした。だがそれで多数派をとれるか、民主もためらったかもしれない。それ以前に、事態をどう捉え何を言うか、わからなかったところがある。これまでがあまりだったから選挙の結果はこうなったが、民主に投票した人も、何がどう違うのか、よくわからなかったはずだ。

障害者自立支援法や後期高齢者医療などは大きな反対に会ったが、決めた自民は引っ込められなかった。新政権の公約が実現して、いくらか生活がよくなる人は出るだろう。また年金制度の一本化はより大きな改革だ。基本的に一本化はよい。だが所得比例で「たくさん払った人がより多くを受け取る」という路線は従来と変わらない。

貯金や保険なら政府が担う必要はそうない。たくさんある方から少ない方へ、医療や福祉が多く必要な人へ、渡す。民間でできず政府しかできないのはこの仕事だ。例えば税の累進性を直す。それで経済はわるくならない。むしろよくする方向に働くだろう。

厚労大臣に年金問題で名をはせた長妻氏がなった。役人と摩擦があっても、それなりに筋は通すだろう。ただ大切なのは、制度の無駄を省き明朗にすることだけではない。基本は予算全体の組み方だ。政治全体をどちらに持っていくかだ。

民主のマニフェストは全部できないだろう。むしろ実行しなくてよいと思うものもある。高速道路の無料化もそうだ。マニフェスト通りかどうかという観点で新政権を評価する必要は必ずしもない。きちんと説明できれば取り下げてよい。国民はそれを許すべきだ。

対立軸ははっきりしている方がよい。立ち位置がしっかりしていれば、個々の政策遂行の手際が少し悪くても冷静に見ていられる。

今度の大臣には古くからの人たちもいる。事情通の強みはあるが、様々なしがらみもある。他方に、今回初めて議員になった人がたくさんいる。真面目さは評価するが、社会も政党もぐちゃぐちゃになった後に出てきた人たちで、何が政治の基本的な争点なのか、見当がついていない感がある。勉強の必要がある。それはこれからのことになる。

（2009/09/17『京都新聞』）

3　所得税の累進性強化——どんな社会を目指すか議論を

菅直人副総理・財務相（税制調査会会長）がこの二月以降、所得税の最高税率の引き上げを幾度か示唆している。鳩山由紀夫首相も同趣旨の発言をした。

今まで、政策遂行のために予算はいる、しかし余裕はない、無駄を削ろう、だが限界がある、では結局消費税の引き上げか、といった枠組みで議論がなされてきた。そんな枠組みから一歩外に出た、菅・鳩山発言は支持されるべきだと私は考える。

税の大きな意義は、市場で多くを得た人から、得られなかった人に、また、得る必要のある人に渡すことにある。そうでなければ、政府が強制して徴収する税という仕組みを取る必然性もない。その機能を果たすものとしての直接税、とくに累進的な所得税の役割がここ二十数年の間に低下してきた。その方が経済によい影響をもたらし、税収も増える、といったことが語られた。だが税収は減り、なすべき政策が満足にできなくなった。

そこで所得税を立て直さねばならないことは、政権交代前の政府税調でも認識されていた。だが消極論もあった。増税は敵を作るという思惑もあっただろう、政党は選挙で争わなかった。報道でも経費節減と消費税にもっぱら焦点が当てられてきた。だが、一九八七年の税率に戻すと所得税の税収が一・五倍になるという試算もある。

政権が変わった昨年〔二〇〇九年〕秋から事態は具体的に動き出した。一〇月に首相の諮問があり、一二月に税制改正大綱が発表された。そして税制調査会の専門家委員会の顔ぶれを見ても、委員長ほか所得税の役割をより重視するべきであるという立場の人たちが多い。改革の方向は明確である。だが、異論も出されるだろう。累進性を強くすると高額所得者が働かなくなる。海外逃避が起こる。そして経済が悪くなる。根も葉もないことではないが、うのみにする必要もない。

勤労意欲の喪失という懸念には、理論的にも実証的にも根拠のある異論がある。むしろ格差が大きすぎない方が多くの人は自分の仕事にまじめに取り組むはずだ。

他方、国境を越えた逃避の可能性は考慮すべきことではある。ただ、税率をしばらく前に戻す程度のことで、税収の総額を減らすほどの国外逃避が起こることは考えられない。また、税制の安定は国際的な課題でもあり、既に長く逃避の規制はなされているし、国際的な協調・協力体制も十分ではないにしても存在する。

政権の選択とは、基本的にはどんな社会にするかの選択である。公正・平等の方向に行くのかそうでないか。対立軸をはっきりさせた方がわかりやすい。本当に財源が足りないなら必要なものも我慢しよう。だがそんなはずはない。この素朴だがまともな認識からこれからの社会を構想しよう。税制の改革はその重要な一部である。

（2010/05/27 『朝日新聞』）

第2章　税の取り方と渡し方――『税を直す』で最低言っておくべきだと思ったこと

＊連載第46回（［2005-(46) 2009-9］）『税を直す』＋次の仕事の準備』。『税を直す』をどんなつもりで書いて出してもらったのかを記した。節の構成と題を変えた。後半に「ベーシックインカム」についての記述があるが、これは同名の本『ベーシックインカム』（立岩・齊藤［2010］）の一部となったのでその部分は略した。その本は第1章に記した「政権交代」のあった選挙の前に刊行された。

一つだけ、この文章の最後に述べる自明なことを繰り返しておく。（一部の人たち・組織について）増税すると消費が落ち込むと言われる場合がある。しかし（落ち込むのはよろしくないとして）それをすぐさま生活するためには消費するだろう人たちに渡せば、それは（その消費の中身はいくらか異なったものになるとしても）消費される。

1　試算と文献案内が付されている

〔2005-(38-45) 2008.11～2009.7〕で税制について書いた。それを、構成も含めてだいぶ手直ししたものを含む本が――この原稿を書いているその最終日に見本が届き――この〔二〇〇九年の〕九月、青土社から刊行された（立岩・村上・橋口〔2009〕）。『税を直す』という題になった。

この本では、私の文章――新聞に掲載されたコラムの類も併せて収録してもらっている――で構成される第1部「軸を速く直す――分配のために税を使う」の後に、第2部「税率変更歳入試算＋格差貧困文献解説」が置かれ、そこに二つの章がある。

その第一章「所得税率変更歳入試算」では、村上慎司――論文として村上〔2007〕〔2008〕〔第2部第1章にも関係する「生活保護加算制度」について〔2012〕〕等がある――が、幾度かにわたって累進性を弱くされてきた所得税の税率を、一九八七年の税率に戻した場合に、二〇〇七年度について得られる税額がどうなるかという試算を行なっている（村上〔2009〕）。二〇〇七年度、実際に得られた給与額に関する源泉所得税が八兆七五七四億円、申告所得税が三兆七九七八億円であるのに対して、税率を戻した場合の増加分は六兆七五九三億円ほどになるのだという。

これを多いと見るか少ないと見るかは分かれるかもしれない。むろん、何に使うかにより、また何を無料にしたり安くしたりするか、しようとしているかによる。昨今なされたこと主張されていることを具体的に知るとますます陰鬱になりそうなので、知りたくないので、漏れ聞くぐらいのことでしかないのだが、なにやらなされようとしていることをなすためには、また安くしたりただにしたりする結果の減収を補塡しようとするには、十分ではないかもしれない。また、もっとまっとうな使い方をしようとする時にも、それだけで足りるということにはならないかもしれない。しかし、そもそも二〇〇七年度について村上が再計算の対象にした実際の税額は、一二兆円をいくらか超えるぐらいのものでしかない。それが六兆円以上増えるというのは――むろんいくつか本来は考慮してよい要因を、あえて、あるいは予測不可能なので、計算の際に算入しないでなされた試算によるのだが――私にはずいぶん大きなものと思われ、にわかには信じられないと感じられるほどだ。その計算・試算がどこまで妥当であるのかは、検討できる人に検討していただきたい、意見していただきたいと願っている。

ただ、所得税の増分がこの程度であっても、あるいはそれを下回るとしても――連載で検討したのがほぼ所得税に限られていたために誤解される余地はあり、それで本の方ではより多く繰り返したのだが――私（たち）は、これが唯一の変更すべき税源であると考えているのではない。具体的な計算・試算は、これから計算のできる人におおいにやってもらうとして、多くあるところから少ないところへ、また普通に暮らすために多くを必要とするところに税を使うという基本的な路線のもとで、しかるべき策をとれば、税収が足りないなどということはないはずである。

そして第2章「格差・貧困に関する本の紹介」では橋口昌治――論文として橋口［2007］［2008］［2009a］［2009b］〔その後［2010a］［2010c］［2010d］、これらもふまえた博士論文として［2010b］、それをもとにした単著に［2011］、共著書に橋口・肥下・伊田［2010］〕等がある――が、貧困・格差に関わって書かれ出されてきた文献（おもに書籍）の紹介をしている（橋口［2009c］）。ルソーの『人間不平等起原論』といった古いものもいくらかは取り上げながら、主にはここ十年ほどの間に出された本、なされた議論を紹介している。ずいぶんたくさんの本が出ていることは多くの人が感じていることだろう。しかし、専門の研究者でもなければその全体を押さえているということはない。当然のことである。ではあるが、あるいはだから、どんな人がいて、どんな本が書かれたのか、性差や世代やグローバリゼーションといった各々に関わって、どんな本があるのかを知っておくのはよいと思う。おおまかにどんな人が何を言っているのか、何と何とがぶつかっているのか、それを知っておくのは有意義なことだと思う。また、格差と貧困という、似ているようでもあり異なっているようでもある言葉がどのように使い分けられてきたのか、言葉の配置がどのように変化してきたのか、そこを知っておくのもよいと思う。フィールド調査を本領としつつも本をたくさん読んできた橋口が、たくさんの本を紹介してくれている。

それに私がにわか勉強のために集めた税金・税制についての本を加え、文献表には六三〇ほどの文献があがっている。どんな流行廃りがあったのか、どんな言論とどんな言論が――時に互いを知らず、あるいは無視して――ある時期に並存していたのかといったことを見てもらうために、この本の文献表はあえて発行年順に並べた。例えば、日本はとても平等な社会であるから税の累進性は弱くしてよいのだといった言論――前段を仮に認めたとして、「から」が論理的にはつながっていないことは本の中でも述べている――があって、それからそう時間が経たずに格差や貧困が語られるようになったりもする。どの文献がどこで解説されているか、文献表からそのページをわかるようにもしてある。この文献案内だけでも、今度のこの本は手にとっていただくだけの価値があると思う。

そしてこの本の文献表と連動するかたちで当方のホームページに文献表を掲載した。「税を直す」で検索すると出てくる。そしてそこから、個々の文献・書籍について、その目次や引用などがあるページ――その多くを橋口が作っている――にリンクされている。また、オンライン書店に注文することもできる。これも利用していただければと思う。

2　例えば分権の主張に惑わされないこと

その本の（私の）意図ははっきりしているし、言いたいことは簡単なことだ。それは幾度もその本で繰り返しているし、さきにも述べた。多くあるところから少ないところへ渡す、また普通に暮らすために多くを必要とするところに多くを渡す、それが政府の、唯一のとは言わないまでも主要な仕事であり、税金の機能である。その本義を確認し、そして実現するべきである。まずそれだけである。

ただこんな当たり前な――と私には思われる――ことを、今言うのには、この御時世であるから、という思いはあった。

きっときちんと見れば、様々に重要なことも書かれ言われているのだろうと思うのだが、例えばこの夏〔二〇〇九年〕、すくなくとも政策が語られるその最初の方に言われ、そして大きなメディアで伝えられたことは、その最初の一言二言を聞くだけでうんざりし、聞きたくなく、関係する仕事をしているはずの人としてはよくないことではあろうと思いながらも、知ろうとする気にならなかった。

例えば、ここしばらくの問題は貧困であったはずだが――皆がそのことを言っていた――、それはどういうことになったのか。もちろん景気対策についてはいろいろと語られているのではあろう。そしてまたもちろん就労支援の類のことは様々に語られているのではあるだろう。これらについて何を言うかは、この連載の中でいくらかを述べ、またその続きをこれから続けていくから、さて措いてはいけないのだろうが、ここではさて措く。ただ、つい昨年〔二〇〇八年〕、景気がわるくはなかった時、すでに貧困の問題は十分に大きなものとして存在していたはずだ。そしてそれに対してなされるとされた就労支援といった施策も、それより以前から始まっていたはずだ。それでどれほどのことが実現したのかである。

そして、「官僚支配」が批判され、そして「地方分権」が称揚される。これらもわかりやすいが、すこしでも考えるとやはりよくわからない。例えば分権について。まず、この間宣伝され、実際に進められてきたことは地方分権であった。すくなくともそのように称されてきた。もちろん今後なされるべきは、今までのようなものではなく「真の」分権であると言われるのだろう。そのように実際言われているのだろう。それは――それだけでは――無内容ではあるが、正しい。けれども無内容だ。例えば、今度の本の第1部第4章「流出」第10節「分権について」に記したことだが、財源を含めた分権がもたらしうる事態、実際にもたらしてきた事態、すなわち、各々の域の間の流出流入の「自由」のもとで、しかも税収と支出とがある域において各々によって設定される場合に、税による(再)分配機能が弱まる傾向があることにどう対するのか。その章では、懸念されたのが金や人や組織の国外への流出であったから、国家間のこととしてこのことを考えたのだが、地方自治体間のこととして考えても基本は同じである。それ以前に、地域間に経済力の差がある時、どうするのか。もちろんそれに対しても、それはしかじかに補正したらよいと言われるのではある。しかし、その補正なるものはどこでなされることになっているのか。「中央」でないとすれば、「協議」か。しかし協議で片が付くようなことなのか。となると、より上位の決定ということになるか。するとそれは分権とどう折り合うのか、折り合わないのか。

すると、公的扶助については国家責任でといったことは――実際にはこれもまた分権化してしまったらよいという議論があったし、今もあるのだが――言われる。しかし、同時に、例えば介護はそれぞれの地域の実情に合わせてなどと、すくなくともこの夏までは政権党側であった側ではない、すくなくともこの夏までは「野党」であった側からも、言われる。「社会連帯の観点」から、(累進課税の国税・所得税からでなく）定率の地方税（と「分権化」された保険）によってそれらはまかなわれるのがよいなどと言われる。そうした言論もまたその章で、すこしだけ、紹介した。そしてこれらについて、第2章「何が起こってしまったのか」の第9節「益に応じた負担あるいは応分の負担という気分」、第10節「代わりに」、第11節「所得保障と社会サービスは別のものではない」で確認すべきことを確認した。

すくなくとも争いをしようというのであれば、何を争っているのかわかる争いをした方がよいし、争うに足る争いをした方がよい。

3　基本的には個人に渡す

税に関わるところだけ少し続けよう。誰もが同じぐらい使う財について、誰からも同じだけその費用を取って、その費用を支給しても、あるいは政府がその財を購入して現物でその財を支給しても、それは――かなり乱暴な言い方であるのは承知しているが、基本的には――何もしないのと同じことである。同じだけ使うというのでなく、使う同じだけの可能性がある場合には、すこし違ってはくる。民間の保険の信頼性であるとか、任意加入にした場合に生じる問題が言われ、政府がそれを管轄した方がよいと言われる。それにもっともな部分があることは認めよう。しかし、その上で、やはり基本は同じである。

もちろんまったくこの通りという税の使い方はそうなされはしない。しかし、様々になされる施策のうちこのように捉えられる部分がどれほどかはあるか、どのぐらいあるのかを考えておいてよい。そしてこうした部分について、国民負担率が大きくなるとかそうでないといった議論にどれほどの意味があるのか、押さえておいた方がよい。すくなくともここでは分配は行なわれていない。

さらに、ただ分配の機能が働いていないというのでなく、逆進的な分配とでも言えるものがなされる場合、それが——むろんこのような文言のもとにではないのだが——主張される場合がある。例えばある種の施設に金をかけるであるとか、ある種の交通機関の使用料を安くするであるとか、無料にするであるとか。むろんその道路を使うのは、自家用車に乗って混雑した道を行楽に行こうという人だけではなく、多くの人あるいはあらゆる人が使う様々な商品を運ぶトラックであったりすることはわかっている。その上でも、やはりそれが、他にありうる施策を採ることに比べて、あるいはその施策を採らないことに比べて、必要で有意義であるかと問える。

すると必ず言われるのは、経済の再建であるとか景気の浮揚であるとかである。いまあげたしかじかの施策で地方が活性化すると言われる。正確には地方の観光業関係とそこから間接的な便益を得る人たちがいくらかの利益を得るということだろうが、そんなことがあることを否定しない。けれども、このこともまた今回の本の第1章「分配のために税を使う」第3節「経済をわるくすることはない」で述べたのだが、そうしたことをしないで代わりに得られる金を、失われなかった、金を別に使った方がよいのではないかということである。もし、より消費できるようにし、そのことによってより生産がなされるようにするのがよいことなのであれば、今消費できない人に渡せばよい。とくに高齢化が進んでいる地方で、つまりそこで必要なサービスがたくさんある地域で、そのサービスを人々が消費し、そのサービスを仕事にして税から収入を得て、様々消費できるようにすればよい。さらに、消費するだけでなく人々が貯蓄したり投資したりすることがよいというのであれば、それが可能であるようにすればよい。

4　繰り返され忘却されそれが現在を作っている

このようなことを言えば、さらに返ってきうる反論は、やはりもちろん、あるのだし、それらのいくつかについて言えることは、この本も含め、述べてきた。むしろそのことに紙数を使ったしまった。さきほど見本として届いたこの本の「帯」――これは業界の慣習としては、出版社の側が用意してくれることが多く、結果、著者では恥ずかしくて書けないようなことが、書いてあること、書いていただいていることが多い――には勇ましいことが書いてあるのだが、積極的な提言自体はさきに記したように簡明なものであり、歳入・歳出に関わる具体像は、これからのことになる。それに私もいくらかは協力させていただくことがあるかもしれないが、基本的には、事情をわかっている人たちや計算ができる人たちや賢明な人たちにお願いしたいと思う。この本におもに書かれているのは、多くその手前のこと、「いつのまにやらこの国はこんなことになってしまったらしいのですが、ご存知でしたか」といったことである。

例えば――ただたんに人が生きていくことを死ぬまで支えるといったことではなく――競争力のある産業、新規の技術開発を優先するべきである、せざるをえないといった主張がある。その主張は、一定の条件下では、否定されない。しかしその条件とは何か、それは変更不可能か、まったく不可能でないとすればどの程度可能かという問いがある。また、この懸念には理屈として筋が通っている部分はたしかにあるのだが、現実にはどの程度のことをした時にどれほどの影響が出るのか。そういった問いもある。これらの一部については、別の本『良い死』[2008b] の第3章「犠牲と不足について」、第7節の3「生産・成長のための我慢という話」、4「国際競争という制約」でいくらかのことを述べた。

そして、「労働インセンティブ」（に関わる懸念）であり、人その他の「流出」（の懸念）である。これについても幾つか書いたものがあり、今度の『税を直す』では、第3章「労働インセンティブ」と第4章「流出」で、税制改革に関わって言われたことをたくさん並べて引用し、検討した。

ほぼ同じことが言われている文章をたくさん並べていって、紙数も使ってしまい、いささか食傷気味でもあり、つまりは何が言われたのか、それをどう評することができるのか、ここで繰り返すことはしない（ホームページにより長い引用集がある）。私がそこで行なったことについて、結局、一つの変数の値をいささか変えるだけで、二通り（以上）の、別の方角を向いた結果が出るのは経済学の論議の常であって、時勢に乗じて、そのいずれかが現われ、やがて廃れていったり、あるいは、いつまでも一方の側が言われ続けたりするのは世の常であるから、放置しておけばよいのだという、冷めた、そしてかなりもっともでもある忠言をいただいたりもした。

ただ、そのような訳知りの人ばかりがこの世にいるわけでもないと思う。すくなくともこの二十年の間に起こったことをまるで覚えていない、というよりまったく知らない私のような者にとって、その業界の人たちによっては自明なことであっても、押さえておく必要はあると思った。そしてそれは、業界の外側の人がやってよいことであると思った。

議論と言えるほどのことがなされてきたと言えるのか。ないと言い切るのは乱暴ではある。論ずる人の多くはまっとうな学者であるから、慎重な両論併記などもなされているものはある。ただ、表に出され数多く語られることと、そうでないものと、むらがある。そして、ことが起こった後で、例えば税制が変わり税率が変更された後で、実は、と語られることもあるのだが、しかし、もうことは起こってしまっている、今さら言われても遅いといったことがある。

そして改革を主張し実現してきた側を批判する側がどうであったか。さきに分権や社会サービスの供給について言われたことについてすこし触れた。この本ではほぼその程度にとどまっており、十分な検討を行なうことはできなかった。ただ、改革を実際に担う側から「反対しかできない」などと揶揄され非難されるほどには——消費税（の創設期）についてはともかく、すくなくとも所得税については、そしてさらにいくらかは法人税についても——思うほど「原則的」な批判はなされていない、あるいはなされなくなっているように思う。改革側にしてもそれを批判する側にしても、税制の専門家であるからには、様々な制度の不合理、不整合を知っており、それは指摘される。そしてそれらを手直しして合算すれば、十分な財源が得られるといった話もされる。そうなのだろうと思わないではない。ただそれは、別の専門家によって非現実的であるなどと言われ、するとやはりそうなのだろうとかと思う。このように様々を具体的に専門的に検討し、批判し提言することの意義をまったく否定しないが、同時に、基本的な立ち位置をどこに定めるのか、そうした議論が、大勢に批判的な側においても十分にはなされてこなかったのではないかと思える。

それらを追っておくことに一定の意義はあると思う。私自身は半年ほどかけてすこしの本を見ただけであるから、その作業はよりていねいに行なわれた方がよい。しかし他にあまり見あたらないから、こうしたとりあえずのものであってもないよりはある方がよいと思った。例えば社会学者の書いたものにこんなものがないように思う。金勘定の嫌いな人が社会学者になるのかもしれない。しかし金勘定は大切だと思う。

5　法人税は正当化される

そして加えれば、いくらか驚いたのは、その専門の業界にあって、法人税の正当化が不可能あるいは困難であるといった了解があり、あるいは何が答であるのかが不明であるという了解があり、そしてそのことを巡る議論が、法人擬制説と法人実体説という、いったい何について争われているのかよくわからない争い――論じている当人たちもそのように言う――のもとで、なされ、膠着しているようであることだった。それで考えたことを述べ、それを本では第1部の［補］として最後に置いた。法人税を課すことに問題はないこととその理由を述べた。こんなに単純に単純なことを言ってよいのだろうかと思いもしたが、すこし見る限りでは他に言っている人もいないようだったから、記しておくことにした。詰めるべきことを残してはいるが、基本的にはまちがっていないことを書いたと思う。［この部分の「論証」は、まったくあっさりしたものなのだが、言われてこなかった（が間違っていない）ことを言うことが「学問的達成」ということであるのなら、ここはこの本の中でそうした箇所である。］

言うまでもないことであるはずなのだが、分配について、さらに社会について考える上で、税について考えておくことは必要であり大切である。私自身がしばらく前までほとんど何も知らなかったことは私個人の不徳の致すところであるとして、全般的に――川本隆史のような貴重な人を別にすれば［（川本［2004］等）］、一部の経済学者と財政学者と一部の政治家その他によってしか議論がなされていないのはよくないことだと思う。そしてそんな間に、法人への課税の根拠は不明であるといった話が、そのままに留め置かれてきたのである。

（2009/09）

第3章　変化は言われたが後景に退いた

＊連載第54回「『税を直す』の続き」［2005-(54) 2010-5］の全文。「政権交代」の後、しばらく変化の可能性があった。その時期のことについて記した。このこともほとんど知られなかったか、あるいはすぐに忘れられてしまった。それもやはりよくないと思った。

ではその変化の可能性は跡形もなくなったのか。先述したように、意図的に悲観的でならないことにしたせいもあり、必ずしもそうは考えていない。問題は――消費税を上げる／上げないという話に収斂させていく――ものごとの報じられ方にもあると考えている。もうすこし多くのことが考えられている。そして私は間接税について原則的な反対論者ではない。他の施策と合わせれば使えなくはない。それにしても、と、思うのは、為政者たちは、もっと素直に「格差をならす」と言った方が受けがよいのではないかということだ。この「感じ」は間違っているのだろうか。

そんなことを思って、いくつかの場所でこの主題で話すように言われ、同じ話をしてきた。（今は元）財務副大臣という方に呼ばれて、やはり同じ話をしたこともある。短文としては［2008e］［2010m］等を書いた。

1　いささかの変化

二〇〇九年九月に『税を直す』(立岩・村上・橋口［2009］)を出版してもらった。昨年〔二〇〇九年〕の総選挙のすぐ後のことで、それは、その選挙を意識したことではあった。この〔二〇一〇年〕四月に刊行された『ベーシックインカム――分配する最小国家の可能性』(立岩・齊藤［2010］)は税金の使い方についての本でもあるのだが、『税を直す』は税金の取り方についての本ということになる。両方の本の私の担当した部分に私がこれでよいと考える立場を――『ベーシックインカム』の第1部第1章の方により詳しく――記した上で、徴収と分配の双方について論じたということになる。

両方について論じないと社会にある財の分け方について何か言うことにはならないと思うのだが、例えば、ＢＩ(ベーシックインカム)が論じられる時に、あまりきちんと徴収する方のことが論じられないのは不思議なことだと思う。語られるとすれば「財源」があるか(ないか)という語られ方になってしまう。財源はあるだろう。けれども、フラット税で行けるとか、消費税を何％にすればよいとか、言われてしまう。ＢＩ論議に限らずそんな論じ方でよいと私は考えない。私が大切であると思うようなところがあまり論じられず、それは困ったことだと思って、この連載に原稿を書いて、そして本にしてもらった。(ちなみに、本誌〔『現代思想』二〇一〇年〕六月号のテーマがＢＩだそうで、私は山森亮さんと対談をさせていただくことになっている〔→立岩・山森［2010］〕。他に山森の対談に橘木・山森［2009］〕。)

そして、この世もすこしは変わってきている部分がある。先年の秋から、そして報道が現われるようになったのはこの二月ぐらいから、節約か消費税増税かの二択あるいは両方の組み合わせではない話がなされるようになっている。そんなこともあってか、『朝日新聞』の「オピニオン」欄の原稿を依頼され、書いた。様々に細かな注文をいろいろといただき、変遷していく規定字数に押し込めることも含めて、ごく短い文章なのに、相当の手間がかかってしまった。ニュースを扱う新聞がこんなことでよいのだろうかと思わないでもなかったが、いったん書いてからゆうに一月は経った。以下がたぶんこれで掲載されるはずという原稿である。

〔本書二八二—二八三頁に全文を掲載したので略〕

これでちょうど一六字×六〇行。何かを足したら何かを削らねばならない。最高税率の引き上げ自体はそれほどの税収をもたらさないだろうという予測はもっともな予測であり、全体としての累進性を確保されればよいというのが前の本でも繰り返した私の主張である。その立場に照らして、現在の控除のあり方がよくないのであれば変えることに賛成するし、また所得税だけが問題であると考えているわけでもない。これがここに書けなかったことである。

より詳しくは、いつものようにHPに掲載してあるが、★01 とくに今年になって、記したようなことが報道されるようになった。ただ、引用した文章にもあるように、また『税を直す』にも書いたように、それ以前から変化の兆しがなかったわけではない。例えば税制調査会（政府税調）に参与している自覚のある人たちは、税についていくらかの責任を感じているから、税収の落ち込みには対応しなければならないとも考える。再分配を重視しない人でも、所得税の役割が低下していることは当然わかっていて、いくらかは立て直さねばならないとは思う。『税を直す』第1部（[2009e]）第1章5節「いくらかの変化」にも記したことだが、政府税調の文書には少なくとも二〇〇〇年頃からそうした方向の記述はある。二〇〇〇年から二〇〇六年まで会長を務めた石弘光の書きものにもいくらかそんな記述があることも見た。二〇〇七年十一月の税制調査会の「抜本的な税制改革に向けた基本的考え方」では「最高税率については［…］これまで引き下げられてきているが、最近では、所得再分配の観点から見直すべきといった意見も出されており、さらに検討する必要がある」といったことぐらいは言われた。

ただ、「さらに検討する必要がある」というところに留まっていたのもたしかである。そして自民党の税制調査会の影響力が強い中では、さほどのことができたわけでもなかった。その後、なくなった税調の最後の答申ということになる二〇〇八年十一月の税制調査会「平成二一年度の税制改正に関する答申」では、「当調査会は、昨年の答申で示した所得・消費・資産にわたる各税目の改革の方向性について、今回の審議で多くの意見があった下記の課題等も踏まえながら、さらに議論を深めることとする。」とし、その最初の二つに「社会保障の機能強化・効率化と国・地方を通じた安定財源の確保とそのあり方」と「格差問題等を踏まえた税体系における所得再分配のあり方の見直し」を挙げる。

こうして話は出ていた。与党にも税率の引き上げに賛成する部分はあった。この年、会長代行を務めていたのは神野直彦でもあった。かといってその方向に具体的に進むことはない。そんな状況だった。

そして選挙があって、政権が交代した。これまでの政府税調は終わりになった。そして九月二九日に新しい税調の設置が閣議決定された。これまでの、実業界の人々、作家、その他、各界から雑多なという印象も受ける多数の人々を集めた調査会だったのだが、今度の税制調査会の委員は大臣、副大臣、政務官といった人たちだけで構成されている。会長は財務大臣菅直人、会長代行が総務大臣原口一博。その調査会に対して十月八日に首相からの諮問がなされる。

（3）所得税の控除のあり方を根本から見直すなど、個人所得課税のあり方について検討すること。特に格差是正や消費税の逆進性対策の観点から給付付き税額控除制度のあり方について検討すること。

既に基本的な方向は示されている。ここでは解説しないが、現行の控除の制度がかえって分配機能を弱めているとされる。わかりやすいのは、税を払うだけの収入がない人にとって税の控除は無意味だということだ。だからそれを変更する。そして、控除で税を安くする方向（だけ）でなく、給付を行なうことを考えるというのである。基本的にそれでよいと私は（私も）考える。この箇所では所得税の税率についての具体的な言及はないが、格差是正の語はある。

また別の箇所では、またその後の調査会の議論の中では――これまでの「背番号」とは異なったものであるとされつつ――納税者番号の導入が提案されもする。こうして基本的な方向が既にあった上で、新たな税制調査会は開始された。全体会合は二〇〇九年度に二七回行なわれたが、二〇〇九年十月二七日の第四回の会合で所得税についての議論がなされた。またこの回には、日本経団連、日本商工会議所、連合、日本税理士会連合会の四団体からのヒアリングがなされた。冒頭の方で古本財務大臣政務官が次のように説明する。

所得税でありますけれども、例えば昭和六一年をごらんいただきますと、このころは最高税率が七〇％と非常に高かった。ブラケットも十五段階ぐらいございました。［…］結果として現在は、納税者の八割が限界税率一〇％以下という状況に至ってございます。［…］

いわゆる課税最低限につきましても、モデル世帯、夫婦子二人モデル、これは昭和六一年ごろは一四％ぐらいありましたが、現在は八％ぐらいに減っております。このモデルで見た場合に、昭和六一年の課税最低限が二三五万でありましたのが、現在では三二五万に引き上がっております。［…］財源の調達機能が非常に低下してきている［…］昭和六一年当時は約一六兆強ございました。ピークの平成三年には約二六兆強。それが二〇年度の実績でいけば一五兆ということであります。［…］ブラケットの見直し、最高税率、累進税率の見直し等によって、こういったことになっているわけでありますけれども、他方で控除の見直しもいろいろやってまいっております。［…］ブラケットが五％～十％の間に入る、限界税率五％～十％の納税者が納税者の全体の八割です。［…］この方々の所得税収で見ますと、約二割を負担いただいていることになります。他方、限界税率が二〇％～二三％の方々によって四割の所得税を支えていただいております。［…］給与収入ベースで見ますと、夫婦子二人で七八五～一四三〇万の方々です。更に累進税率が三三％～四〇％のブラケットに入る方が、これも同じく四割を支えていただいていることになります。つまり二割の方々で八割の所得税を支えていただいているということでございます。今後、低所得層の控除税制では、低所得者には恩典が及ばないということで、いろいろな給付付き税額控除など議論をしてまいるわけでありますけれども、他方で、今、申し上げたような一定の所得層が、更に課税強化されるということになりますと、勤労意欲の減退など、いろんな側面もございます。したがって、今後の所得税のあり方を検討する際には、幅広い所得層が所得税全体をどのように支えるかという税制にしていくべきかということが大変重要な観点になってくると思っております。

実は昭和六一年と、現在のＧＤＰあるいは給与総額を比較いたしますと、約一・五倍に膨れております。にもかかわらず、所得税収はむしろ下回っている現状は、やはり幅広い所得階層にどのように所得税というものの担税力を求めていくかという、議論の端緒にいたしたいと思っております。

所得税の役割が低下していることが確認され、その立て直しの必要が示される。ただ、ここでは「中」の人たちの負担が大きいことが言われており、必ずしも高い方の限界税率を引き上げるという方向は積極的に示されているわけではない。むしろ、オブザーバーとして参加している下地国民新党政務調査会長と阿部社会民主党政策審議会長に最高税率引き上げに関わる質問が差し向けられ、国民新党はそれを公約として掲げていると答え、社民党も引き上げるべきだと答える。それを受けて峰崎財務副大臣は次のように言う。

今の最高税率を上げた方がいいという議論と、民主党はどちらかというと、これまでは所得控除から税額控除、そして手当として再配分機能を進めていくというふうにしているんですが、［…］金融所得と分離課税になっているために、所得が二五〇〇万円を超えますと実効税率が平均で下がってしまう［…］金融所得課税は配当、キャピタルゲイン、こういったものが今、上場株式の場合は一〇％です。そうすると、大変巨額の配当をいただいている方、あるいはキャピタルゲインをいただいている方は［…］一億円の収入があっても一〇％です。二億円あっても一〇％です。［…］幾ら最高税率を所得税の世界で上げても、この二五〇〇万円辺りで上限を打って、最高税率を上げてもそれはサラリーマンのかなり高い方々には該当するんですが、実は日本の所得階層で一番大きい問題になっている金融所得を大量に持っておられる方には効きません。この点は是非総合課税にした方がいいではないかという議論は勿論あるんですが、分離課税の場合にはここのところを少し、社民党さんと国民新党さん、検討しておいていただければと思います。

所得税というのは別名あつらえ税と言ったりして、一人ひとりの体に合わせて、例えばこれが所得による階層だけではなくて、障害者だとか、勤労者だとか、あるいは働きながら勉強している人たちに対する控除とか、いろんな諸控除を組み合わせてきた。つまり社会保障を控除の中でやろうとしたわけです。これは、社会保障はむしろ手当でやるべきではないかという方向へ変えようと考えていますので、どちらかというと整理していこうという方向に、これまでも前向きだったというのが今まででございます。[…]

給与所得控除が一番ウェートが高いわけです。これは民主党のマニフェスト中には、これは青井で効いてまいります。[…] 所得がどれだけ増えても給与所得控除が永遠に効くという構造になっておりますので、そこはどこか上限を引いた方がいいのではないかという議論を指摘した経過があります [...]。

その後のヒアリングで、旧政府税調の委員でもあった大橋日本経済団体連合会評議員会副議長は「平成二二年度税制改正に関する提言」(二〇〇九年十月二日)を示し、消費税の拡充と法人税の引き下げを要望した。なお——その時の発言にはないが——この提言においては、「給付付き税額控除」の導入が支持され、また相続税の見直しについては慎重であることを求めている。

また連合からは南雲事務局長が発言している。

連合は結成以来二〇年以上にわたりまして、まじめに働く者が報われる税制改革の実現に取り組んでまいりました。／これまでの旧政府税調では、納税者の大多数を占めるサラリーマンの代表として、連合会長が参画をさせていただいてまいりました。しかし、党税調の力が強く、政府税調もそれをおもんぱかって歯がゆい思いをしてきたと思います。税制改正プロセスの一元化でそうした弊害も改善されるものと期待をいたしているところでございます。［…］

［…］税による再分配機能も弱まっております。そして、自公政権は消費税増税を掲げることが責任政党だと言っておりましたが、具体的な年金制度、医療制度の改革の姿を描いた上で、幾ら必要か明確にもせず、一〇％、一五％と言われても無責任な話としか受け止められないわけでございます。［…］

［…］「これから目指すべき改革のポイント」を申し上げたいと思います。鳩山政権では、是非これまでの新自由主義路線からパラダイムシフトをはかっていただきたいと思います。／まず大方針として、この反省の上に立って、税制改正の論議を進めていただきたいと思います。［…］

［…］「当面する重要課題」について［…］／一つ目は、サラリーマンが納得できる税制の基礎をつくるべきだということでございます。［…］納税者番号制度も早急に導入していただきたいと思います。［…］二つ目に、税による所得再分配機能を回復させ、格差社会の是正を図るべきでございます。／［…］格差社会を助長してきた税制から格差社会を是正する税制への変換をお願いしたいと思います。［…］担税力の高い層への課税強化と給付つき税額控除の積極的な検討をお願いしたいと思います。それと総合課税化の原則を曲げるべきではないと思います。／三点目は、社会的セーフティーネットの整備と負担の在り方について、国民的議論を行い、合意形成に努めるべきだと思います。

政党が目指すものと労働組合の利害とがみな一致するわけではない。ただ、このあと設置される専門家委員会の主要な人たちは双方に関わってきた人たちでもある。三者の目指すものは基本的なところでは一致している。

同年十二月二二日には「平成二二年度税制改正大綱――納税者主権の確立へ向けて」が閣議決定される。

所得税については、累次の改正により、税率の引下げ・その適用範囲（ブラケット幅）の拡大が行われるとともに、各種控除の累次にわたる拡充によって課税最低限の引上げが行われてきており、所得再分配機能や財源調達機能が低下している状況にあります。

現在の所得税は累進構造をとっていますが、実効税率はなだらかに上昇し、一定所得以上は下降しており、累進性を喪失している状態と言えます［…］。その原因としては、第一に、所得控除が相対的に高所得者に有利なこと、第二に、分離課税している金融所得などに軽課していることなどが挙げられます。

格差が拡大する中、所得税には所得再分配機能の発揮が求められています。特に、中間層が低所得層へと落ちていく下への格差拡大を食い止めることは喫緊の課題です。累進構造を回復させる改革を行って所得再分配機能を取り戻す必要があります。

③改革の方向性

所得再分配機能を回復し、所得税の正常化に向け、税率構造の改革のほか、以下のような改革を推進します。

第一に「社会保障・税共通の番号制度の導入」、第二に、「所得控除から税額控除・給付付き税額控除・手当」への転換、第三に、「本来、全ての所得を合算して課税する「総合課税」が理想」としつつ「金融所得の一体課税」を進めるとしている。控除については次のように記される。

現行所得税の所得控除制度は、結果として、高所得者に有利な制度となっています。なぜなら同額の所得を収入から控除した場合、高所得者に適用される限界税率が高いことから高所得者の負担軽減額は大きくなる一方で、低い税率の適用される低所得者の実質的な軽減額は小さくなるからです。

所得控除を一律の税額控除に変えれば、限界税率の低い低所得者ほど所得比で見た負担軽減効果が大きい仕組みになります。手当は相対的に高所得者に有利な所得控除に代えて現金給付を行うものであり、定額の給付であることから相対的に支援の必要な人に実質的に有利な支援を行うことができます。

さらに、所得再分配機能を高めていくために、「給付付き税額控除」の導入も考えられます。これは税額控除を基本として、控除額が所得税額を上回る場合には、控除しきれない額を現金で給付するといった制度です。給付とほぼ同じ効果を有する税額控除を基本とすることから、手当と同様に、相対的に低所得者に有利な制度です。給付付き税額控除は多くの先進国で既に導入されています。我が国で導入する場合には、所得把握のための番号制度等を前提に、関連する社会保障制度の見直しと併せて検討を進めます。

以上で述べた税額控除・給付付き税額控除と手当などの社会保障政策のベストミックスで「支え合う」社会を構築していきます。

2.「個人所得課税」の（1）「所得税」の②「現状と課題」。

所得税については、累次の改正により、税率の引下げ・その適用範囲（ブラケット幅）の拡大が行われるとともに、各種控除の累次にわたる拡充によって課税最低限の引上げが行われてきており、所得再分配機能や財源調達機能が低下している状況にあります。

現在の所得税は累進構造をとっていますが、実効税率はなだらかに上昇し、一定所得以上は下降しており、累進性を喪失している状態と言えます［…］。その原因としては、第一に、所得控除が相対的に高所得者に有利なこと、第二に、分離課税している金融所得などに軽課していることなどが挙げられます。

格差が拡大する中、所得税には所得再分配機能の発揮が求められています。特に、中間層が低所得層へと落ちていく下への格差拡大を食い止めることは喫緊の課題です。累進構造を回復させる改革を行って所得再分配機能を取り戻す必要があります。

以上では、「累進構造を回復させる改革」とは記されているが、最高税率の引き上げが前面に出ているわけではない――それが全体の一部に過ぎず、また格別の効果をもたらすものでもないからには当然のことでもあり、また、部分的ではあれ増税の線が明示されることはためらわれるかもしれない。ただそれが言われるなら、わかりやすい話であるから、報道されることになる。二〇一〇年に入り、二月一九日、二〇日、そして次に記す「専門家委員会」の初会合（二四日）で税調会長で副総理・財務相の菅直人がそのことを語ると、それをメディアは取り上げた。こうして、いくらか新聞など読む人には、所得税に手が加わるらしいことが伝わり、そして、私も、それを受けたかたちで――最高税率の引き上げのことだけに関わって書かれたと読まれてしまうかもしれない——短文を書かせてもらうということになった。

2　専門家委員会

二月に「税制調査会専門家委員会専門家委員会」が設置される。一月一八日の第二六回会合で財務大臣になった菅が次のように言う。

従来、政府税調と党税調が分かれていたときのような二本立てでは全くなくて、あくまで議員中心の税調、政治家中心の税調の一角に、やはり問題が極めて専門性の高い分野がたくさんありますので、そこに専門家の皆様に参加をいただく場をつくろう。そういう位置づけだと私自身、理解をいたしております。

委員長が神野直彦、委員長代理が大澤眞理、他に委員として、池上岳彦、井手英策、植田和弘、翁百合、関口智、田近栄治、辻山栄子、中里実、三木義一、計十一名。

このうち、交代前の税制調査会（政府税調）に関わっていたのは、神野、翁が税制調査会の委員、中里、辻山が税制調査会特別委員、翁、田近、中里が税制調査会調査分析部会のメンバー（二〇〇九年六月現在の名簿による）。かつての税制調査会の、知事であるとか経営者であるとか、作家であるとかいった人たちはおらず、この領域の専門家だけで構成されている。★02

そして――税制調査会では「納税環境整備プロジェクトチーム」と「市民公益税制プロジェクトチーム」が設置されることになるのだが――この専門家委員会の方では、その中に「基礎問題検討小委員会」が置かれた。委員は、神野（座長）、大澤、井手、関口。

まず、神野や大沢（大澤）は――どのような経路や機構を介してであるのか私はまるで知らないが――民主党の政治家たち、その党の政策立案に関わってきた人たちであり、また連合系の研究機関とその研究活動にも関わってきた人たちのはずである。[★03] そして、池上には神野との共編書『地方交付税 何が問題か――財政調整制度の歴史と国際比較』（神野・池上編［2003］）、『租税の財政社会学』（神野・池上編［2009］）がある。また、井手にもやはり神野との共編書『希望の構想――分権・社会保障・財政改革のトータルプラン』（神野・井手編［2006］）があり、その「あとがき」で、神野は井手を「研究者になる前から、私のもとで学んでいた若き研究者」の「代表」と記している（「あとがき」、それ以前には大島・神野・金子編［1999］に池上［1999］等）。これらの人たちの書き物を読んでみれば、その主張に共通するところが多いことは容易にわかる。企業や政府の会計、企業課税などの専門家である関口もまた神野の門下生ということになる。そして、田近・佐藤編［2005］、田近・尾形編［2009］等の著作のある田近も『日本の所得分配――格差拡大と政策の役割』（小塩・府川・田近編［2006］）等で、いまあげた人々と同じ方向の政策提言をしている。三木は弁護士でもあり、税の実務についての数多くの解説書や概説書（岩波新書に三木［2003］）があり、そこにはしばらく前の「改革」寄りの記述も見えるが、他方では大沢・神野との鼎談もあり（神野・宮本［2006］収録の大沢・三木・神野［2006］、初出は『世界』）、そこでは企業の海外逃避の可能性があるから減税というのでなく国際的強調が必要だといった発言もしている。他に法人税等の専門家がいる。専門的知見を提供するといった役割を担うのだろうが、格別強い政治的主張を有しているというのでもなさそうだ。[★04]

こうして基本的な方向は定まっている上での委員会の設置である。「政治主導」のもとでどれだけの影響力をもつか疑問視する報道もあるが（『読売新聞』）、そもそも基本的な方向は双方で共有した上での委員会の設置、委員の選出になっている。基本的なところで対立が生じ、紛糾するといったことは考えられない。そしてそれ自体に問題があると私は思わない。基本的な方向は選挙や議会で決まることであって、そこで決まるおおまかな方針のもとで、実現可能性その他を検討し、具体的な提案を行なう仕事を学者たちが請け負っているということだ。その場での思想・主張が共通であっていけないことはない。むしろ、方向を共有する人たちが案を詰めていく方が、散漫に様々な意見が出されてそれで終わるよりもよいはずだ。

3　分権の部分には同調できないこと

このような次第だから、この政権が続く限り、いくらかのことはなされると思う。そしてそれを、新聞記事にも記したように、私は基本的に支持する。おおまかには異論がない。

その上で、これも『税を直す』で述べたことだが、「地方分権」に関わる論の立て方には疑問がある。ここしばらくは分権が主題的に論じられることがないとすれば、以下は、当座の用のためには不要ではあるのかもしれない。中央政府の政権が変わったことを受けて、分権について言われることもまたいくらか変わってくるのかもしれない。ただ、さきに一部を紹介した「平成二二年度税制改正大綱」には次のような箇所もある。

国と地方が対等なパートナーとして地域主権を確立し、地方の再生を図る観点から、地方税制のあり方について検討すること。その際、国・地方の役割分担の見直しと合わせた税財源配分のあり方の見直し、地方の声を十分に反映する仕組み及び地方税制に関する国の関与のあり方についても検討すること。

この文言自体に文句があるわけではない。ただ、地方分権について多くを語り、積極的に支持してきた神野らの議論にはわからないところがあり、そしてそれが示す方向を支持できないと考えてそのことを本でも述べた。前回〔連載第53回「差異とのつきあい方・2」［2005-(53) 2010-4］→改稿して本書第2部第1章「差異とのつきあい方」〕に記したのもそのことに関わっている。

まず、いまあげた人たちについてというのではなく、しばらく前まで政権を批判する側にいた人たちで、地方分権を言いたい人たちについて、その「動機」がどこにあるのか、測りかねるところが私にはある。ずいぶん前に「革新自治体」が登場し、しばらくそこそこ多くあった時には、そうした自治体で変革を実現しよう、そのためには自治体の権限を強くした方がよいということになるだろう。それはわからないではない。ただ、そんなこともうなくなっている。それでも言うとしたらどうしてか。やはり中央政府が変わらない間は、政党の対立がはっきりしない地方自治体において自らの望むものを実現しよう、そのためには地方に権限がより多く移譲されることが望ましいということなのか。そうなったとして、それがどれほど魅力的であるのか、私には実感としてわからないところがある。どこから分権への情熱がやってくるのか、やはりわからない。

裏にある動機を詮索しても仕方がないとしよう。表立って書かれるのはどんなことか。紹介・引用を略すが★05、ごくおおまかには、現金給付／現物給付、所得保障／社会サービスという分割が中央政府／地方政府という分割に重ね合わされ、この時代に後者の重要性が増しており、よって地方政府の重要性も増していると論が運ぶ。

まず、これについても経験的・直感的にありがたい感じは私にはしない。というのも、私がいくらか知っているのは、介助サービス（のための費用）を引き出そうとするのだが、各自治体に支給の決定が委ねられ、多くの地域でまったく不十分で、それを拡大するのに各地の人たちが個々の場で多大の労力を費やさねばならないで来たこと、それでもなかなかうまくいかないで来たことだった。そうした活動に携わってきた人たちにとっては端的に分権の何がよいのかわからない。私もそれを横から見てきたから、やはり不思議だ。

さらにすこし「理論」的に述べることもできる。そしてこれまでも幾つかのことを述べてきた。一つには、国家と国家との間にも起こりうるし実際起こっている格差、そして分配のあり方によって生ずる流入・流出の可能性、それに（再）分配策が制約されることである。ただ、ここでの分権推進論者たちも格差のことはもちろん承知しており、それをそのままにしてよいとはせず、その調整の必要は言う★06。ここではもう一つのことを繰り返しておく。

第一に、所得保障と社会サービスとは、制度としては分けた方が合理的な場合はあるが、なにか質的に異なるものであると考える必要はない。そのことは幾度も述べてきたから繰り返さない。

加えて、前者が現金給付で後者が現物給付であると決めてしまうこともない。前者にしてもその現金で「もの」が購入される。後者についても現金を政府から受けとり、それでサービスを購入することもできる――これが現物給付に比べてつねに優れていると主張したいわけではない。現に医療は、現金を受けとるというかたちにはなっていないのだが、政府が現物を給付しているわけではない。

加えて、現金給付であれ現物給付であれ、（対人的な）社会サービスの供給を地方（政府）でということにはならない。地域によって必要が異なるといったことが言われる。だがこれも疑問だ。地域によって同じ生活をするのに要する金額も異なり、公的扶助についても地域によって差が設定されている。対人社会サービスの必要度の違いはむしろそれより小さいかもしれない。それと別に、サービスをする人の賃金が異なっているし、異なってよいという考え方はありうるが、それを受け入れるとしても、分権は必然ではない。

もう一つ、近いからよくわかるといったことが言われる。ただ仮にそうだとして、(どんな水準の)地方政府にしても、そこそこに大きい。個別の事情をわかったり微妙に調整する必要がある場合があるとして、そのことは分権がよいことを示すことにはならない。これも繰り返し述べてきたことだが、財源を徴収し給付する主体と、その「現物」を提供する主体とは別に立てることができるし、多くの場合に分かれていた方がよいことも多い。そしてそれを提供する主体は、地方政府といった、かなり小さくなったとしても結局はそこそこに大きな組織である必要はない。そしてそのための資源(税)の徴収と配分は大きな単位でなした方がよい理由がある。

そしてここでより重要なのは、『税を直す』にも記したことだが、国税と地方税とが別の原理によって支持されるものとされ、現にそうなってしまっており、そのことが是認され、地方税(的なもの)の方が主流になってよい、なるべきであるという言い方がなされることである。さきに一部を紹介した、二〇〇九年十月の第四回の会合でも小川総務大臣政務官が次のように解説する。

> 所得再分配という機能を負っているのが所得税だとすれば、それとの対比で申し上げますと、地域の会費という性格が強い、その点に絞って御説明申し上げます。[…]
> […] 二〇年ぐらいさかのぼりますと[…]最低四・五%から最高一八%まで一四段階、しかし、

平成一九年に税源移譲が行われたときに、一律一〇%ということになりました。これは［…］所得の再分配というよりは、地域の会費を薄く広くお納めいただくという性格が色濃くなっている部分でございます。［…］

［…］基礎控除、所得税三八万円に対して住民税が三三万円、若干ですけれども控除額が低く抑えられております。これも地域の会費という性格を鮮明にするものでございまして、この分課税ベースは広い、一人でもたくさんの方に会費を納めていただいているという性格の表われでございます。

［…］生命保険料の控除等々、あるいは住宅に係ります特別控除等々がございますが、いずれも所得税より低い控除額であり、あるいは税額控除にいたっては、所得税にある制度が住民税にはない。この辺にもその性格が表われております。

今、（再）分配機能の低下が指摘され、それを改革するべきことが言われるのだが、それを主張する人たち自身もまたその改革されるべき現実を作るのに加担してきたとも言えるのだ。つまり、「会費」的な――つまり一人ひとり定額の、せいぜい所得比例的な――税によって――最低限の所得保障以外の――政策を行なうことが正当化され、その方向に事態は進んできたのである。その経緯については、『唯の生』［2009b］の第3章「有限でもあるから控えることについて――その時代に起こったこと」にも述べた。

ここには、大きな、意図的ではないのだろうが、しかしいくらかでも考えれば気がつくはずの錯誤がある。それは正す必要がある。

註

★01 (「生存学」→)『税を直す』で検索すると、今回の分についての資料の頁に行ける。二〇〇八年から二〇一〇年にかけての税制論議、地方分権に関わる文献と引用等を見ることができる。

★02 二〇一〇年一月一八日の第二六回税制調査会会合で、専門家委員会の委員の人選についての質問を受け、峰崎財務副大臣は次のように答えている。

(神野委員長は)「税法、いわゆる租税法の専門家、社会保障の専門家、環境問題が非常に強くなるということで環境と税に関する専門家、財政の専門家、分権の専門家、ある意味では、私たちが構想していた、民主党がずっと考えていた将来の国家の在り方について、今、申し上げたような国家像と、それとエコノミスト、やはりこれからの経済見通しというものもしっかり入れたいということもおっしゃっておられました。

[…] あと税の専門家として、例えば税理士の方とか、是非そういった方々を中心にしながら、一本筋の通ったものにしていきたいということはおっしゃっておられました。それ以上は、今日ここで決まらないと、実際の具体的な人選に入れないということなので、先生にはそれ以上のことは相談しておりません。

先日も菅会長にも入っていただきまして、お話をしていただきまして、菅会長の方からも先生にはいろいろな要望が出されておりますので、それらを受け止めて人選にタッチされるだろうと思います。」

★03 大沢は、上野・中西[2008]にまとめられた研究企画に加わってくれた。私もそこで税についてここのところ述べていることを短く記して([2008c])、その際、具体的な数字については、同様の主張をその本でしている大沢[2008]の参照を求めている。また、その共同研究において、「分権」についていくらかの議論をすることもできたと記憶している。

★04 植田は環境経済・政策学会会長などを務める。環境税が検討課題の一つになっていることが関わっているだろう。翁は銀行経営等金融の専門家。著書に翁[1993][1998][2002]等。辻山は会計学の専門家。中里の専門は法人課税。著書に『タックスシェルター』(中里[2002])、中里[2003]等。

★05 註01に紹介した頁に神野・金子[1999]、神野・金子編[1998][1999]、池上[1999][2003][2004]等

からの引用がある。
★06　神野・池上編［2003］（中の池上［2003］）等で言われる。

（2010/05）

第4章　働いて得ることについて・案

＊第2部第2章になった連載（第25～27、36回）の間に置かれた、連載の第28回［2005-(28) 2008-1］。有償／無償という主題からいったん独立したものなので、ここに置いた。

ただここで義務があると言うことが、いま労働・就労についてなされていること、人を職に就かせるのだと言ってなされていることを肯定することにはならないことも述べてきた——「ワークフェア、自立支援」（1～3）［2005-(15～17) 2006-12～2007-2］。この主題について研究を進めている小林勇人（博士論文に小林［2008］、それ以後の論文として小林［2010a］［2010b］［2011］）と、そのことについて（も）書く企画は——こちらは私（立岩）の方の力が足りず——現在まで実現していない。

1　説明されるべきこととしての働いて得ること

労働に対して支払うことについて考える（→第2部第2章）。すると、長々となにやら書かれているが、書いている本人は要するにどのようであったらよいと思っているのかと思われるかもしれない。そこで、まずこのことについて述べておく。

これまで労働に言及した文章では、一つに、労働の分割が望ましいことを、簡単にだが、述べた（［2002b］［2004a:23-24］——その終わりに「しばらく私たちは消費社会を語ってきたのだが、とくにこれから何十年かは労働がもっとも大きな主題の一つとなるだろう」［2004a:24］と記した）。このように言うに当たっては、この社会には労働力の不足でなく、むしろ（喜ばしいことに）余剰があるという把握があった。また一つに、これは言わずもがなのことではあるが、労働に過剰な意味を付与するべきではないことを述べてきた（［1997］［2001c→2006b:34-36］4「意味の剝奪」）。他にも幾つか言えること言うべきことはあるし、『現代思想』の連載でも幾つかのことは述べてきたのだが、ここでは、働いてその代わりに収入を得ることについてどう考えるか、そのことを言おうというのである。

多くの人たちにとっては、働いた（貢献した）者が対価を得ることはまったく当たり前のことである。そして、もちろん、「どれだけ」得られるかの方が大切である。ある人々にとっては得られないことが困ったことであり、少ないものを増やすことが大切であり、そのことを主張する。他方の人々は今のままでかまわないとかもっと少なくてもよいなどと言う。

しかし、なぜそうなのかの説明は略すが、労働・貢献に応じて得られることは当たり前ではないことを私は述べてきた。するとむしろ、そのことを当然のこととして前提にしないというところから、考えていくことになる。正当性が問題になり、その理由が問われることになる。そしてそれは、迂遠なようだが、「どれだけ」という問いに基本的にどう答えるかにも関わってくる。

まず、もちろん、「働くこと」と「得ること（消費すること）」とはつながっている。得て暮らすことがあって、そのためにはいくらかは働かねばならない。得る必要がなければ働くこともない。

このように両者はつながっている。このことはしかし、働いた（貢献した）者が得られることを意味しない。働いて得ること、働いた者が得ること、この二つは別のことである。別のことであることをわかった上で、基本的に、後者を当然のこととすることから出発することをしない。この意味において、働くことと得ることとを切り離す。つまり、その人がした「から」その人が得るという構図を、基本的には認めないということだ。このことについては幾度となく述べてきたから、先に行く。

さて、代わりにどのように考えるのか。人には生きて暮らす権利があるとする。すると同時に、そのために働く義務はあることになる。（ただここで義務があると言うことが、いま労働・就労についてなされていること、人を職に就かせるのだと言ってなされていることを肯定することにはならないことも述べてきた。）とすると、権利と義務とがどのように配分されたらよいのかである。ここでいったん切り離されたものが、つなげられる。二つあるとさきに述べた。

一つに、α：交換としてなされるその対価として支払う、労働に対する「動機付け」を与えるという契機がある。一つに、β：苦労・労苦に応じ、報いるという契機がある。

2　労苦への報い

後者、βが正当であることは述べた。働くことは自らの力を費消することであり、辛いことであるなら――そんなことばかりではないとしてもそうした部分もあるのなら、あるいは楽しい分も算入して全体から差し引いてなお残る辛い部分があるのなら――、それに応じて、どの程度にかは一意に定まらないとしても、報われてもよいではないかというのである。(他方、多く貨幣として支払われるその対価では釣り合わないような仕事があり、しかもその仕事をなくすことができない場合には、誰かに委託することはすべきでなく、全員が行なうかあるいは籤引きでもするかだと述べた。)

そして「搾取」をもって現実を批判してきた人の「本意」も、むしろこちらにあるとみることができるのではないかと私は思う。資本家が資本を提供し工場が建てられ資材が集められて生産が行なわれる。労働者が労働して生産が行なわれる。どちらの方が生産に対してより「貢献」しているのか、それはときににわかに決めがたい。前者も不可欠ではある。あるいは、投資も修練と才覚を必要とする労働なのだといったことを言う人たちもいる。たしかに、こちらではなくあちらに資金を提供したことによって、そのあちらの企業は事業を進めて利益を得たのであり、それはその選択があったからだと言うことができることもあるだろう。だから、生産・貢献ゆえの取得(がなされていない状態としての「搾取」)という論ではうまくいかないということだ。★01

労働者がより多くを得られるべきだと主張するとき、そう主張する人は何を思っているのかである。自分たちはからだを動かして、実際に汗を流して働いて苦労して疲れているのだ、それなのにあなた方はどこからもってきたのか知らないが金をもってきてそれを動かし儲けている、それは自分たちと比べたときに不当ではないか、という思いがあるだろう。働いた者が（もっと）得られるべきだという主張はそのように解した方がよい。

ただ、どれだけの労働・苦労についてどれだけが得られればよいのか。その支払いは、基本的な所得――これは生きることの／ための権利／義務という基本的な立場から認められる――への上乗せということになるのだが、その上乗せの基準を決めるのはいくらかはやっかいである。このことについてもすこし述べた。働いた時間に応じて報いるという基準は単純でよいが、すると、ゆっくり仕事をした方が得だからゆっくりにするといった「モラル・ハザード」を引き起こすことがあると言われる。しかし他に決定的な手段があるわけでもない。また、負荷の度合を個々人について測るのはときに望ましいことでもない。とするとさらに、監督であるとか出来高払いの導入といった工夫もあるだろうが、単純な労働時間をはかり、それに仕事のきつさに応じて設定される数種類、例えば三種類の数字（係数）を掛け合わせて支払うという単純な方法も、ずいぶんとおおざっぱなやり方ではあるが、わるくはないかもしれない。

この方法が唯一というわけではない。多くの人がだいたい同じように働くということであれば、得られるものも同じにしてしまうという手はある。ただ、私たちの立場からは、働かない権利は積極的には認められないのではあるが、人々にはその時々に様々な事情もあり好みもあるから、みなが働く、また同じだけ働くということにはならないし、そうする必要もない。また人が働ける時間はそう大きくは違わないから、結局はそう極端に異なるわけでもない。そこで、仕事に比例して（上乗せ分については）支払うことにする。

ここにあるのは「公平」「平等」という基準である。むろんある人がかってにより多く貢献してもかまわないのだが、社会に備え付ける基本的な機構においては、それが基準になる。無条件に――どうのこうの言わずに——なされるべきことはするべきであることと、各自がほどほどに負担するという機構があるべきこととが矛盾しないことについてもまた前回〔↓第2部第2章2節〕に述べた。否応なく、四の五の言わず、人々は責務を負うのではある。しかしそれは、人が「無限の義務」を負うことを意味しない。もしそれが強いられるなら、それは、人の生を認め、そのためにすべきことをすべきであるという理念を否定することになる。

3　労働との交換・労働の誘因

次に前者、αについて。働かせるためには餌を与えねばならない。私はいつもこれについて、「仕方のないこと」という位置づけをしてきた。それにもっと積極的な意義を認める人もいるだろう。むしろそんな人たちの方がたくさんいるだろう。

ただ、たまたま自らが事実有している才能・才覚について人々の間に差異がある。各人はその才能を、それを所有する権利があるか否かとは別に、事実上保有し、それは相手が欲している当のものであって、そして各人がより多くを得ようとするなら、必ず、希少なものについては高い値がつくことになる。そこに「努力」といった言葉を被せることによって、その結果を正当化しようとする人もいるが、しかしもちろん、そんなものによって（だけ）その差が決まっているはずはない。そこにもたらされる受け取りの差異は大きく、そしてその差異自体は正当化されることはない。それは少ない方が望ましい。

とはいえ、労働だけを市場から切り離すよいやり方はなかなか考えつかない。そしてより楽に多くの利を得ようとする心性もまた存在はし、たしかに様々な仕事に適不適な人がいて、適している人が希少であるような仕事もある。そして中には、所得に格差をつけた方が全体の生産が増えるから、人々の得る利得は大きくなるはずだと、このことの正当化を図る人もいる。いくらか褒美をはずむとその気になった人がおおいに働き、その成果が人々に行き渡ることがある。ならば支払っておいた方が、差異をつける方が、差異をつけられた方にとっても得だというのである。そんなことが起こる可能性があることは否定しない。

しかし、一人ひとりの受け取りがどうなるかは、どれほどの格差を設定するか等によっておおいに変わってくる。仮に全体が増えたとして、手取りが増えない人がいることはありうる。あるいは、これまで少なかった人もいくらか手取りが増えたとして、格差もまた大きくなることは望ましいか。望ましくないと考える。★02

αは、ここでの基本的によしとするものに反する。一人ひとりが楽をしてよいことがあって暮らすことをよしとした。そのためにするべきことをすべきだとした。その意味での利己主義は否定されない。ただ、自らに備わっていて——事実上——自らによる操作が可能なものを交渉材料にして、受け取りを多く得ようとすることは、つまりαをそのままに認めることは、それ自体としては責められることではないのだが、結果として、交渉材料を相対的に持たない人たちの生に否定的に作用する。こうして、高く売りたい動機自体は否定しないとしても、それが効果することは肯定されないから、αをそのままに肯定することはしないことになる。

そして総量、むしろなにかが増えることがよいとしたとしても、そのためにどの程度の褒美の割り増しが必要なのかは、人がどれだけのことにどれだけを求めるか、それを当然と思うか、これらのことに関わっている。それが当然だと思われている社会とそうでない社会とは、同じ生産の嵩をもたらす格差の設定の度合が異なる。このことも以前に述べたのだった。報酬に差異を設けることの結果を期待するとしたら、より多く貢献する人は多くの褒美が得られることを当然のことだと人々が考えない場合の方が、可能な限り報酬を吊り上げることを当然のことだと考えない場合の方が、むしろその褒美は効果的であるということである。

そして現実にはさらに様々な要因が働いて、人々の受け取りは決まっている。その一つを簡単に言えば、力のある部分が自らに有利なように決めている。組織において決定に関与できる部分、その発言を無視されない部分の影響力は大きい。

それに対して、「自由化」すれば、そうした格差もまた競争の中で是正されるといったお話はある。その可能性のある部分があることもまた否定しない。しかし、交換の比率は、交換を行なう双方が何を持っているのか、それを他の人たちはどれほど持っているのか、そして双方が相手のものをどれだけ欲し自分の持ちものをどの程度のものと評価するかによって規定される。ある仕事について、ある水準以上の条件でしか仕事をしない人ばかりだとしよう。すると、その仕事をする人を雇おうとすれば、その水準に合わせざるをえない。またしかじかの仕事についてはしかじか程度が相場だろうという思い（思い込み）、また例えば常雇用の者は多くを得て当然だという人々の意識もまた、市場での価格決定に影響を与えている。これは市場の内部に生じていることなのであり、市場の作動に組み込まれていることなのである。

だから「自由競争」のもとに置けば「不当な差」が是正されるというわけではない。ときに「前近代的」な様々を取り除くなら、存在していた不当な格差がなくなるかのように思い、そのことを語る人たちがいる。その全体が間違っているわけではなく、変化する部分がないのではない。しかし、多くの場合にはそれにには限界がある。そして、旧来の慣習の打破等々によっていくらかが取り除かれたとしても、やはり残る差は残る。同じ価値のものが同じに扱われるようにしようという主張・意義は否定しないが、もっぱらそれを行なうのでは必ず果たされないことがあるということである。

4　ゆえに差を少なくすることを目指す

こうして、基本は簡単で、財の（人の必要の個体差を勘案した）人数割り＋労苦に応じた傾斜――β――を基本にし、それでうまくいかないのであれば、労働を得るため、「適材」を「適所」に得るための傾斜的な配分――α――を強めるのも致し方ない、ということになる。

とすると、それと現実との間には距離があるのだから、その現実を基本線の方に近づけていくのがよいということになる。つまり、あってもよい差――βによって規定される差異――と比べても、さらにあっても仕方がないだろう差――それにαの要因が加わった差異――と比較しても、現に存在する収入の差は大きいのだから、その差を小さくする方がよいということになる。

その際、採用するべき基本線を一意に定めることができないことは、さほどの問題ではない。というのも、現実はどこら辺りに最終的に着地するのかを考える必要があるような状況ではすこしもなく、また一気に現実を変えることのできるような情勢でもない。ただ行くべき方向は定まっているのだから、その方向にしばらく事態を動かしていけばよいのである。

そしてその方法は一つではない。税の徴収と（再）分配による方法が一つある。ある人々は、この方法（所得の再分配）だけを認め、市場の内部への介入を行なうべきではないと主張する。例えば、所得保障政策は行なうが、最低賃金を法律で定めるべきではないとする。そうした主張にもいくらかの理はある。けれども、基本的には、生産財の所有形態、生産（労働）、所得の再調整の各々について、するべきことをするのがよい。これらのそれぞれにおいてできることは限られており、できることが異なり、その効果も限られている。例えばいま働けない人にとって働くことが目的とされるなら（cf.［2001d］）、所得保障は直接にはその役には立たない。複数の手立てをとることが必要であり、それらを足し合わせることと組み合わせることが必要なはずなのだが、複数ある策の比較、組み合わせについての検討は、すくなくとも素人がすぐに手にとれるような文献においてはあまりなされていない。それでも例えば、所得保障をきちんとした上で最低賃金の規定を撤廃するのがよいのか、それともそうでないのかといった主題についてはいくらかの議論がある。ただそうした場合であっても、考えられるべきことがみな考えられているとは思えない。

そして一つの組織（企業）の内部でできることもあるが、しかし同時に、できることは限られてもいる。個別の企業内での格差を縮めるあるいはなくすことはできるが、それは、全体に差がある中では、働ける人の流出と働けない（働かない）人の流入を招くことになる。[★03] このとき、単独では無理のあることを行なってうまくいかず失望するより、無理があることのゆえんをわかって振舞った方がよい。労働市場に政治的介入をする（させる）というかたちをとるにせよ、所得再分配の領野でするべきことをする（させるべきをさせる）というかたちをとるにせよ、あるいはそれらを組み合わせるにせよ、より大きな場の対応が必要になる。同時に個々の場でできることもある。それらを合わせて、より妥当なところに近づけていくことになる。

以上ごくごくおおまかに描いた全体の中に、労働に対する支払いの調整が位置づけられることになり、そして正当化されることになる。現実に存在する格差はまず正当としうる格差――βによって正当とされる格差――よりも大きく、αを考えた場合にも、差を縮小しても格別に深刻な支障を来たすことはないのだから、その差を小さくすることが要請される。その様々な方法の一つに、賃金の変更がある。このことを主張すると、生産が停滞する等々の批判がすぐになされるし、その可能性のすべてをこちらも否定するわけではない。ただ、多くの場合、批判にもそれほど確かな根拠はない。できるところから変えていって様子を見ればよいということになる。

5　得るもの／負うものの調整

第1部第2章に記したことと、前節までに論じてきたこととはどのように関係するのか。

基本的には同じことを述べている。働くことと得ることとをいったん切り離した上で、その関係について述べたのだった。そこで働く者が得られてよいことについて延べ、また得られるようにするしかないことについて述べた。他方、第1節で考えたのは、義務の履行のあり方についてだった。働くことが義務であるとして——義務であるとしたのだった——それをどのように実現するのかということだった。

両者の出発点は同じである。労働し生産し貢献することによる取得の権利という発想を基底的なものとしては採らないということだった。ではここで想定されているのは何か。生産物を消費し、暮らし生きることである。このことを先に置いたのだった。そしてこれを基本において、後を考えることになった。

生きることを権利とする。とすると、反射的に、そのための行ないは義務となる。ここまでも否定しようがない。とすると問題は働くという義務の果たし方である。他方、さきほどは働くことにまつわる権利として、β：労苦に応じた報酬の正当性を述べた。すこし異なるように見える。ただやはり基本的には同じである。

つまり、権利はあり、同時に、義務はあることを認めた上で論を進めてきた。権利としなければ、働けなくても（働かなくても）まずは生活が得られるということにはならない。また褒美がなければ人は働かない（から褒美を与える）というあり方を、事実考慮にいれざるをえない要因として認めつつも（α）、そのことをもって格差の正当性を言うことはしなかった。これは、基本的には——βとして認められる分を超える——追加的な報酬がなくてもするべきことはするべきだと考えるからだった。

つまり労働とともに得る権利の方から言うにしても、労働の義務の側から言うにしても同じであり、要は権利と義務の配分のあり方である。それをどのように調整するかだ。

受け取る権利も無制限にあるわけではないとする。それは一つ、よく言われるように天然資源ほか様々な資源の有限性ゆえにということでもあるが、それ以前に、受け取るためには——人的資源の絶対量が不足しているわけではなく、もっと働くことが可能であったとしても——働かねばならないということによっている。益のないことについて無駄に人を働かせるなら、それ自体がその人に対する侵害となる。もちろんこれは、労働が苦であることを認めればのことである。楽しくない労働を楽しいものにしていった方がよいというのはそのとおりである。ただ、それでも辛い仕事、仕事の辛さは残るだろうし、残らないのであればそもそも問題は存在しない。

とすると、生きるのがよいとし、それを権利とするとしたときに、それをもうすこし具体的にすると、得られるものと支払われるものと、あまり大きく違わないような仕組みの方がよいということになる。もちろん、実際には人の幸不幸は大きく違うし、それはかなりの部分仕方のないことである。だがこのことを認めることと、社会の仕組み・機構として、あまり大きく違わない仕組み・機構をとることとは矛盾した行ないではない。

こうして、受け取るものと拠出するものの合計を——拠出しようがないという位置にいる人のことをどう考えるかという問いを考えつつ★04——考えることが認められることになる。一つ、義務を果たすことについて、公平であるのがよい。また受け取りと合わせ、出入りの計があまり違わないのがよいということになる。

以上をみておいた上で、するべきことを行なうその方法として、幾つあるのかと考えたのだった。すると大きくは、Ⅰ：義務として課すのと、Ⅱ：人々の自発性に期待するのと、二つ、さらにⅠを分ければ、Ⅰ②：直接に行為を行なうことを義務とするのと、Ⅰ②：人は税の負担者として負担し、それが行なう人に渡されるのと二つがあるようだった。Ⅰの①と②の違いは、行なわない場合に罰を与える、行為に対して賞を与えるという違いのようにも見えるが、賞と罰の差はときに相対的なものであることはさきに述べた。そしてⅠの②にしても多くの負担者は税を払うことが義務とされる。差はむしろ、人々が直接に行なうことと一部の人に行なわせることの違いである。これまでに見たことはおおむね量的な問題として捉えられるのだが、ある仕事を人にまかせてよいのかという問題もまたあるということだ。

Ⅰ①：行為の割り当ての方が望ましいと言える場合はある。そしてこれは「分業（の廃絶）」という主題にかかわる。ただ、一部の人に対価を払って仕事を委ねるのでないとしても、それを行なうのが全員である必要は必ずしもない。例えば籤引きで人を決めるといった場合、そしてその人は一定の期間他の職につくことができないといった場合には、報酬を払ってその人の生活を支えるといったことはある。

Ⅱ：自発的に行なうことについて。そのこと自体はわるくない。むしろ、徴収と分配の機構を作って維持するためにも一定の同意が必要なのでもあった。規則の設定というだけでなく、現実を維持していくためにも、一定の支持が必要とされる。ただ、この方法を採用したとき、それで必要がまかなえるのかという問題とともに、そこで公平が保たれるのかという問題があったのだった。

実現の可能性がまったくないわけではない。うまくいく状態を想定することはできる。ここで具体的に想定されているのはケアと呼ばれる仕事だ。それは、本人のために他人がやるほかない仕事であるから、贈与という性質がわかりやすい。すなわち、その人の必要なものは人々の平均的な値よりも多く、その仕事をよけいに必要とする。しかもそれは他人がすることである。その労働は、他人たちがその見返りなくただなすべきこと、社会が行なうべきことであることがはっきりしている。場合によってはその配分をうまく行なうことができる。また一人ひとりが行なうことができることもある。だから他に比べれば非現実的なことではない。

それでも、行なう人もいるし、そうでない人もいる。そのこと自体は仕方がないとして、公平は保たれない。だからⅠ①：割り当てることにするか、あるいはⅠ②：行なった人に対して報いることにするか、このいずれかあるいはいずれもということになったのだった。それは、権利があり義務があるという基底的な価値から、そしてそれがおおむね公平に配分されるとよいという価値から肯定されることになったのだった。

ただし、例えば有償の仕事と無償の仕事をほぼ一定の割合で各自が担うといった場合には、公平性が保たれるようには思われる。つまりすべての人が育児に同じ程度参加しているといった状況を考えるなら、その仕事に支払いをしても、すべての人が同じだけを受け取ることになり、さらにそのための納税もまたすべての人が同じくするといった場合には、無償でも同じだということになる。ただ、この場合でも、全体としての受け取り・負担の公平が望ましいと考えるなら、それは実現されていない。★05

この公平の要求は最も強い要請というわけではない。ただ同時に、その価値は相当に大切なもの、大切にしてよいものでもある。

人が暮らせるのがよい、と最初に言う。次に、誰もが「人並み」の暮らしを送れるのがまずは当然ではないかと言う。むろん人は様々であるから、なかには「人並み」でなくてかまわないという人がいる

（ところでその人は、与えられたら、返すか捨てればよいのである）。他方、自ら人のためになることをたくさん行なう人はいる。そのこと自体は責められることはない。むしろ賞賛するべきことである。また、各人における様々な仕事の苦しさや得られたものを使う気持ちのよさなどを正確に算定することなどできないとしたのだが、もしそれを定めることがたいへん大切なことだとすると、それは大きな問題だとなる。しかしそうでないなら、それほど気に病むことはないということにもなる。

だが他方、誰の目にも明らかな明白な窮乏・不幸だけが問題であるということにもならない。例えば生活保護制度の後退に反対する人々は、その役回りとして、今の生活がいかに悲惨であるかを語らなければならないのだが、もちろん、このこと自体が不幸なことである。どうしても同じでなければならないわけではないが、しかし、だいたい同じだけ暮らしができることは、この世で追求されるべきこととしてはかなり大きなことだと考えればよいのである。

こうして、得ることのあり方と為すことのあり方とは結局同じところに帰着する。すなわち、働いたらその労苦に応じた報いがあってもよいとしたのだが、それはよいことと辛いことが全体としてそう不公平に配分されるのはよくないという公平の感覚による。労苦に報いることはあってよい。そして苦労と報酬の調整を含めた公平は、それなりには、大切である。またそして、このことの位置づけはそれなりに大切である。

もうすこし具体的にするとどうか。労働については述べた以上のことはない。得ることについては、基本的には、皆が一定の生活が可能であるように、しかしその一定の水準を可能にするための資源は人やその境遇によって異なるならそれを勘案した上で、財が分けられるということだ。その一定の水準を可能にするために必要な資源の多寡によって、その一人ひとりにおいて達成されてよい生活の水準は変えないことにする——つねにそれでよいのかという疑問も示されるだろうが、それへの応答はここでは略す。それを基本にした上で、労働・労苦に応じた配分を加えることになる。

すると、この案に対して生ずる一つの疑問は、本当にそのようになるのか、していくことができるのかという疑問である。公平性がそこそこには必要であるというところから、それを実現しやすい方法としていま述べたものを正当化したのだが、実際には、仕事をする人に対して支払うというやり方は公平をもたらさないのではないかという懸念はある。そして実際、現実はそうなっていないではないか。例えば「ケア」の仕事が低賃金の仕事として引き受けられるのだが、そうしてその仕事を別の人に委ねることのできた人は、その代わりに、より稼ぎのよい仕事をしている。そんなことが現実に起こっているではないか★06。

もし、βが示す線に沿って支払うこと、支払いに格差をつけることは正当化されるとしたその状態が必ず実現せず、結局は大きな格差がある現状を維持するだけにとどまるのであれば、それは現状を追認し肯定する主張でしかないのではないか。つまり様々の要因が絡んだ上で、労働への市場での価格設定に大きな差があって、それが——所得再分配といった他の策を含めた上でなお——変更されないのであれば、事実上、支持できないとしたものを支持していることにしかならないのではないかというのである。この指摘はもっともな指摘である。

ただ第一に、たしかになかなかに困難ではあるものの、現状の変更はできないことではない。第二に、この路線を取らないとして、では代わりの方法があるかである。それを思いつかない。実際の行為を人々に割り当て行なわせるという手はあるが、述べたように、それは多くの場合にはあまりよい手ではない。とすると、やはりこの路線を維持することになる。

6　確認

もう一度整理すると、以下になる。

（1）生きて暮らす権利があるとする。とすると同時に、そのために働く義務があるとなる。

（2）その権利と義務の配分が公平に行なわれることが望ましいとする。

（1）と（2）はつながっているが、分けられもする。（1）は基本的な立場であり、それは強く主張される。（2）は至上の目標とはされないが、それでもそれ自体が目的であるとされるとともに、（1）を達成するための合理的な方法であるともされる。

その具体的方法は幾つかあるが、ある部分については、成員の皆（でないとしてもそれを担うべき人々）が直接にそれを行なうというやり方を部分的にとるのがよいことがある（I①）。

そしてもう一つ、より多くの場合に、分業を肯定した上で、その仕事を行なう人が消費するものを提供する、具体的には対価を支払うというやりかたがある。これは、働かないより働くことは苦労の多いことだから、多くを得られるのは権利ということでもあり、また、自分が直接に関わることない者にとってみれば、その行為を担う人の生活のために税を払うのは、自分が直接に行なわないことの代わりに果たす義務ということになる（I②）。

基本的に言うべきことはここまでである。

実際には、そのようには価格は決まっていない。このことは認めよう。しかしそこから言えるのは、その方向に変えていくことであって、その道筋を否定することではない。

以上を、そこから連載が始まったはずであるのに、そこからはるかに遠ざかっている家事労働、ケアの仕事といった主題に即して述べるなら、以下のようになる。

それらの行ないが贈与として行なわれるのはわるいことではない。むしろそれはよいことであり、必要なことであり、そうあるべきである。能力↓貢献に応じた取得というのではない原理がここになければ、そもそもその行ないは成立しないともいえる。その心性・原理は肯定されるべきである。

しかしそのことは、その行為が無償の行ないとしてされることを認めることではないのだった。このことについて説明してきた。なぜそのように、無償の仕事あるいは安くしか払われない仕事になっているかについての分析はここでは措くが——女性の仕事であるからという説明があるが、これはそのままでは説得的ではない、すくなくともさらに説明を要する——今までの行なわれ方では公平ではないということなのだ。

それに対する対応の方法は、いわゆる「社会化」——一部の人たちがその仕事を有給で担い、その費用を税金でまかなう——に限られるわけではない。たしかに一つにはその方法があるのだが、もう一つ多くの人が直接に担えるようにという方向もある。

そしてそれは択一的なものではない。一方でその仕事を担う人を確保し、その人に対して支払いながら、それを自らが行ないたい人については、それを可能にしていく、容易にしていくという方法がある。そしてその場合の支払いも正当化されうる。そしてこの両方を並存させる施策は、これまで述べてきたことを振り返れば、なにか中途半端なものではなく、一貫した立場から正当化されうるものである。

ただ厄介なこともいくつかある。まず家事全般を考えるなら、その仕事の多くは不定形なものであり、一度に複数のことが行なわれたり、休み休み行なわれたりすることもある。量を測ろうとすれば測れなくはないが、めんどうではある。そして個々の家庭においてなされる仕事の量もまたずいぶんと違うのだが、それをどう考えるのか、等である。ただ、これらについては、再びこの主題に戻ったときに考えることにし、次回〔↓第1部第2章の後半〕は、有償／無償について、義務であることと自発的であることについて、なお言われることを整理し、検討し、この一件に決着をつけることとしたい。

註

★01 「搾取」についても幾度か述べたことがあるが、「中学生向け」であることになっている連載に書いたものでは［2006-2010］の第十三回「文句の言い方について」〔三〇回、途中途絶えたりもしたその連載は本になった（『人間の条件』［2010j］）。〕

★02 「もしAが自身の能力を自身の努力に比例して得られるなら、（労働能力を獲得する努力という労働を含めた）労働に応じた配分ということになる。苦労はそれ相応に報われるべきだと私達が考えるなら、これはこれでよいかもしれない。」（『私的所有論』［1997:337］）

つまり（市場において価値を与えられるものとしての）能力、がさきに述べた意味でのβ：労苦に比例するのであれば、そして労苦に比例して受け取ることはよいと考えるなら、市場でつけられた価格は正当な価格であるということになる。

「しかし、個々人の資源には差がある。能力は、当人の力の及ばないところで多かったり少なかったりもする。この差は──社会改革者が行おうとしたように──環境にどれだけ働きかけ、資源を平準化しようとしても残る差である。」（［1997:337］）

この現実から出発するから、私たちの議論では、αとβとが区別されることになる。他方に、努力すれば等しくなると思いたい人たちがいて、その人たちは、現に存在する差異を見ないようにしている。cf.「機会の平等のリベラリズムの限界」（『自由の平等』［2004a］第5章）。

なお、いま引いた『私的所有論』では、労苦に応じた分配という主張は積極的にはなされていない。いま引いた箇所程度の言及にとどまっている。

それに比して『自由の平等』ではこれについての言及がすこし多くなっている――第1章4節「もっともっともな論」の2「努力・苦労」

「苦労に応じた報いがあってよいという感覚はあり、それは、採った人がその果実を全部受け取って当然だという感覚より、むしろより広い範囲に存在するかもしれない。労苦に応じて報いがなければ苦労ばかりで、公平でないではないか。[…]

だが、以上の主張は、私有派の主張とは別のものである。」（[2004a:65-66]）

★03　このことは［2005c］でも述べた。まっとうな分配のあり方を組織内で実現しようという（多くは小さな）非営利・営利組織の行ないを基本的に肯定しつつ、その限界もまた踏まえておいた方がよいといったことを述べた。これは、人やものの国境間の移動が妨げられないという条件のもとで一つの国家だけがまっとうな分配を行なおうとしてもなかなかうまくいかないのと同じことであり、ゆえに――むろん実際にはなかなかに困難なのだが――「国際主義」（全域における変更）が論理必然的に求められる（[2000a]）のと同じことである。小さな作業所における平等の困難と、地方分権の誤りと、福祉国家の限界は、基本的には同じ事態なのである。（普通はそう稼げない人たちをたくさん採用し、しかも平等に平等に分配しようとしてきた組織を青木千帆子が調査している（青木［2010］、立岩の短文に［2005b］）。）

★04　たんに横たわっている人間であったり、いろいろ動きまわったりはするのだが、工場や商店では働いてもらえなさそうな人たちがいる。その人たちは言葉の普通の意味では労働しないので、割り増し分は受け取れず、よって得られるのは最低限ということになる。好きでそうなっているわけではないのだから、それでよいのだろうかという疑問について第2部第2章ですこし検討してみた。結果、働かない人と分けて別の扱いを求めるのは得策でないだろうと述べた。

その人は楽をしているのか、損をするのか。それは様々であるだろう。なかには、生きていることそのものにずいぶんと苦労している人もいる。ただ、もう苦労することもできずに、身を世界に委ねている人もいる。そこに差異を見出し、何も（他人が消費するものとしては）生産しないがたしかに現存する労苦に対しては報いてよいことにしようといった考え方はありえなくはない。ただ、ここではなおさら、それを算定するといった行ないはしない方がよいように思う。その人は、追加分を得られることにはならない。ただ、そのような人であれば、その人には人が関わっているだろう。それは、ときには面倒でうっとうしいことである——人が傍にいること、近づいてくることは多く気疲れのすることではある——とともに、楽ができるということでもあり（cf.［2002a］）、ときには気持ちのよいことでもあるだろう。その正負を断定することはできないが、働く人だけにおまけがつくというこの仕組みのもとで必ず損をするとは決まっていない。

★05　一人ひとりがそれぞれに対応する一人ひとりの世話を行なうという形態は、一人ひとりが定額を拠出しそれを受け取る（結果として何もなかったのに等しい）という形態と同等である。全員から定額の目的税（保険料）が徴収され、それが全員に等しく渡るというようなものである。するとこの部分については、再分配機能、格差を縮小する効果はないということになる。他方、累進的な課税体系のもとで徴税がなされ、その税によって必要への対応がなされるなら、富裕な層は相対的に大きな負担をするということになる。「社会化」への抵抗をこのことから解釈することもできる（cf.［2003］）。もちろん前者のような場合についても、他の一般的な所得税についての累進性を高めることによって、結果として同じだけの社会的分配を達成することは可能ではある。ただ一般に、無償の行為としてなされている行ないの性格が意識されることは少ないし、それらも含めた社会的負担のあり様が捉えられることも少ない。

★06　堀田［2007d］では以下のような箇所がこの事態に対応した記述である。

「ケアの有償労働化は、具体的なケア提供の行為コストの回避手段として貨幣を支出して、他人にこのコストを担わせようとする者の存在を許容せざるを得ない。」

（2008/01）

あとがき

このあいだは何を書いたのだろうと『ベーシックインカム』(立岩・齊藤［2010］)の「あとがき」を見たら、『『税を直す』から約半年がたって、この本を出してもらった(次は、払う／払わないといった主題の本が先になるかもしれない)」と書いてあった。おおまかにはそうなったが、「はじめに」に書いたような事情で、この話はまだ終わらないことになった。

もう一つ、こちらはすっかり忘れていたのだが、『その「あとがき」には、共著者の齊藤の「原稿は、刊行計画から逆算した本当のぎりぎりの最終日に到着した。それをそのまま収録した。(思いの他分量があったので、［2009d］［2009f］等の短文を含む「政権交代」関連の文章と『税を直す』の解説的な文章他を立岩担当の第2部とすることを取りやめた。)」と書いてあった。本書の第2部とした部分を収録する予定がかつてあったのだった。今回、刊行の直前に第2部を置くことを考えついた――そのわけは「はじめ」に記した――のだが、二年前にも同じことを考えていたらしい。

これで、青土社から出していただく本が五冊目になる。最初のが『弱くある自由へ』［2000c］で、後半の三分の一ほどは「介助」を巡るかなり面倒なというか立ち入った話をしているのだけれども、幸いにも(その本については)版を重ね、ありがたいかぎりでありつつ、たぶん、その後半の三分の一まで辿り着いた方がどれだけいるのだろうと思ったり、題名(だけ)のせいか、「弱者の味方」みたいな人であることにされたりしたのだった。「社会モデル」（[2011c]）の教えによれば、そもそもの弱者はいないということになるので、だとすると、論理的にその味方もいない、といった無愛想な返し方もできなくはない。あまりまともに取り合うつもりは私の側にはない。ともかく私が願うのは、書いてあることが読まれ、伝わることであり、批判は内容を有するものであってほしいということだ。

本書の編集を担当していただいた水木康文さんには、冒頭に記したような事情もあって、長くお待たせすることになり、心配をおかけすることになった。おわびし、そして感謝します。また、ありえないぐらい長く、様々に行き来する文章を書かせていただいている『現代思想』の栗原一樹さんに感謝します。

二〇一二年三月

立岩 真也

文献表

（著者名アルファベット順）

※「生存学」http://www.arsvi.com →「差異と平等」にはこの文献表に対応するページがあり、そこから、著者や本の価格等についての情報が得られる。ホームページで全文を読める文章もある。オンライン書店から本を買うこともできる。

※＜　＞内の数字は、その文献が言及されている頁数を表わす。

※『Core Ethics』は立命館大学大学院先端総合学術研究科発行。各論文の PDF ファイルを研究科のサイトで読むことができる。

※『生存学』は立命館大学生存学研究センター発行、生活書院発売。書店で購入できる。

※生存学研究センター報告は同センター発行。送料実費負担で入手できる。

阿部 あかね　2010　「1970 年代日本における精神医療改革運動と反精神医学」，『Core Ethics』6:1-11 <79>

――――――　2011　「わが国の精神医療改革運動前夜―― 1969 年日本精神神経学会金沢大会にいたる動向」，『生存学』3:144-154 <79>

安部 彰　2009　「ケア倫理批判・序説」，『生存学』1:279-292 <170>

――――――　2011　『連帯の挨拶――ローティと希望の思想』，生活書院 <170>

安部 彰・堀田 義太郎 編　2010　『ケアと／の倫理』，立命館大学生存学研究センター，生存学研究センター報告 11 <79>

足立 眞理子　2007　「ケアのグローバル化――ケア労働の国際的移転と日本的状況」，足立他編［2007］<204>

足立 眞理子・伊田 久美子・木村 涼子・熊安 喜美江 編　2007　『フェミニスト・ポリティクスの新展開――労働・ケア・グローバリゼーション』，明石書店

明山 和夫　1973　「シンポジウム　現代の老人問題」『ジュリスト』第 543 号

天田 城介　2010a　「家族の余剰と保障の残余への勾留――戦後における老いをめぐる家族と政策の（非）生産」，『現代思想』38-3(2010-3):114-129（特集：医療現場への問い――医療・福祉の転換点で）<77>

――――――　2010b　「〈老い〉をめぐる政策と歴史」，『福祉社会学研究』10 <79>

――――――　2011　『老い衰えゆくことの発見』，角川学芸出版

天田 城介・小林 勇人・齊藤 拓・橋口 昌治・村上 潔・山本 崇記　2010　「生産／労働／分配／差別について」（座談会），『生存学』2:14-70 <80>

天田 城介・立岩 真也・大谷 いづみ・小泉 義之・堀田 義太郎　2009　「生存の臨界・Ⅲ」（座談会），『生存学』1:236-264（発売：生活書院）<79>

天田 城介・北村 健太郎・堀田 義太郎 編　2011 『老いを治める——老いをめぐる政策と歴史』，生活書院
天田 城介・村上 潔・山本 崇記 編　2012 『差異の繋争点——現代の差別を読み解く』，ハーベスト社 <79>
Anderson, E. 2010. "Justifying the Capabilities Approach to Justice," in Brighouse & Robeyns eds. *Measuring Justice: Primary Goods and Capabilities*, Cambridge University Press. <246>
安念 潤司　2002 「「人間の尊厳」と家族のあり方——「契約的家族観」再論」，『ジュリスト』1222(2002-5-1/15) <228, 229>
青木 千帆子　2010 「「できない」ことはどう位置づけられるのか——共同連における議論の分析」, 障害学会第 7 回大会　於：東京大学 http://www.jsds.org/jsds2010/Poster/11_Aoki.txt <338>
青木 慎太朗 編　2009 『視覚障害学生支援技法』，立命館大学生存学研究センター，生存学研究センター報告 6 <11>
——————　2010 『視覚障害学生支援技法 増補改訂版』，生存学研究センター報告 12 <11>
有松 玲　2012 「障害者政策の現状と課題——制度改革の現況分析を通して」，『Core Ethics』8:1-12 <85>
有吉 玲子　2008 『人工腎臓をめぐる分配と選択』，立命館大学大学院先端総合学術研究科 2007 年度博士予備論文 <92>
——————　2009 「医療保険制度—— 1972 年・1973 年の政策から見るスキーム」，『生存学』1:293-307 <92>
——————　2012 「人工腎臓をめぐる分配と選択——日本における選択と費用負担と配分」，立命館大学大学院先端総合学術研究科博士学位請求論文（審査中）<92>
安里 和晃 2007 「日比経済連携協定と外国人看護師・介護労働者の受け入れ」，久場編［2007］<192, 193, 204>
安積 純子・尾中 文哉・岡原 正幸・立岩 真也　1990 『生の技法——家と施設を出て暮らす障害者の社会学』，藤原書店
——————　1995 『生の技法——家と施設を出て暮らす障害者の社会学　増補改訂版』，藤原書店
Bussmaker, J & van Kersbergen, K. 1994 "Gender and Welfare States: Some Theoretical Reflections", in Sainsbury ed.［1994］<188>
Dodds, S. 2007. "Depending on Care: Recognition of vulnerability and the social contribution of care provision," *Bioethics* 21-9 <202>
江原 由美子　1988『フェミニズムと権力作用』勁草書房 <220>
江原 由美子　1991「家事労働を「強制」するメカニズム——補足に対してコメントする」，小倉・大橋編［1991:115-122］<226>
江原 由美子・小倉 利丸　1991 「女性と労働のねじれた関係」（対談），小倉・大橋編［1991:66-107］<194>

江原 由美子・山崎 敬一 編　2006 『ジェンダーと社会理論』，有斐閣
Fineman, M. 2004　*The Autonomy Myth: A Theory of Dependency*, The New Press ＝ 2009　穐田信子・速水葉子訳，『ケアの絆――自立神話を超えて』，岩波書店 <228>
Fitzpatrick, T. 1999　*Freedom and security: An introduction to the basic income debate*, St. Martin's Press ＝ 2005　武川正吾・菊地英明訳『自由と保障――ベーシックインカム論争』，勁草書房 <223, 224, 225, 227>
深川 由紀子　2002 「自由貿易協定のアジア戦略なき日本」，『エコノミスト』12 月 17 日号 <192>
深澤 和子　2003 『福祉国家とジェンダー・ポリティックス』，東信堂 <204>
福間 聡 2007 『ロールズのカント的構成主義――理由の倫理学』，勁草書房 <223>
福島 智　2004 「生存と魂の自由を――障害者福祉への応益負担導入は、「保釈金」の徴収だ」，「今後の障害保健福祉施策について（改革のグランドデザイン案）」に関する意見書，厚生労働省社会保障審議会障害者部会 <33, 34>
――――　2010 『生きるって人とつながることだ！――全盲ろうの東大教授・福島智の手触り人生』，素朴社 <85>
――――　2011 『盲ろう者として生きて――指点字によるコミュニケーションの復活と再生』，明石書店 <85>
後藤 玲子　2005 「社会保障と福祉国家のゆくえ」＝川本隆史（編）『応用倫理学講義（4）経済』岩波書店 <203>
――――　2009 「訳者解説２」，Van Parijs［1995 ＝ 2009:435-470］<272>
――――　2010 「償いでもなく、報いでもなく、必要だから」，『福祉社会学研究』10 <79>
長谷川 唯　2010 「自立困難な進行性難病者の自立生活――独居ＡＬＳ患者の介助体制構築支援を通して」，『Core Ethics』6:349-359 <93>
――――　2012 「重度障害者の安定した在宅生活構築のために――独居難病患者への支援活動を通して」，立命館大学大学院先端総合学術研究科 2011 年度博士学位請求論文 <93>
橋口 昌治　2007 「『ニート』議論で語られないこと――なぜ、まだシンドイのか」，『言語文化研究』19-2:61-65 <287>
――――　2008 「偽装雇用の実態と抵抗」，『Core Ethics』4:277-290 <287>
――――　2009a 「働くこと、生きること、やりたいこと――「新時代の日本的経営」における〈人間の条件〉」，『生存学』1:70-83 <287>
――――　2009b 「若者の労働運動――首都圏青年ユニオンの事例研究」，『Core Ethics』5:477-485 <287>
――――　2009c 「格差・貧困に関する本の紹介」，立岩・村上・橋口［2009: 242-311］<287>
――――　2010a 「『労働運動の社会運動化』と『社会運動の労働運動化』の交差――『若者の労働運動』の歴史的位置づけ」，『生存学』2:71-82 <287>

――――― 2010b 「『若者の労働運動』の社会学的考察」，立命館大学大学院先端総合学術研究科 2009 年度課程博士学位請求論文 <287>
――――― 2010c 「『若者の労働運動』の活動実態と問題意識の射程」『日本労働研究雑誌』602:60-66 http://www.jil.go.jp/institute/zassi/backnumber/2010/09/ <287>
――――― 2010d 「定着率を高める個人加盟ユニオンの戦略と構造――首都圏青年ユニオンの事例を中心に」『社会政策』第 2 巻第 2 号，pp.59-71 <287>
――――― 2011 『若者の労働運動――「働かせろ」と「働かないぞ」の社会学』，生活書院 <287>
橋口 昌治・肥下 彰男・伊田 広行 2010 『<働く>ときの完全装備―― 15 歳から学ぶ労働者の権利』，解放出版社 <287>
橋本 健二 2006 『階級社会――現代日本の格差を問う』，講談社選書メチエ <199>
Himmelweit, S. 1995 "The Discovery of "Unpaid Work" : The Social Consequences of the Expansion of "Work"" = 1996 久場嬉子訳「"無償労働"の発見――"労働"概念の拡張の社会的諸結果」，『日米女性ジャーナル』20 <202>
樋澤 吉彦 2011 「心神喪失者等医療観察法とソーシャルワークとの親和性について」，『生存学』3:155-173 <79>
本間 肇 2002 「重症心身障害児（者）の歩み」，川上編［2002:466-516］<202>
本田 由紀 2005 『多元化する「能力」と日本社会――ハイパーメリトクラシー化のなかで』，NTT 出版 <205>
星加 良司 2007 『障害とは何か――ディスアビリティの社会理論に向けて』，生活書院 <179>
堀田 義太郎 2004 「障害の政治経済学が提起する問題」，『医学哲学・医学倫理』22 <10>
――――― 2005a 「ジャック・デリダ『友愛のポリティックス』」，『女性・戦争・人権』7 <10>
――――― 2005b 「遺伝子介入とインクルージョンの問い」，『障害学研究』1
――――― 2006a 「アルフォンソ・リンギスと共同性への問い」＝ A・リンギス（野谷啓司訳）『何も共有していない者たちの共同体』，洛北出版 <10>
――――― 2006b 「生体間臓器提供の倫理問題――自発性への問い」，『医学哲学・医学倫理』24 号 <10>
――――― 2006c 「決定不可能なものへの倫理――死の自己決定をめぐって」，『現代思想』34-14 <10>
――――― 2006d 「ハードワークと分業――労働と負担の配分をめぐるノート」，『PACE』2 <10>
――――― 2007a 「優生学とジェンダー――リベラリズム・家族・ケア」，大越・井桁編［2007:105-135］<10>
――――― 2007b「性売買と性暴力――身体性の交換と自己決定の限界」『女性・

戦争・人権』8: 96-129 <10>
――――― 2007c 「「ケアの社会化」を再考する――有償化／専業化の可能性と限界」，研究会：「公共」におけるケアについて考える http://www.arsvi.com/2000/0708hy.htm <10, 95, 163, 167>
――――― 2007d 「「ケアの社会化」を再考する――有償化＝分業化の可能性と限界」，社会思想史学会大会報告 於：立命館大学 http://www.arsvi.com/2000/0710hy03.htm <10, 339>
――――― 2008 「ケアと市場」，『現代思想』36-3(2008-3):192-210 <10, 95>
――――― 2009 「ケア・再分配・格差」，『現代思想』37-2(2009-2): 212-235 <10>
――――― 2011 「ケアの社会化論とリベラリズム――ケアの分配論と分業」，天田・北村・堀田編［2011:303-348］<10>
ヒューマンケア協会地域福祉計画策定委員会 1994 『ニード中心の社会政策――自立生活センターが提唱する福祉の構造改革』，ヒューマンケア協会 <86>
ヒューマンケア協会ケアマネジメント研究委員会 1998 『障害当事者が提案する地域ケアシステム――英国コミュニティケアへの当事者の挑戦』，ヒューマンケア協会・日本財団 <86>
市野川 容孝 2000 「ケアの社会化をめぐって」（インタヴュー），『現代思想』28-4(2000-3):114-125（特集：介護――福祉国家のゆくえ）<169>
市野川 容孝・杉田 俊介・堀田 義太郎 2009 「ケアの社会化の此／彼岸――障害者と介助者の敵対的自立に向けて」（鼎談），『現代思想』37-2(2008-2):119-179 <168>
伊田久美子 2009「「労働力の女性化」から「労働の女性化」へ――愛の労働のゆくえ」『現代思想』37-2 <237>
井手 英策 1999 「バブルと財政赤字」，大島・神野・金子編［1999:71-104］<310>
Ignatieff, Michael 1984 *The Needs of Strangers*, Chatto and Windus ＝ 1999 添谷育志・金田耕一訳，『ニーズ・オブ・ストレンジャーズ』，風行社 <170>
池上 岳彦 1999 「地方分権的税財政システムの構築を――新しい地方税原理・分権型財政ヴィジョン」，神野・金子編［1999:225-264］<310, 316>
――――― 2003 「財政調整の理論と制度」，神野・池上編［2003:3-30］<316, 317>
――――― 2004 『分権化と地方財政』，岩波書店 <316>
稲場 雅紀・立岩 真也 2008 「アフリカ／世界に向かう」，稲場・山田・立岩［2008:14-148］，<82>
稲場 雅紀・山田 真・立岩 真也 2008 『流儀――アフリカと世界に向い我が邦の来し方を振り返り今後を考える二つの対話』，生活書院
井上 俊 他 編 1997 『成熟と老いの社会学』（岩波講座 現代社会学 13），岩波書店
石川 准・倉本 智明 編 2002 『障害学の主張』，明石書店
神野 直彦 2006 「絶望の構想から希望の構想へ」，神野・井手編［2006:1-40］

神野 直彦・井手 英策 編　2006 『希望の構想――分権・社会保障・財政改革のトータルプラン』, 岩波書店 <310>
神野 直彦・池上 岳彦 編　2003 『地方交付税 何が問題か――財政調整制度の歴史と国際比較』, 東洋経済新報社 <310, 317>
――――　2009 『租税の財政社会学』, 税務経理協会 <310>
神野 直彦・金子 勝　1999 「グローバル化と財政の役割」, 大島・神野・金子編 [1999:71-104]
神野 直彦・金子 勝 編　1998 『地方に税源を』, 東洋経済新報社 <316>
――――　1999 『「福祉政府」への提言――社会保障の新体系を構想する』, 岩波書店 <316>
神野 直彦・宮本 太郎 編　2006 『脱「格差社会」への戦略』, 岩波書店 <310>
角岡 伸彦　2010 『カニは横に歩く――自立障害者たちの半世紀』, 講談社 <169>
堅田 香緒里　2009 「ベーシック・インカムとフェミニスト・シティズンシップ――脱商品化・脱家族化の観点から」, 『社会福祉学』50-3:5-17 <225>
春日キスヨ 1997 「介護――愛の労働」, 井上他編 [1997] <204, 205>
片山 知哉　2010a「養育関係内における多文化主義――子どもの文化選択をめぐる規範理論への予備的考察」, 安部・堀田編 [2010:145-166] <85>
――――　2010b「ウィル・キムリッカのネイション概念――キムリッカ多文化主義論における, こどもという問いの不在」, 『Core Ethics』6:133-143 <85>
――――　2011a「ネオ・リベラリズムの時代の自閉文化論」, 『生存学』3: 106-116 <85>
――――　2011b「文化の分配、所属の平等――デフ・ナショナリズムの正当化とその条件」, 『障害学研究』7:185-218 <85>
加藤 秀一 編　2010 『生――生存・生き方・生命』, 岩波書店, シリーズ自由への問い・8
河出書房新社編集部 編　2011 『思想としての3.11』, 河出書房新社
川口 章　2008 『ジェンダー経済格差――なぜ格差が生まれるのか、克服の手がかりはどこにあるのか』, 勁草書房 <219>
川本 隆史　2004 「卓越・正義・租税――社会政策学の《編み直し》のために」, 『社会政策学会誌』11:3-17 <296>
川上 武 編　2002 『戦後日本病人史』, 農山漁村文化協会
木本 喜美子・深澤 和子 編　2000 『現代日本の女性労働とジェンダー』, ミネルヴァ書房
北田 暁大　2003 『責任と正義――リベラリズムの居場所』, 勁草書房 <203>
Kittay, Eva F. 1999. *Love's Labor: Essays on Women*, Equality, and Dependency, Routledge = 2010　岡野八代・牟田和恵監訳『愛の労働あるいは依存とケアの正義論』, 白澤社 <237>
小林 勇人　2008 「ワークフェアの起源と変容――アメリカにおける福祉改革の動態についての政策分析」, 立命館大学大学院先端総合学術研究科2008年度博

士学位請求論文 <319>
―――――― 2010a 「就労支援・所得保障・ワークフェア――アメリカの福祉政策をもとに」,『現代思想』38-8(2010-6):182-95（特集：ベーシックインカム）<92, 319>
―――――― 2010b 「カリフォルニア州の福祉改革――ワークフェアの二つのモデルの競合と帰結」, 渋谷・中浜編［2010:66-129］<319>
―――――― 2011 「ワークフェアと生存権」, 山森編［2011］<319>
小泉 義之　2009 「余剰と余白の生政治」,『思想』1024(2009-8):20-37 <79>
―――――― 2010 「残余から隙間へ――ベーシックインカムの社会福祉的社会防衛」,『現代思想』38-8(2010-6):110-118（特集：ベーシックインカム 要求者たち）<79>
小泉 義之・安部 彰・堀田 義太郎　2010 「ケアと生存の哲学」（鼎談）, 安部・堀田編［2010:14-76］<79>
Krouse and McPherson 1988　"Capitalism, 'Property-Owning Democracy,' and the Welfare State," Amy Gutmann, ed., *Democracy and the Welfare State*, Princeton University Press
久場 嬉子 2002 「ジェンダーと「経済学批判」――フェミニスト経済学の展開と革新」, 久場編［2002］<192, 204>
―――――― 2007 「スウェーデンの高齢者ケア労働市場におけるジェンダーとエスニシティ」＝久場編［2007］<203>
久場 嬉子　編　2002 『経済学とジェンダー』, 明石書店, 叢書 現代の経済・社会とジェンダー・1
―――――― 2007 『介護・家事労働者の国際移動――エスニシティ・ジェンダー・ケア労働の交差』, 日本評論社
熊沢 誠 2007 『格差社会ニッポンで働くということ――雇用と労働のゆくえをみつめて』, 岩波書店 <185, 191, 194>
栗原 彬・佐藤 学・小森 陽一・吉見 俊哉 編　2001 『文化の市場：交通する』, 東京大学出版会, 越境する知・5
楠 敏雄　1982 『「障害者」解放とは何か――「障害者」として生きることと解放運動』, 柘植書房 <242>
前田 拓也　2009 『介助現場の社会学――身体障害者の自立生活と介助者のリアリティ』, 生活書院 <168, 239, 250>
真木　悠介　1977 『現代社会の存立構造』, 筑摩書房 <199>
丸岡 稔典 2006 「障害者介助の社会化と介助関係」,『障害学研究』2 <178, 184>
松井 彰彦・川島 聡・長瀬 修 編『障害を問い直す』, 東洋経済新報社
三木 義一　2003 『日本の税金』, 岩波新書 <310>
三井 絹子　2006 『抵抗の証　私は人形じゃない』,「三井絹子 60 年のあゆみ」編集委員会ライフステーションワンステップかたつむり, 発売：千書房 <42>
美馬 達哉　2007 「青ざめた馬――絡まり会うケアと暴力と犯罪化と」,『現代思想』35-11(2007-9) <163>

森川 美絵 1998 「「参加型」福祉社会における在宅介護労働の認知構造――ジェンダー、二重労働市場、専門化の観点から」, 山脇他編［1998］<203>
村上 慎司 2007 「経済学における衡平性の比較検討」,『Core Ethics』3:337-347 <286>
―――― 2008 「福祉政策と厚生経済学の架橋についての試論」,『経済政策ジャーナル』5-2:55-58（日本経済学会）<286>
―――― 2009 「所得税率変更歳入試算」, 立岩・村上・橋口［2009:221-240］<286>
―――― 2012 「生活保護加算制度の経済哲学――衡平性、ニーズ、自立の検討」（投稿中）
村田 文世 2009 『福祉多元化における障害当事者組織と委託関係』, ミネルヴァ書房 <63>
Murphy, Liam B. 1998 "Institutions and the Demands of Justice", *Philosophy & Public Affairs* 27-4: 251-291
 <212>
牟田 和恵 2009「ジェンダー家族のポリティクス――家族と性愛の「男女平等」主義を疑う」, 牟田編［2009］<218, 228>
―――― 2010 「ジェンダー家族と生・性・生殖の自由」, 岡野編［2010］<218>
牟田 和恵 編 2009 『家族を超える社会学』, 新曜社
内藤 和美 1996 「ケアの論理をつくり直す」,『学苑』677（昭和女子大学紀要）<205>
―――― 2000 「ケアの規範」＝杉本編［2000］<205>
中西 正司・立岩 真也 1998 「ケアコンサルタント・モデルの提案――ケアマネジメントへの対案として」, ヒューマンケア協会ケアマネジメント研究委員会［1998:63-113］<87>
中西 正司・上野 千鶴子 2003 『当事者主権』, 岩波新書 <168>
仁平 典宏 2011 「揺らぐ「労働」の輪郭――賃労働・アンペイドワーク・ケア労働の再編」, 仁平・山下編［2011］<226>
仁平 典宏・山下 順子 編 2011 『ケア・協働・アンペイドワーク――揺らぐ労働の輪郭』, 大月書店, 労働再審・5
中里 実 2002 『タックスシェルター』, 有斐閣 <316>
―――― 2003 『デフレ下の法人課税改革』, 有斐閣 <316>
二瓶 典宏 2011 『「ボランティア」の誕生と終焉――〈贈与のパラドックス〉の知識社会学』, 名古屋大学出版会 <165>
新山 智基 2011 『世界を動かしたアフリカのＨＩＶ陽性者運動――生存の視座から』, 生活書院 <73, 82>
二木 立 2009 『医療改革と財源選択』, 勁草書房 <74>
西田 美紀 2010「重度進行疾患の独居者が直面するケアの行き違い／食い違いの考察――ＡＬＳ療養者の一事例を通して」,『Core Ethics』6:311-321 <167>
西浜 優子 2002 『しょうがい者・親・介助者――自立の周辺』, 現代書館 <183>

西倉 実季　2009 『顔にあざのある女性たち――「問題経験の語り」の社会学』, 生活書院 <92>
―――――― 2011 「顔の異形は「障害」である――障害差別禁止法の制定に向けて」, 松井・川島・長瀬編［2011:25-54］<92>
新田 勲 編　2009 『足文字は叫ぶ！――全身性障害のいのちの保障を』, 現代書館 <42>
野崎 綾子　2000 「正義論における家族の位置――リベラル・フェミニズムの再定位」『国家学会雑誌』113-11・12 <230>
―――――― 2003 『正義・家族・法の構造転換――リベラル・フェミニズムの再定位』勁草書房 <228>
野崎 泰伸　2007 「生活保護とベーシック・インカム」,『フリーターズフリー』1:282-292（人文書院）<85>
―――――― 2011 『生を肯定する倫理へ――障害学の視点から』, 白澤社 <85>
Nozick, Robert. 1974. *Anarchy, State and Utopia*, Basic Books = 1992　島津格訳『アナーキー・国家・ユートピア』, 木鐸社
Nussbaum, Martha. 2006. *Frontiers of Justice: Disability, Nationality, Species Membership*, Belknap Press of Harvard University Press <210, 249, 250, 251>
小川 喜道　2005『障害者の自立支援とパーソナル・アシスタンス，ダイレクト・ペイメント』, 明石書店 <56>
小倉 利丸・大橋 由香子 編　1991 『働く／働かない／フェミニズム――家事労働と賃労働の呪縛？！』, 青弓社, クリティーク叢書 6
翁 百合　1993 『銀行経営と信用秩序――銀行破綻の背景と対応』, 東経 <316>
―――――― 1998 『情報開示と日本の金融システム――市場規律・監督体制の再構築』, 東洋経済新報社 <316>
―――――― 2002 『金融の未来学――小さなセーフティネットをめざして』, ちくま新書 <316>
大越 愛子・井桁 碧 編　2007 『脱暴力へのマトリックス――戦後・暴力・ジェンダー・2』, 青弓社
大沢 真理　2004 「福祉国家とジェンダー」, 大沢編［2004］<204>
―――――― 2008 「三つの福祉政府体系と当事者主権」, 上野・中西編［2008:178-199］<316>
大沢 真理 編　2004 『福祉国家とジェンダー』, 明石書店, 叢書 現代の経済・社会とジェンダー 4
大沢 真理・三木 義一・神野 直彦　2006 「有効で公平な税制とは何か」, 神野・宮本［2006］<310>
大島 通義・神野 直彦・金子 勝 編　1999 『日本が直面する財政問題――財政社会学的アプローチの視点から』, 八千代出版 <310>
岡部 耕典　2006 『障害者自立支援法とケアの自律――パーソナルアシスタンスとダイレクトペイメント』, 明石書店 <56, 184>
岡原 正幸　1990 「コンフリクトへの自由――介助関係の模索」, 安積他［1990］

<169, 171, 179, 196, 198>
岡野 八代 編　2010 『家族』，岩波書店，自由への問い・7
小塩 隆士・府川 哲夫・田近 栄治 編　2006 『日本の所得分配——格差拡大と政策の役割』，東京大学出版会 <310>
小沢 修司　2008 「日本におけるベーシック・インカムに至る道」，武川［2008］<223>
Pogge, Thomas W.　2008 *World Poverty and Human Rights: Cosmopolitan Responsibilities and Reforms*, second expanded edition, Cambridge, Polity Press. = 2010　立岩真也監訳／安部彰・池田浩章・石田知恵・岩間優希・齊藤拓・原佑介・的場和子・村上慎司 訳『なぜ遠くの貧しい人への義務があるのか——世界的貧困と人権』，生活書院 <26, 73>
Reich, Robert B.　1991　*The Work of Nations : Preparing Ourselves for 21st-CenturyCapitalism*, Alfred K. Knopf = 1991　中谷巌訳，『ザ・ワーク・オブ・ネーションズ——21 世紀資本主義のイメージ』，ダイヤモンド社 <86>
定藤 邦子　2010 「障害当事者運動の検討——大阪青い芝の会の運動を事例として」，立命館大学大学院先端総合学術研究科 2010 年度博士学位請求論文 <169>
————　2011 『関西障害者運動の現代史——大阪青い芝の会を中心に』，生活書院 <169>
齋藤 暁子 2007 「ホームヘルプの事業所間比較——ヘルパーによる利用者への対処に着目して」＝三井さよ・鈴木智之（編）『ケアとサポートの社会学』，法政大学出版局 <183, 197>
齋藤 純一　2003 「依存する他者へのケアをめぐって——非対称性における自由と責任」，『年報政治学　2003 年度 「性」と政治』（日本政治学会　発売：木鐸社）<167, 178, 180>
斉藤 龍一郎　2010 「南の国々から広がる地球規模疾病負荷（ＧＢＤ）との闘い」，『現代思想』38-3(2010-3) →新山［2011］<82>
齊藤 拓　2006 「ベーシックインカムとベーシックキャピタル」『Core Ethics』2:115-128 <17>
————　2008 「ベーシックインカム (BI) 論者から見た日本の「格差社会」言説」，『社会政策研究』8:130-152 <17>
————　2009a「ベーシックインカム（BI）論者はなぜ BI にコミットするのか？——手段的な BI 論と原理的な BI 論について」『Core Ethics』5:149-160 <17>
————　2009b「訳者解説」，Van Parijs［1995 = 2009:307-434］<17>
————　2009c「Philippe Van Parijs のベーシックインカム論とその政治哲学」，立命館大学大学院先端総合学術研究科 2009 年度博士学位請求論文 <17>
————　2010a 「政治哲学的理念（イデオロギー）としてのベーシックインカム」，立岩・齊藤［2010:189-281］<17, 18, 25, 81, 82>
————　2010b 「日本のＢＩをめぐる言説」，立岩・齊藤［2010:283-327］

<17>
———— 2012a「日本のベーシックインカムをめぐる言説 ver. 2」,『現代と哲学』27:60-79（名古屋哲学研究会）<17>
———— 2012b「政策も茎的としてのベーシックインカム――ありがちなＢＩ論を然るべく終わらせる」,『Core Ethics』8:149-159 <17>
———— 2012c「リベラルな中立性と小さな政府――社会的ミニマム極小化」とベーシックインカム最大化」,『Core Ethics』8:161-170 <17>
笹谷 春美　2000　「「伝統的女性職」の新編成――ホームヘルプ労働の専門性」＝木本・深澤編［2000］<196, 203>
芝田 進午 編　1977　『医療労働の理論』, 青木書店 <187>
渋谷 博史・中浜 隆 編　2010　『アメリカ・モデル福祉国家Ｉ――競争への補助階段』, 昭和堂, シリーズ アメリカ・モデル経済社会・4
進藤 雄三・黒田 浩一郎 編　1999　『医療社会学を学ぶ人のために』, 世界思想社
新川 敏光　2002　「福祉国家の改革原理――生産主義から脱生産主義へ」『季刊社会保障研究』38-2:120-128 <214>
白杉 眞　2010　「自立生活センターの組織に関する研究――運動と事業のバランスを保つための方策」,『Core Ethics』6:541-550 <63>
———— 2012　「訪問介護事業所の運営の実態と課題」,『Core Ethics』8:233-244 <63>
障がい者制度改革推進会議総合福祉部会　2011　「障害者総合福祉法の骨格に関する総合福祉部会の提言――新法の制定を目指して」 http://www.mhlw.go.jp/bunya/shougaihoken/sougoufukusi/dl/110905.pdf <87, 89>
Sainsbury ed. 1994　*Gendering Welfare States*, Sage Publications
Siaroff, A. 1994　"Work, Welfare and Gender Equality: A New Typology," Sainsbury ed.［1994］<204>
染谷 淑子 編　2007　『福祉労働とキャリア形成――専門性は高まったか』, ミネルヴァ書房 <203>
杉本 喜代栄 編　2000　『ジェンダー・エシックスと社会福祉』, ミネルヴァ書房
杉本 健郎／立岩 真也（聞き手）　2010　「「医療的ケア」が繋ぐもの」（インタビュー）,『現代思想』38-3(2010-3):52-81 <90>
杉田 俊介　2008a　「ＡＬＳ・自然死・家族介護――いちヘルパーの小規模な日常から」,『現代思想』36-3(2008-3):224-231
 <168>
———— 2008b　『無能力批評――労働と生存のエチカ』, 大月書店 <168>
橘木 俊詔・山森 亮　20091120　『貧困を救うのは、社会保障改革か、ベーシック・インカムか』, 人文書院 <298>
多田 富雄　2007　『わたしのリハビリ闘争――最弱者の生存権は守られたか』, 青土社 <78>
———— 2010　『落葉隻語　ことばのかたみ』, 青土社 <78>
田近 栄治・尾形 裕也 編　2009　『次世代型医療制度改革』, ミネルヴァ書房 <310>

田近 栄治・佐藤 主光 編　2005 『医療と介護の世代間格差』，東洋経済新報社 <310>
高杉 真吾 1977『障害者解放と労働運動』，社会評論社 <242>
武川 正吾 編　2008 『シティズンシップとベーシック・インカムの可能性』，法律文化社，新しい社会政策の課題と挑戦・3
竹中 恵美子 2007 「転換点に立つ男女雇用平等政策――新しい社会システムの構築に向けて」，足立・伊田・木村・熊安編［2007］<204>
田村 哲樹　2008 「シティズンシップとベーシック・インカム」，武川編［2008］<223, 225>
――――　2011 「労働／ケアの再編と「政治」の位置」，仁平・山下編［2011］<228>
田中 恵美子　2009 『障害者の「自立生活」と生活の資源――多様で個別なその世界』，生活書院 <63>
田中 耕一郎　2005 『障害者運動と価値形成――日英の比較から』，現代書館 <169, 240, 251>
立岩 真也　1990a 「はやく・ゆっくり――自立生活運動の生成と展開」，安積・尾中・岡原・立岩［1990:165-226 → 1995:165-226］<42, 107>
――――　1990b「接続の技法――介助する人をどこに置くか」，安積．他［1990:227-284］<61, 77>
――――　1992 「近代家族の境界――合意は私達の知っている家族を導かない」，『社会学評論』42-2:30-44 →立岩・村上［2011:185-214］<40, 67, 90, 91>
――――　1994a 「夫は妻の家事労働にいくら払うか――家族／市場／国家の境界を考察するための準備」，『人文研究』23:63-121（千葉大学文学部紀要）→立岩・村上［2011:54-131］<67, 76>
――――　1994b 「労働の購入者は性差別から利益を得ていない」，『Sociology Today』5:46-56 <18, 105, 164, 166, 171, 180>
――――　1995a 「私が決め、社会が支える、のを当事者が支える――介助システム論」，安積他［1995:227-265］<180>
――――　1995b 「自立生活センターの挑戦」，安積他［1995:267-321］<63>
――――　1996 「「愛の神話」について――フェミニズムの主張を移調する」，『信州大学医療技術短期大学部紀要』21:115-126 →立岩・村上［2011:215-237］<98>
――――　1997 『私的所有論』，勁草書房 <46, 68, 83, 171, 184, 320, 337>
――――　1998a 「一九七〇年――闘争×遡行の始点」，『現代思想』26-2(1998-2):216-233 →立岩［2000c:87-118］<164>
――――　1998b 「自己決定→自己責任、という誤り――むしろ決定を可能にし、支え、補うこと」，『福祉展望』23:18-25（東京都社会福祉協議会）<166>
――――　1998c 「分配する最小国家の可能性について」，『社会学評論』49-3(195):426-445（特集：福祉国家と福祉社会）<81, 82, 165, >

――――― 1999 「資格職と専門性」，進藤・黒田編［1999:139-156］<93, 189>
――――― 2000a 「選好・生産・国境――分配の制約について」（上・下），『思想』908(2000-2): 65-88, 909(2000-3): 122-149 → 立岩［2006:137-150］（抄）<89, 338>
――――― 2000b 「遠離・遭遇――介助について」，『現代思想』28-4（2000-3）:155-179,28-5(2000-4):28-38,28-6(2000-5):231-243,28-7(2000-6):252-277 → 立岩［2000c:221-354］<18, 32, 43, 48, 53, 86, 89, 105, 142, 164, 166, 169, 170, 171>
――――― 2000c 『弱くある自由へ――自己決定・介護・生死の技術』，青土社 <32, 43, 48, 86, 160, 166, 169, 170, 341>
――――― 2000d 「たぶんこれからおもしろくなる」，『創文』426(2000-11):1-5 →立岩［2006b:17-25］<276>
――――― 2000e 「多元性という曖昧なもの」，『社会政策研究』1:118-139（『社会政策研究』編集委員会，発売：東信堂）<166>
――――― 2001a 「闘争と遡行――立岩真也氏に聞く 『弱くある自由へ』」（インタビュー・聞き手：米田綱路），『図書新聞』2519:1-2 <161>
――――― 2001b 「高橋修――引けないな。引いたら、自分は何のために、一九八一年から」，全国自立生活センター協議会編［2001:249-262］<42>
――――― 2001c 停滞する資本主義のために――の準備」，栗原・佐藤・小森・吉見編［2001:99-124］→立岩［2006b:26-44］（抄）<320>
――――― 2001d 「できない・と・はたらけない――障害者の労働と雇用の基本問題」，『季刊社会保障研究』37-3:208-217（国立社会保障・人口問題研究所）→立岩［2006b:171-191］<137, 328>
――――― 2002a 「ないにこしたことはない、か・1」，石川・倉本編［2002:47-87］<339>
――――― 2002b 「労働の分配が正解な理由」，『グラフィケーション』123（富士ゼロックス）特集：働くことの意味→立岩［2006b:153-161］<320>
――――― 2003 「家族・性・資本――素描」，『思想』955(2003-11):196-215 →立岩・村上［2011:17-53］<67, 262, 339>
――――― 2004a 『自由の平等――簡単で別な姿の世界』，岩波書店 <10, 277, 320, 337, 338>
――――― 2004b 『ＡＬＳ――不動の身体と息する機械』，医学書院 <74>
――――― 2005a 「＜公共＞から零れるもの」，第 59 回公共哲学京都フォーラム「ジェンダーと公共世界」<165>
――――― 2005b 「共同連のやろうとしていることはなぜ難しいのか，をすこし含む広告」，『共同連』100 →立岩［2006b:104-107］<338>
――――― 2005c 「限界まで楽しむ」，『クォータリー あっと』02:050-059 →立岩［2006b:108-125］<338>
――――― 2006a 「質問（？）」http://www.arsvi.com/0w/ts02/2006072.htm, Workshop with Professor Philippe Van Parijs 於：立命館大学 <80>

――――― 2006b 『希望について』，青土社 <276, 320>
――――― 2006c 「ケアとジェンダー」，江原・山崎編［2006:210-221］<93>
――――― 2006-2010 「人間の条件――わけがわからない。だから考える。」，理論社・ウェブマガジン http://www.rironsha.co.jp/special/ningen/index.html <162, 337>
――――― 2007a 「多言語問題覚書――ましこひでのり編『ことば／権力／差別――言語権からみた情報弱者の解放』の書評に代えて」，『社会言語学』7 <85>
――――― 2007b 「解説」，横塚［2007:391-425］［55］<160, 164>
――――― 2008a 「有限性という常套句をどう受けるか」，上野他編［2008:163-180］<45>
――――― 2008b 『良い死』，筑摩書房 <28, 60, 76, 80, 135, 164, 171, 173, 257, 259, 293>
――――― 2008c 「楽観してよいはずだ」，上野・中西編［2008:220-242］<45, 316>
――――― 2008d 「争いと争いの研究について」，山本・北村編［2008:163-177］［56］<85>
――――― 2008e 「繰り返しすぐにできることを述べる」，『神奈川大学評論』61:66-74（特集：「『生きにくさの時代』のなかで――ソリダリティへの眼差し」）<297>
――――― 2008-2010 「身体の現代 1～19」，『みすず』2008-7～2010-5 <40>
――――― 2009a 「「目指すは最低限度」じゃないでしょう？」，立岩・岡本・尾藤［2009:9-47］<85>
――――― 2009b 『唯の生』，筑摩書房 <80, 83, 259, 315>
――――― 2009c 「所有」，『環』38(Summer 2009):96-100 <21>
――――― 2009d 「選挙はあった。しかし」，2009-9-5 時事通信配信 <278, 341>
――――― 2009e 「軸を速く直す――分配のために税を使う」，立岩・村上・橋口［2009:11-218］<37, 276, 300>
――――― 2009f 「政権交代について」，『京都新聞』2009-9-17 <278, 341>
――――― 2010a "On "Undominated Diversity"", The Second Workshop with Professor Philippe Van Parijs <17>
――――― 2010b 「思ったこと＋あとがき」，Pogge［2008＝2010:387-408］<83, 84, 85, 287>
――――― 2010c 「この時代を見立てること」，『福祉社会学研究』7:7-23（福祉社会学会，発売：東信堂）<79>
――――― 2010d 「ＢＩは行けているか？」，立岩・齊藤［2010:11-188］<17, 25, 36, 37, 41, 83, 84, 287>
――――― 2010e 「所得税の累進性強化――どんな社会を目指すか議論を」，『朝

日新聞』2010-5-27，私の視点 <278>
―――――― 2010f 「最低限？――唯の生の辺りに・2」，『月刊福祉』93-8(2010-6):60-61 <85>
―――――― 2010g 「障害者運動・対・介護保険―― 2000 ～ 2003」，『社会政策研究』10:166-186 <34, 85>
―――――― 2010h 「留保し引き継ぐ――多田富雄の二〇〇六年から」，『現代思想』38-9(2010-7):196-212 <78>
―――――― 2010i 「どのようであることもできるについて」，加藤編［2010:218-244］<80>
―――――― 2010j 『人間の条件――そんなものない』，イースト・プレス，よりみちパン！セ <71, 162, 337>
―――――― 2010k「障害者運動／学於日本・4 ――ダイレクト・ペイメント」，http://www.arsvi.com/ts2000/20100094.htm（英語版・韓国語版もあり）<56>
―――――― 2010m 「ためらいを一定理解しつつ税をなおす」，『生活協同組合研究』2010-12(419):13-21 <297>
―――――― 2011a 「障害論」，戸田山・出口編［2011:220-231］<40, 41, 72>
―――――― 2011b 「考えなくてもいくらでもすることはあるしたまには考えた方がよいこともある」，河出書房新社編集部編［2010:106-120] <170>
―――――― 2011c "On "the Social Model"", *Ars Vivendi Journal* 1:32-51 http://www.ritsumei-arsvi.org/contents/read/id/27 <40, 72, 79, 342>
―――――― 2011d 「わからなかったこと、なされていないと思うこと」，『現代思想』39-17(2011-12 臨時増刊):106-119 <16, 34>
―――――― 2011e 「補足――もっとできたらよいなと思いつつこちらでしてきたこと」，新山［2011:185-198］<83>
―――――― 2011- 「好き嫌いはどこまでありなのか――境界を社会学する」，河出書房新社ＨＰ http://mag.kawade.co.jp/shakaigaku/ <42, 92>
―――――― 2012a 「後ろに付いて拾っていくこと＋すこし――震災と障害者病者関連・中間報告」，『福祉社会学研究』09（福祉社会学会）<172>
―――――― 2012b 『身体の現代・1』（仮題），みすず書房 <40>
立岩 真也・天田 城介 2011a 「生存の技法／生存学の技法――障害と社会、その彼我の現代史・1」，『生存学』3:6-90 <79, 255>
―――――― 2011b 「生存の技法／生存学の技法――障害と社会、その彼我の現代史・2」，『生存学』4:6-37 <11>
立岩 真也・堀田 義太郎 2012 『手伝う仕事――有償無償論再度＆どれだけ得られるのか』（仮題），青土社 <10>
立岩 真也・小林 勇人 編 2005/09/00 『<障害者自立支援法案>関連資料』，<分配と支援の未来>刊行委員会，134p. 送付可 <33, 34, 85>
立岩 真也・村上 潔 20111205 『家族性分業論前哨』，生活書院 <11, 40, 80, 91, 98, 128, 262>

立岩 真也・村上 慎司・橋口 昌治　2009 『税を直す』, 青土社 <10, 256, 298>
立岩 真也・岡本 厚・尾藤 廣喜　2009 『生存権——いまを生きるあなたに』, 同成社 <85>
立岩 真也・齊藤 拓　2010/04/10 『ベーシックインカム——分配する最小国家の可能性』, 青土社 <10, 15, 17, 298, 341>
立岩 真也・山森 亮　2010 「ベーシックインカムを要求する」(対談), 『現代思想』38-8(2010-6):38-49 ［56］<92, 298>
Terzi, Lorella 2010 "What metric of justice for disabled people? Capability and disability," in Brighouse, H. & Robeyns, I. eds. 2010 *Measuring Justice: Primary Goods and Capabilities*, Cambridge University Press. <247>
戸田山 和久・出口 康夫 編　20110520 『応用哲学を学ぶ人のために』, 世界思想社
上野 千鶴子 1990=2009『家父長制と資本制——マルクス主義フェミニズムの射程』岩波書店 <215, 235>
上野 千鶴子　1990 『家父長制と資本制——マルクス主義フェミニズムの地平』, 岩波書店→2009　岩波現代文庫
————　2005 「ケアの社会学（第一章）——ケアに根拠はあるか」, 『at』2 <203>
————　2006 「ケアの社会学（第四章）——ケアとはどんな労働か」, 『at』5 <188, 203>
————　2011 『ケアの社会学』, 太田出版 <210, 228>
————　2012 「ケアの社会学——当事者主権の福祉社会へ」, 『生存学』5:25-37 <93>
上野 千鶴子・香取 照幸　1997 「介護保険は「亡国の法案」か——市民社会が直面する現実と整合性のとれた制度とは」(対談), 『it』46:2-7 <89>
上野 千鶴子・中西 正司 編　2008 『ニーズ中心の福祉社会へ——当事者主権の次世代福祉戦略』, 医学書院 <34, 45, 316>
上野 千鶴子・大熊 由紀子・大沢 真理・神野 直彦・副田 義也 編　2008 『ケアという思想——その思想と実践１』, 岩波書店
上農 正剛　2003 『たったひとりのクレオール——聴覚障害児教育における言語論と障害認識』, ポット出版 <252>
Van Parijs, Philippe 1995, *Real Freedom for All-What (if Anything) Can Justify Capitalism?*, Oxford University Press ＝ 2009　後藤玲子・齊藤拓訳『ベーシック・インカムの哲学——すべての人にリアルな自由を』, 勁草書房 <17, 41, 74, 84, 272>
Walzer, M. 1983　*Spheres of Justices: A Defence of Pluralism and Equality*, Basic Book ＝ 1999　山口晃訳『正義の領分』, 而立書房 <192, 199, 201>
わらじの会 編　2010 『地域と障害——しがらみを編みなおす』, 現代書館 <169>
渡辺 鋭気　1977 『依存からの脱出——「障害者」自立と福祉労働運動』, 現代書館 <241, 242, 244>
渡邉 琢　2011 『介助者たちは、どう生きていくのか——障害者の地域自立生活と

介助という営み』，生活書院 <78, 239>
Wolff, J. & De-Shalit, A. 2007 *Disadvantage,* Oxford University Press. <251>
八木下 浩一　1980 『街に生きる――ある脳性マヒ者の半生』，現代書館 <242>
山森 亮　2009 『ベーシック・インカム入門――無条件給付の基本所得を考える』，光文社新書 <92>
山森 亮 編　2011 『労働と生存権』，大月書店，シリーズ労働再審・6
山本 崇記・北村 健太郎 編　2008 『不和に就て――医療裁判×性同一性障害／身体×社会』，生存学研究センター報告 3
山根 純佳 2005 「「ケアの倫理」と「ケア労働」――ギリガン『もうひとつの声』が語らなかったこと」，『ソシオロゴス』29 <197, 205>
――――　2010『なぜ女性はケア労働をするのか――性別分業の再生産を超えて』，勁草書房 <218, 219>
山下 浩志　2010 「障害(しがらみ)が照らし出す地域――わらじの会の 30 年」，わらじの会編［2010］<215, 216>
山下 幸子　2008 『「健常」であることを見つめる――一九七〇年代障害当事者/健全者運動から』，生活書院 <169, 239>
山脇 直司 他 編　1998 『現代日本のパブリックフィロソフィ』，新世社，ライブラリ相関社会学
横塚 晃一　1970 「募金活動をふりかえって」，『あゆみ』9 →横塚［1981:101 → 2007:121］<160>
――――　1972a「障害者と労働」，東大自主講座「医学原論」の報告原稿→横塚［1975 → 2007:］<160>
――――　1972b『ＣＰとして生きる』，国青い芝の会事務所？（「青い芝」神奈川県連合会叢書第 1 号，複製版？，発行年不詳）<160>
――――　1975 『母よ！殺すな』，すずさわ書店 <160, 242>
――――　1981 『母よ！殺すな　増補版』，すずさわ書店 <160>
――――　2007 『母よ！殺すな　新版』，生活書院 <160>
――――　2010 『母よ！殺すな　新版・増補版』，生活書院 <160>
Young, Iris M. 1990 *Justice and the Politics of Difference*, Princeton University Press <212, 245>
――――　2006 "Taking the Basic Structure Seriously", *Perspectives on Politics* 4: 91-97 <212, 245, 246>
全国自立生活センター協議会 編　2001 『自立生活運動と障害文化――当事者からの福祉論』，発行：全国自立生活センター協議会，発売：現代書館

立岩真也（たていわ　しんや）

1960年生まれ。東京大学大学院社会学研究科博士課程修了。現在、立命館大学大学院先端総合学術研究科教授。専攻：社会学

著書：『私的所有論』勁草書房1997、『弱くある自由へ―自己決定・介護・生死の技術』青土社2000、『自由の平等―簡単で別な姿の世界』岩波書店2004、『ＡＬＳ―不動の身体と息する機械』医学書院2004、『希望について』青土社2006、『所有と国家のゆくえ』（稲葉振一郎との共著）ＮＨＫブックス2006、『良い死』筑摩書房2008、『流儀―アフリカと世界に向かい我が邦の来し方を振り返り今後を考える二つの対話』（稲場雅紀・山田真との共著）生活書院2008、『唯の生』筑摩書房2009、『生存権―いまを生きるあなたに』（岡本厚・尾藤廣喜との共著）同成社2009、『税を直す』（村上慎司・橋口昌治との共著）青土社2009、『ベーシックインカム―分配する最小国家の可能性』（齊藤拓との共著）青土社2010、『人間の条件―そんなものない（よりみちパン！セ）』イースト・プレス2010、『家族性分業論前哨』（村上潔との共著）生活書院2011他

堀田義太郎（ほった・よしたろう）

1974年生まれ。立命館大学衣笠総合研究機構特別招聘準教授。

著書：『老いを治める』（共編、生活書院）。論文：「遺伝子介入とインクルージョンの問い」（『障害学研究』1号、2005）「生体間臓器提供の倫理問題」（『医学哲学・医学倫理』24号、2006）、「英国レスリーバーク裁判から学べること――生命・医療倫理の諸原則の再検討」（共著、『生存学』1号、2009）他

差異と平等

障害とケア／有償と無償

2012年5月25日　第1刷印刷
2012年6月10日　第1刷発行

著者——立岩真也・堀田義太郎

発行者——清水一人
発行所——青土社
東京都千代田区神田神保町1－29市瀬ビル〒101-0051
［電話］03-3291-9831（編集）　03-3294-7829（営業）
［振替］00190-7-192955
印刷所——ディグ（本文）
方英社（カバー・扉・表紙）
製本所——小泉製本

装幀——高麗隆彦

ISBN978-4-7917-6645-1　Printed in Japan